会计信息化实用教程

—— 畅捷通 T3(V10.8.3 新税制 微课版)

汪　刚　王新玲　主　编
彭　燕　于生生　副主编

清华大学出版社

北　京

内 容 简 介

本书在充分调研了中小企业信息化需求的基础上，从企业会计信息化建设的实际出发，结合畅捷通 T3 企业管理信息化软件中所提供的管理功能，介绍了 T3 软件能够帮助企业做什么，以及如何做才能更好地助力企业信息化建设等内容。

本书共分 11 章。第 1 章为会计信息化概论；第 2～11 章分别介绍了系统管理、基础设置、总账管理、报表管理、工资管理、固定资产管理、购销存系统初始设置、采购与应付管理、销售与应收管理、库存与核算管理等内容。附录部分为一套完整的企业会计信息化实施案例。

本书教学资源丰富，具体包括教学课件、习题答案、安装程序、实验账套、操作视频等。

本书既适合作为各类院校会计、信息管理、企业管理、物流、电子商务等相关专业的会计信息化教材，也适合作为职业院校会计类大赛的参考教材。同时，作为广大企业用户，本书也能对您提供帮助。

本书封面贴有清华大学出版社防伪标签，无标签者不得销售。

版权所有，侵权必究。举报：010-62782989，beiqinquan@tup.tsinghua.edu.cn。

图书在版编目(CIP)数据

会计信息化实用教程：畅捷通 T3：V10.8.3 新税制：微课版 / 汪刚，王新玲主编. —北京：清华大学出版社，2021.3（2024.7重印）

ISBN 978-7-302-56489-8

Ⅰ. ①会… Ⅱ. ①汪… ②王… Ⅲ. ①会计信息—财务管理系统—教材 Ⅳ. ①F232

中国版本图书馆 CIP 数据核字(2020)第 182852 号

责任编辑：刘金喜
封面设计：范惠英
版式设计：孔祥峰
责任校对：马遥遥
责任印制：杨 艳

出版发行：清华大学出版社
网　　址：https://www.tup.com.cn，https://www.wqxuetang.com
地　　址：北京清华大学学研大厦 A 座　　邮　编：100084
社 总 机：010-83470000　　邮　购：010-62786544
投稿与读者服务：010-62776969，c-service@tup.tsinghua.edu.cn
质 量 反 馈：010-62772015，zhiliang@tup.tsinghua.edu.cn

印 装 者：三河市铭诚印务有限公司
经　　销：全国新华书店
开　　本：185mm×260mm　　印　张：20.5　　字　数：473 千字
版　　次：2021 年 3 月第 1 版　　印　次：2024 年 7 月第 4 次印刷
定　　价：68.00 元

产品编号：089603-02

前　言

一、目的

进入 21 世纪，互联网、移动通信、物联网、人工智能、云计算、大数据等技术的应用推动了网络时代的发展和知识经济时代的到来，会计信息化步入了以规范化、标准化、知识化、智能化、互联化、云化、社会化、产业化为主要标志的第三次浪潮的变革时代。会计信息化正朝着业财深度一体化、处理全程自动化、内外系统集成化、操作终端移动化、处理平台云端化、财务分析智能化等趋势发展。

为加强对会计信息化工作的指导和规范，财政部根据《中华人民共和国会计法》(以下简称《会计法》)发布了一系列文件，具体包括《财政部关于推进我国会计信息化工作的指导性意见》《会计改革与发展"十三五"规划纲要》《财政部关于全面推进管理会计体系建设的指导意见》《管理会计基本指引》《会计档案管理办法》(新)等，这些文件中均对会计信息化提出了更高要求。

2019 年，中共中央、国务院印发了《中国教育现代化 2035》，中共中央办公厅、国务院办公厅印发了《加快推进教育现代化实施方案(2018－2022 年)》。《中国教育现代化 2035》提出的推进教育现代化的十大战略任务中提到，加快信息化时代教育变革，推动教育组织形式和管理模式的变革创新，以信息化推进教育现代化。

为培养适应新形势需要的会计信息化人才，不仅需要提供满足新形势需要的会计信息化知识体系和实训体系，而且也需要基于"大智移云"技术的信息化教学平台开展教学活动。

二、特色

1. 知识体系完整

本书在前一版基础上对教材章节做了优化调整。本书共分 11 章。第 1 章为会计信息化概论；第 2~11 章分别介绍了系统管理、基础设置、总账管理、报表管理、工资管理、固定资产管理、购销存系统初始设置、采购与应付管理、销售与应收管理、库存与核算管理等内容。附录部分为一套完整的企业会计信息化实施案例。

全书结构清晰，内容完整，不仅包含了常用的财务部分，也详细介绍了业务部分，涵盖了会计信息化软件所应具备的大部分内容。

2. 教材结构创新，突出实践能力培养

1) 五大板块设计，内容循序渐进

本书每章设计成五大板块，体现渐进式内容设计，具体如下。

板块	特点
学习目标	体现每个项目学习后应具备的知识和能力
案例导入	此部分模拟一个企业与本章内容相关的案例，使学员了解本章内容在企业实际中如何应用，同时，本章实训练习也是以此案例为基础展开的
知识准备	介绍要完成本章实训，应掌握的知识体系
实训练习	将各章案例内容展开为详细的实验内容，提供详细的操作步骤与视频演示，供学员无障碍上机练习、体会与应用
巩固提高	通过四种题型(单选、多选、判断、简答)的练习，使学员对各章内容进一步消化、理解、提升

2) 案例导入教学

本书以企业会计信息化的实际应用为导向，展开各章内容。因此，各章在开始部分，先介绍一个与本章相关的模拟企业案例，让学员体会企业的需求与应用模式，在此基础上，再学习相关理论知识和通过上机实验，加深理解和体会。

3) 突出实践能力培养

"学以致用"是本书突出的特色。本书的实训练习部分，实验目的明确，实验资料翔实严谨、前后呼应，实验步骤完整详细，配有视频演示，通过上机实验，能较好掌握各章内容。附录部分给出了一个企业会计信息化应用的完整案例，通过实践练习，能提高学员会计信息化实施应用的综合能力。

3. 教学学习资源丰富

本书配套教学资源丰富，详见下表。

教学资源	资源形式	使用对象
教学大纲	Word 文档	教师
授课教案	Word 文档	
教学课件	PPT+MP4 操作演示链接	
习题答案	Word 文档	
安装程序	应用软件	学生
实验账套	数据库文件	
操作演示	MP4	
综合案例	Word 文档	

以上教学资源,方便教师开展"翻转课堂""线上线下混合教学",以提升学生的学习兴趣,减轻教师的教学、实验答疑负担。

上述资源可通过扫描下方二维码获取。

教师资源下载　　　学生资源下载

三、团队

本书编写团队除教学经验丰富的一线教师外,还有来自会计信息化应用的行业人士参与编写,具体分工如下。

编者	单位	章节
汪刚	北京信息科技大学	第2、3、4、5章
王新玲	天津财经大学	第10、11章
彭燕	北京信息科技大学	第6、7章
于生生	北京信息科技大学	第8、9章
陈江北	畅捷通信息技术股份有限公司(用友全资子公司)	第1章

四、致谢

感谢畅捷通信息技术股份有限公司(用友全资子公司)培训部经理陈江北先生对本书的大力支持。

感谢本书的所有使用者,希望本书能对你们有所帮助。对于书中疏忽及错漏之处,诚挚地希望广大读者给予批评指正。

再次感谢您对本书的关注。

作　者
2020年8月

目 录

第1章 会计信息化概论 ··················· 1
- 1.1 会计信息化概述 ···················· 2
  - 1.1.1 会计信息化的概念 ············ 2
  - 1.1.2 会计信息化的特点 ············ 2
  - 1.1.3 会计信息化是会计电算化的高级阶段 ·············· 3
  - 1.1.4 会计信息化发展 ·············· 4
- 1.2 会计信息化法规 ···················· 6
  - 1.2.1 会计信息化法规体系 ·········· 6
  - 1.2.2 企业会计信息化工作规范 ······ 7
- 1.3 会计信息化建设 ··················· 10
  - 1.3.1 会计信息系统建设的总体规划 ················ 10
  - 1.3.2 会计软件选型 ················ 12
  - 1.3.3 运行平台建设 ················ 13
  - 1.3.4 解决方案设计 ················ 13
  - 1.3.5 人才建设 ···················· 14
  - 1.3.6 新旧系统转换 ················ 14
  - 1.3.7 管理持续改善 ················ 15
- 1.4 会计信息化软件 ··················· 16
  - 1.4.1 软件特点 ···················· 16
  - 1.4.2 功能结构 ···················· 16
  - 1.4.3 应用流程 ···················· 17
  - 1.4.4 安装会计信息化软件 ········· 18

第2章 系统管理 ·························· 25
- 2.1 系统管理概述 ······················ 27
  - 2.1.1 系统管理功能概述 ············ 27
  - 2.1.2 系统管理员与账套主管 ········ 28
- 2.2 账套管理 ·························· 29
  - 2.2.1 建立账套 ···················· 29
  - 2.2.2 修改账套 ···················· 30
  - 2.2.3 引入和输出账套 ·············· 31
  - 2.2.4 系统启用 ···················· 31
- 2.3 年度账管理 ························ 32
- 2.4 操作员及权限的管理 ··············· 33
  - 2.4.1 操作员管理 ·················· 33
  - 2.4.2 设置操作员权限 ·············· 34
- 2.5 系统运行安全管理 ················· 34
- 实验一 企业建账 ······················ 35

第3章 基础设置 ·························· 45
- 3.1 基础档案整理 ······················ 47
- 3.2 基础档案录入 ······················ 48
  - 3.2.1 机构设置 ···················· 48
  - 3.2.2 往来单位 ···················· 49
  - 3.2.3 财务 ························ 50
  - 3.2.4 收付结算 ···················· 54
- 实验二 基础档案设置 ·················· 55

第4章 总账管理 ·························· 71
- 4.1 总账管理系统概述 ················· 74
  - 4.1.1 总账管理系统功能概述 ········ 74
  - 4.1.2 总账管理系统与其他系统的主要关系 ················ 75
  - 4.1.3 总账管理系统的业务流程 ····· 75
- 4.2 总账管理系统初始化 ··············· 76
  - 4.2.1 选项设置 ···················· 76
  - 4.2.2 明细账权限 ·················· 77
  - 4.2.3 期初余额 ···················· 78
- 4.3 总账管理系统日常业务处理 ········ 79

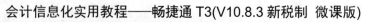

4.3.1	凭证管理	79
4.3.2	账簿管理	83
4.3.3	现金管理	84
4.3.4	往来管理	86
4.3.5	项目管理	87

4.4 总账管理系统期末处理 87
    4.4.1 自动转账 87
    4.4.2 对账 89
    4.4.3 结账 90
    实验三 总账管理系统初始设置 90
    实验四 总账管理系统日常业务
           处理 94
    实验五 总账管理系统期末处理 113

第5章 报表管理 126

5.1 报表管理系统概述 127
    5.1.1 报表的分类 127
    5.1.2 报表管理系统的基本功能 128
    5.1.3 报表编制的基本概念及
           基本原理 129
    5.1.4 报表编制的基本操作流程 132

5.2 财务报表编制 132
    5.2.1 报表格式定义 132
    5.2.2 报表公式定义 133
    5.2.3 报表数据处理 137
    5.2.4 利用模板编制财务报表 137

5.3 报表输出 138
    5.3.1 报表查询 138
    5.3.2 图表分析 139
    实验六 财务报表管理 139

第6章 工资管理 149

6.1 工资管理系统概述 151
    6.1.1 工资管理系统的主要功能 151
    6.1.2 工资管理系统与其他系统
           的关系 152
    6.1.3 工资管理系统操作流程 152

6.2 工资管理系统初始化 152
    6.2.1 建立工资账套 153
    6.2.2 基础信息设置 154
    6.2.3 工资类别管理 154
    6.2.4 录入期初工资数据 155

6.3 工资管理系统日常业务
    处理 155
    6.3.1 工资变动 155
    6.3.2 个人所得税的计算与申报 156
    6.3.3 工资分摊 156
    6.3.4 工资分钱清单 157
    6.3.5 银行代发 157
    6.3.6 工资数据查询统计 157

6.4 工资管理系统期末处理 158
    6.4.1 月末结转 158
    6.4.2 年末结转 158
    实验七 工资管理 158

第7章 固定资产管理 178

7.1 固定资产管理系统概述 180
    7.1.1 固定资产管理系统功能
           概述 180
    7.1.2 固定资产管理系统与其他
           系统的主要关系 180
    7.1.3 固定资产管理系统的
           业务流程 180

7.2 固定资产管理系统初始化 181
    7.2.1 固定资产参数设置 181
    7.2.2 基础数据设置 182
    7.2.3 输入期初固定资产卡片 184

7.3 固定资产管理系统日常
    业务处理 184
    7.3.1 资产增减 184
    7.3.2 资产变动 184

		7.3.3	卡片管理	185
		7.3.4	资产评估	186
		7.3.5	生成凭证	187
		7.3.6	账簿管理	187
	7.4	固定资产管理系统期末处理		188
		7.4.1	计提减值准备	188
		7.4.2	计提折旧	188
		7.4.3	对账	189
		7.4.4	月末结账	189
	实验八	固定资产管理		189

第8章 购销存系统初始设置 … 206

- 8.1 购销存系统概述 … 208
  - 8.1.1 购销存系统应用方案 … 208
  - 8.1.2 购销存系统业务处理流程 … 209
- 8.2 购销存系统初始化 … 209
  - 8.2.1 购销存系统业务参数设置 … 209
  - 8.2.2 设置基础档案 … 213
  - 8.2.3 客户往来期初数据和供应商往来期初数据 … 215
  - 8.2.4 购销存系统期初数据 … 215
- 实验九 购销存系统初始设置 … 216

第9章 采购与应付管理 … 229

- 9.1 采购管理系统概述 … 231
  - 9.1.1 功能概述 … 231
  - 9.1.2 采购管理系统与其他系统的主要关系 … 231
- 9.2 采购管理系统日常业务处理 … 232
  - 9.2.1 采购订单管理 … 232
  - 9.2.2 普通采购业务 … 233
  - 9.2.3 采购退货业务 … 236
  - 9.2.4 现付业务 … 237
  - 9.2.5 综合查询 … 238
  - 9.2.6 月末结账 … 238
- 实验十 采购与应付管理 … 238

第10章 销售与应收管理 … 255

- 10.1 销售管理系统概述 … 257
  - 10.1.1 功能概述 … 257
  - 10.1.2 销售管理与其他系统的主要关系 … 257
- 10.2 销售管理系统日常业务处理 … 258
  - 10.2.1 销售订货管理 … 258
  - 10.2.2 普通销售业务 … 258
  - 10.2.3 销售退货业务 … 261
  - 10.2.4 现收业务 … 261
  - 10.2.5 代垫运费业务 … 261
  - 10.2.6 综合查询 … 262
  - 10.2.7 月末处理 … 262
- 实验十一 销售管理 … 262

第11章 库存与核算管理 … 277

- 11.1 库存管理模块 … 278
  - 11.1.1 功能概述 … 278
  - 11.1.2 库存管理模块与其他模块的主要关系 … 279
  - 11.1.3 库存日常业务处理 … 280
- 11.2 核算管理模块 … 281
  - 11.2.1 功能概述 … 281
  - 11.2.2 核算模块与其他模块的主要关系 … 281
  - 11.2.3 核算模块应用模式 … 282
  - 11.2.4 核算模块日常业务处理 … 282
- 实验十二 库存与核算管理 … 284

附录 综合案例 … 300

- 一、系统初始化 … 301
- 二、日常业务处理 … 314
- 三、期末处理 … 315
- 四、编制财务报表 … 315

第 1 章

会计信息化概论

本章学习目标

通过本章内容的学习,你将能够:
1. 解释会计信息化的含义。
2. 理解会计信息化与会计电算化的关系。
3. 明确企业会计信息系统的建设过程。
4. 描述 T3 会计信息化软件各模块间的数据关系。
5. 了解 T3 软件的安装过程。

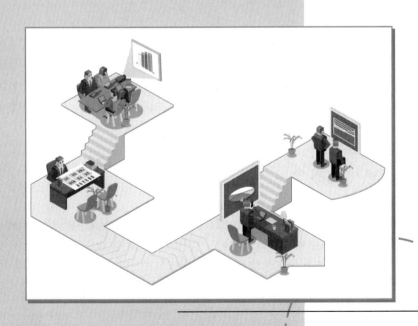

案例导入

北京海达科技有限公司(简称海达科技)成立于2017年。该企业属于高新科技企业,从事软件产品开发及销售。

企业领导层商议决定于2021年1月开始使用会计信息化软件进行会计及业务核算,全面提升会计核算工作的效率,加强企业的会计管理能力。

财务部门成立了专门的会计信息化小组,上网查询并学习了相关电算化法规,了解了会计信息系统建设的流程。信息化小组经过多方考察,决定购买畅捷通T3软件(企业管理信息化软件行业专版)作为企业开展会计工作的平台。该企业购买了T3软件的总账、财务报表、工资、固定资产、购销存、核算等子系统,进行财务业务一体化应用。

企业的硬件环境已经搭建完毕,准备进行软件的安装、调试及试运行。

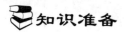

1.1 会计信息化概述

21世纪是一个充满竞争和创新的世纪,科学技术特别是计算机技术、网络技术和通信技术的飞速发展,世界经济环境的变迁及中国加入WTO,使我国企业直接面对全球市场和信息化社会的巨大挑战。在世界级的竞争对手面前,如何将现代信息技术与企业的管理实践相结合,寻求高效的管理模式以提升企业的竞争能力,是摆在我们面前的一项长期而艰巨的任务。

1.1.1 会计信息化的概念

现代信息技术在发展过程中,与社会诸领域及其各个层面动态地相互作用,形成信息化过程。会计信息化是现代信息技术与会计的融合。会计信息化是企业管理信息化的一部分。

2014年1月6日实施的《企业会计信息化工作规范》中定义,会计信息化是指企业利用计算机、网络通信等现代信息技术手段开展会计核算,以及利用上述技术手段将会计核算与其他经营管理活动有机结合的过程。

1.1.2 会计信息化的特点

会计信息化应用现代信息技术对传统手工会计体系进行变革,其目的是建立以信息技术为技术特征的新的信息会计体系。会计信息化具有以下特点。

1. 全面性

会计信息化要求对会计进行全方位的变革。它涉及会计的基本理论与方法、会计实务工作、会计教育及政府对会计的管理等所有会计领域，是对传统会计的系统、全面的发展。

2. 渐进性

会计信息化的目标是建立一个打破传统会计模式、全面使用现代信息技术、处理高度自动化、会计信息资源高度共享的开放的新系统。这个过程是一个分步骤、分阶段的渐进发展过程。

3. 动态性

现代信息技术日新月异，它决定了会计与信息技术的融合也是一个不断发展、不断变化的动态过程。信息技术的发展无法预见，会计信息化下的会计信息系统的建立也是无法想象的。因此，会计信息化必然是一个长期动态的发展过程。

4. 兼容性和多元性

由于我国各地区、各行业信息化水平严重不平衡，因此在相当长的一段时期内，传统会计组织方式与信息化管理组织方式必将并存，但从社会发展的要求来看，会计信息化是必然趋势。

1.1.3 会计信息化是会计电算化的高级阶段

提到会计电算化，大家一定不会陌生。会计电算化是计算机应用于会计工作的简称，那么，它与会计信息化是一种怎样的关系呢？

会计电算化是会计信息化的初级阶段。会计电算化表现为对手工会计的模拟，主要是利用计算机代替手工完成记账、算账、报账的会计事务处理工作，对应于原财务会计的知识范畴，其主要目的是使会计人员摆脱繁杂的账务处理工作，提高工作效率。随着社会信息化的发展，加强管理成为提升企业竞争力的重要手段。因此，对会计信息系统所提供的信息也提出了更高的要求，不仅需要拓展提供信息的范畴，而且要注重对数据的分析和深度挖掘。会计信息化是根据会计目标，按信息管理原理与信息技术重整会计流程，它改变了会计处理的程序和方法，实现了对会计业务的信息化管理，能够充分发挥会计在企业管理和决策中的核心作用。因此，会计电算化是会计信息化的基础阶段，会计信息化是会计电算化顺应信息化发展、对传统会计进行变革的必然结果。

从系统层次上看，会计信息化是企业业务处理及管理系统的组成部分，不仅包括事务处理层，还包括信息管理层、决策支持层。而会计电算化系统只定位在财务部门的内部事务管理，属于事务处理层。

会计电算化一直未能解决好两个问题：一是"无缝连接"问题，很多业务如生产、采购、库存、销售管理等与会计信息系统没有很好地连接；二是"信息孤岛"问题，企业与企业外部的信息交流处于阻塞状态。传统会计的组织工作及会计信息系统的操作和运用主要由财务部门把握。财务部门的工作非常专业化，与其他组织没有紧密的联系，因此，其管理信息系统与企业管理信息系统缺乏交流。这种状况不能适应现代管理一体化、集成化的要求，不利于提高企业整体竞争优势。信息技术的迅猛发展使企业期望信息技术更智能化，并为企业带来实实在在的经济效益。因此，我们提倡把会计信息系统的构建置于企业管理和社会信息化的大背景下，建立会计与企业和社会的有机联系。信息化的会计系统是与其他管理系统和外部系统的有效联合，是一种更开放、更智能化、能随时感知信息变化、实时处理、便于进行交互式活动的信息系统。

1.1.4 会计信息化发展

会计信息化发展是一个动态演变的过程，是信息从人工处理到计算机辅助处理再到智能化处理的发展过程。它不仅涉及技术层面，更与基础理论、会计实务、会计教育和信息系统建设密切相关。

1. 会计信息化发展的三次浪潮

财政部科学研究所杨周南教授认为，会计信息化发展经历了三次浪潮。

1) 会计信息化第一次浪潮(1979—1996年)

我国会计信息化应用事业起步于20世纪70年代末，1979年财政部拨款500万元给长春第一汽车制造厂进行计算机辅助会计核算试点，开启了现代信息技术应用于会计领域的序幕。20世纪80年代开始，我国改革开放步入快速发展轨道，市场经济体制逐步建立，市场经济环境促使会计不断变革，同时也对提供及时、准确、完整的会计信息提出了新的需求。个人电脑和局域网技术的问世，为企业开创会计信息化事业提供了必要的硬件环境，掀起了我国会计信息化发展的第一次浪潮，企业会计信息化事业进入了由单项会计数据处理(EDP)阶段到部门级会计信息系统的发展阶段。

2) 会计信息化第二次浪潮(1997—2007年)

20世纪90年代中后期，我国改革开放进入了深化发展时期。在国际经济舞台上，伴随着我国加入WTO，企业面临着全方位的国际和国内市场的竞争，导致企业对管理、决策和市场信息的高度需求，部门级会计信息系统所生产的会计信息"滞后性"和"孤立性"已无法满足企业管理的需求，企业越来越深刻地认识到：信息系统、数字化管理是提高企业市场竞争力的重要平台和手段。同时网络技术的发展，特别是互联网的问世和应用，为开展企业整体信息化提供了IT环境，掀起了我国会计信息化发展的第二次浪潮。ERP系统席卷了信息化市场，推动了企业级财务业务一体化会计信息系统的应用和发展。

作为企业管理信息系统的一个子系统,企业级的会计信息系统在功能、结构和性能上比部门级会计信息系统更加完备和优化。

3) 会计信息化的第三次浪潮(2008—)

21世纪互联网、移动通信、物联网、人工智能、云计算、大数据等技术的应用催动了网络时代的发展和知识经济时代的到来,会计信息化步入了以规范化、标准化、知识化、智能化、互联化、云化、社会化、产业化为主要标志的第三次浪潮的变革时代。财政部、工信部、国资委等监管部门起到了引领我国会计信息化步入第三次浪潮的作用。2008年11月12日,财政部联合工业和信息化部、人民银行、国家税务总局、国资委、审计署、银监会、证监会和保监会成立了全国会计信息化委员会暨XBRL中国地区组织,发布了一系列信息化的指导意见、发展纲要、系列标准及其实施通知等,对发展和规范我国会计信息化事业起到了至关重要的作用。

2. 会计信息化发展的十大趋势

近年来,随着大数据、智能化、移动互联网和云计算等信息技术的发展,"大智移云"技术给会计领域带来的影响和变革是重大而深远的。上海国家会计学院刘勤教授认为,会计信息化发展呈现出十大趋势。

1) 业财深度一体化

虽然说企业ERP系统是业财一体化,但是实际上它的凭证、报表都是各自为政的,包括管理流程、管理制度都没有做到深度融合。业财深度融合,要求财务人员要突破传统的财务观念,要做财务转型,全流程参与业务;要求财务人员转变工作方式,进入数据、进入流程、进入业务。

2) 处理全程自动化

从财务会计角度来讲,目前的信息系统从记账凭证到财务报告都是自动化的。真正的处理全程自动化是要从原始凭证到财务分析报告的全程自动化。随着RPA(财务机器人)在会计信息化领域的应用,财务会计工作将更多地实现自动化。

3) 内外系统集成化

随着互联网的发展,与企业相关的信息系统越来越多,如电商交易平台、网上报税系统、移动支付系统等。目前企业与这些系统的信息大多是孤立的,没有完全实现共享,未来的信息化将使得内外系统集成化、信息交换更加便捷化。

4) 操作终端移动化

当传统的会计信息化软件融合"移动通信+互联网"等多个网络系统之后,会计信息化系统将从电脑搬到手机等移动智能终端上,实现会计信息系统终端移动化。通过移动App实现财务报销、业务审批、财务审核、报表查询等诸多业务的移动操作及远程处理,突破办公场所、上网条件等限制,使财务业务操作及管理随时随地、触手可及。

5) 信息提供频道化

为不同的用户通过频道方式提供不同的会计信息,是个性化提供信息的方式。企业管理者及业务人员可以通过移动智能终端的自主配置平台,选择自身所关注的业务,实时获取所需信息，并进行业务实时处理，实现财务信息系统的全面、深入、个性化使用。

6) 处理规则国际化

当前，在财务共享服务中心中需处理的很多业务来自不同的国家，在处理的时候会涉及很多准则、税法、汇率方面的问题，如果不考虑国际化的因素，很多财务共享服务中心没有办法适应全球化需要。

7) 会计信息标准化

《会计改革与发展"十三五"规划纲要》中指出，财政部将积极参与可扩展商业报告语言(eXtensible Business Reporting Language，XBRL)等国际标准制定工作，全面提升我国在会计信息化领域的国际影响力。引导企业以可扩展商业报告语言提升内部管理信息标准化，促进财务、业务数据的融合与互联。

8) 会计组织共享化

财务共享服务是依托信息技术，以财务业务流程处理为基础，以优化组织结构、规范流程、提升流程效率、降低运营成本或创造价值为目的，以市场视角为内外部客户提供专业化生产服务的分布式管理模式。简单来讲，就是将集体内分散在各分子公司的共同业务提取出来放到财务共享服务中心完成。在实施共享服务过程中，很多大型企业在集团内部成立共享服务中心，也有的企业将共享服务交给专门从事财务和会计服务的第三方外包服务提供商。

9) 处理平台云端化

大数据、云计算在财会领域的应用，使得会计信息化处理平台云端化。近年来，云会计、云 ERP 不断涌现。大型企业自建私有云，整个财务信息系统的功能都集成在云计算平台中，任何财务业务操作，都可以通过任何一个终端在云平台中完成。中小企业可以采用公共云服务，无须自建财务信息系统，直接利用第三方提供的"云财务系统"即可。

10) 财务分析智能化

随着人工智能 AI 和商业智能 BI 的发展，未来的财务分析将更加智能化。财务分析工作将对企业经营和财务状况进行全面分析诊断，自动生成实时性、可视化报告。

1.2 会计信息化法规

1.2.1 会计信息化法规体系

规范的基本含义是制定统一的规则并严格遵守规则。鉴于会计在经济管理过程中的重要地位，对会计工作始终存在着规范化的要求，并制定了相应的规范体系。由于各企业的管理水平、会计人员的素质差别和手工处理的局限性，各企业在不同程度上存在基础工作不规范的问题。计算机引入会计工作，改变了原有的数据处理方法和处理流程，需要建立与之相适应的规范。

1. 《中华人民共和国会计法》

《中华人民共和国会计法》(以下简称《会计法》)作为会计工作的根本法,是所有企业必须严格遵守的第一层次的会计规范。《会计法》科学地概括了会计工作的职能和基本任务,要求一切发生会计事务的企业都必须依法进行会计核算、会计监督,这有利于保证各企业的会计工作在统一的法律规范下进行,加强会计基础工作,建立健全企业内部的管理制度,解决当前会计工作中普遍存在的会计监督乏力、会计信息失真的问题。

2. 《企业会计准则》和《小企业会计准则》

《企业会计准则》和《小企业会计准则》是会计工作应遵守的第二层次规范,对企业的会计核算做出了具体规定,因此是指导我国会计工作的具体规范。

3. 会计信息化相关文件与法规

为加强对会计信息化工作的指导和规范,财政部根据《会计法》发布了一系列文件,具体包括《财政部关于推进我国会计信息化工作的指导性意见》《会计改革与发展"十三五"规划纲要》《财政部关于全面推进管理会计体系建设的指导意见》《管理会计基本指引》《会计档案管理办法》(新)等,这些文件中均对会计信息化提出了要求。

财政部于2014年1月6日颁布实施了《企业会计信息化工作规范》,此法规为指导企业会计信息化工作的最新法规。

1.2.2 企业会计信息化工作规范

为推动企业会计信息化,节约社会资源,提高会计软件和相关服务质量,规范信息化环境下的会计工作,根据《中华人民共和国会计法》《财政部关于全面推进我国会计信息化工作的指导意见》(财会〔2009〕6号),制定了《企业会计信息化工作规范》。该法规于2014年1月6日正式实施。法规第二章和第三章主要内容如下。

1. 会计软件和服务(法规第二章内容)

会计软件应当保障企业按照国家统一会计准则制度开展会计核算,不得有违背国家统一会计准则制度的功能设计。

会计软件的界面应当使用中文并且提供对中文处理的支持,可以同时提供外国或者少数民族文字界面对照和处理支持。

会计软件应当提供符合国家统一会计准则制度的会计科目分类和编码功能。

会计软件应当提供符合国家统一会计准则制度的会计凭证、账簿和报表的显示和打印功能。

会计软件应当提供不可逆的记账功能,确保对同类已记账凭证的连续编号,不得提供对已记账凭证的删除和插入功能，不得提供对已记账凭证日期、金额、科目和操作人的修改功能。

鼓励软件供应商在会计软件中集成可扩展商业报告语言(XBRL)功能，便于企业生成符合国家统一标准的XBRL财务报告。

会计软件应当具有符合国家统一标准的数据接口，满足外部会计监督需要。

会计软件应当具有会计资料归档功能，提供导出会计档案的接口，在会计档案存储格式、元数据采集、真实性与完整性保障方面，符合国家有关电子文件归档与电子档案管理的要求。

会计软件应当记录生成用户操作日志，确保日志的安全、完整，提供按操作人员、操作时间和操作内容查询日志的功能，并能以简单易懂的形式输出。

以远程访问、云计算等方式提供会计软件的供应商，应当在技术上保证客户会计资料的安全、完整。对于因供应商原因造成客户会计资料泄露、毁损的，客户可以要求供应商承担赔偿责任。

客户以远程访问、云计算等方式使用会计软件生成的电子会计资料归客户所有。软件供应商应当提供符合国家统一标准的数据接口供客户导出电子会计资料，不得以任何理由拒绝客户导出电子会计资料的请求。

以远程访问、云计算等方式提供会计软件的供应商，应当做好本厂商不能维持服务情况下，保障企业电子会计资料安全以及企业会计工作持续进行的预案，并在相关服务合同中与客户就该预案做出约定。

软件供应商应当努力提高会计软件相关服务质量，按照合同约定及时解决用户使用中的故障问题。会计软件存在影响客户按照国家统一会计准则制度进行会计核算问题的，软件供应商应当为用户免费提供更正程序。

鼓励软件供应商采用呼叫中心、在线客服等方式为用户提供实时技术支持。

软件供应商应当就如何通过会计软件开展会计监督工作，提供专门教程和相关资料。

2. 企业会计信息化(法规第三章内容)

企业应当充分重视会计信息化工作，加强组织领导和人才培养，不断推进会计信息化在本企业的应用。除本条第三款规定外，企业应当指定专门机构或者岗位负责会计信息化工作。未设置会计机构和配备会计人员的企业，由其委托的代理记账机构开展会计信息化工作。

企业开展会计信息化工作，应当根据发展目标和实际需要，合理确定建设内容，避免投资浪费。

企业开展会计信息化工作，应当注重信息系统与经营环境的契合，通过信息化推动管理模式、组织架构、业务流程的优化与革新，建立健全适应信息化工作环境的制度体系。

大型企业、企业集团开展会计信息化工作，应当注重整体规划，统一技术标准、编码规则和系统参数，实现各系统的有机整合，消除信息孤岛。

企业配备的会计软件应当符合本规范第二章要求。

企业配备会计软件，应当根据自身技术力量以及业务需求，考虑软件功能、安全性、稳定性、响应速度、可扩展性等要求，合理选择购买、定制开发、购买与开发相结合等方式。

定制开发包括企业自行开发、委托外部单位开发、企业与外部单位联合开发。

企业通过委托外部单位开发、购买等方式配备会计软件，应当在有关合同中约定操作培训、软件升级、故障解决等服务事项，以及软件供应商对企业信息安全的责任。

企业应当促进会计信息系统与业务信息系统的一体化，通过业务的处理直接驱动会计记账，减少人工操作，提高业务数据与会计数据的一致性，实现企业内部信息资源共享。

企业应当根据实际情况，开展本企业信息系统与银行、供应商、客户等外部单位信息系统的互联，实现外部交易信息的集中自动处理。

企业进行会计信息系统前端系统的建设和改造，应当安排负责会计信息化工作的专门机构或者岗位参与，充分考虑会计信息系统的数据需求。

企业应当遵循企业内部控制规范体系要求，加强对会计信息系统规划、设计、开发、运行、维护全过程的控制，将控制过程和控制规则融入会计信息系统，实现对违反控制规则情况的自动防范和监控，提高内部控制水平。

对于信息系统自动生成且具有明晰审核规则的会计凭证，可以将审核规则嵌入会计软件，由计算机自动审核。未经自动审核的会计凭证，应当先经人工审核再进行后续处理。

处于会计核算信息化阶段的企业，应当结合自身情况，逐步实现资金管理、资产管理、预算控制、成本管理等财务管理信息化。

处于财务管理信息化阶段的企业，应当结合自身情况，逐步实现财务分析、全面预算管理、风险控制、绩效考核等决策支持信息化。

分公司、子公司数量多、分布广的大型企业、企业集团应当探索利用信息技术促进会计工作的集中，逐步建立财务共享服务中心。实行会计工作集中的企业以及企业分支机构，应当为外部会计监督机构及时查询和调阅异地储存的会计资料提供必要条件。

外商投资企业使用的境外投资者指定的会计软件或者跨国企业集团统一部署的会计软件，应当符合本规范第二章的要求。

企业会计信息系统数据服务器的部署应当符合国家有关规定。数据服务器部署在境外的，应当在境内保存会计资料备份，备份频率不得低于每月一次。境内备份的会计资料应当能够在境外服务器不能正常工作时，独立满足企业开展会计工作的需要以及外部会计监督的需要。

企业会计资料中对经济业务事项的描述应当使用中文，可以同时使用外国或者少数民族文字对照。

企业应当建立电子会计资料备份管理制度，确保会计资料的安全、完整和会计信息系统的持续、稳定运行。

企业不得在非涉密信息系统中存储、处理和传输涉及国家秘密，关系国家经济信息安全的电子会计资料；未经有关主管部门批准，不得将其携带、寄运或者传输至境外。

企业内部生成的会计凭证、账簿和辅助性会计资料，同时满足下列条件的，可以不输出纸面资料：

(1) 所记载的事项属于本企业重复发生的日常业务；
(2) 由企业信息系统自动生成；
(3) 可及时在企业信息系统中以人类可读形式查询和输出；
(4) 企业信息系统具有防止相关数据被篡改的有效机制；
(5) 企业对相关数据建立了电子备份制度，能有效防范自然灾害、意外事故和人为破坏的影响；
(6) 企业对电子和纸面会计资料建立了完善的索引体系。

企业获得的需要外部单位或者个人证明的原始凭证和其他会计资料，同时满足下列条件的，可以不输出纸面资料：

(1) 会计资料附有外部单位或者个人的、符合《中华人民共和国电子签名法》的可靠的电子签名；
(2) 电子签名经符合《中华人民共和国电子签名法》的第三方认证；
(3) 满足上一条第(1)项、第(3)项、第(5)项和第(6)项规定的条件。

企业会计资料的归档管理，遵循国家有关会计档案管理的规定。

实施企业会计准则通用分类标准的企业，应当按照有关要求向财政部报送 XBRL 财务报告。

1.3 会计信息化建设

会计信息化建设是指企业建立会计信息系统的全过程。无论企业规模大小、结构及业务复杂程度如何，建立会计信息系统的工作程序都大致相同，如图 1-1 所示。本节就站在企业的角度针对会计信息系统建设过程中各关键环节的工作内容加以展开，对每个环节应该注意的问题加以阐释，以有效指导企业会计信息系统的建设工作。

图 1-1 建立会计信息系统的工作程序

1.3.1 会计信息系统建设的总体规划

提到会计信息系统建设，很多人认为就是"购置硬件+配置软件"。事实上，硬件和软件的投资仅是系统建设和投资的一部分，而设计解决方案、形成信息处理规范、培训业务和管理人员、准备初始数据、完善现行的管理制度等都是构成会计信息系统建设的重要环节。企业会计信息系统的建设是一项复杂的系统工程，涉及企业各个方面，诸多业务环节，任何一个环节都会影响系统建设的成败。因此，企业在建设会计信息系统之前，应制定会计信息系统的发展战略并进行系统的总体规划。

1. 制定总体规划的意义

企业会计信息系统总体规划，是对会计信息系统所要达到的目标，以及如何有效地、分步骤地实现这个目标所做的规划，它是企业会计信息系统建设的指南，是开展各项具体工作的依据，决定了系统建设的成败。因此，会计信息系统建设规划应得到企业各级领导和有关职能部门的高度重视。

2. 制定总体规划的原则

会计信息系统总体规划要服从于企业整体战略规划的要求，在制定规划时要注意：
(1) 整体规划，分步实施；
(2) 把握自身需求，力图方便实用。

3. 单位信息系统建设总体规划的内容

制定企业会计信息系统总体规划应立足于本单位实际，具体包括以下几项内容。
1) 会计信息系统建设的目标

会计信息系统建设的目标应指明企业几年内要建设一个什么样的会计信息系统，它明确了系统的规模和业务处理范围。

制定目标的基本依据是本企业发展的总目标。这是因为会计信息系统的建设不仅是解决会计的核算手段问题，更重要的是提高会计信息处理的准确性和实时性，真正做到会计的事前、事中、事后的有效控制，提高会计的辅助管理和辅助决策能力，为全面提升企业的管理水平服务。

2) 会计信息系统建设的工作步骤

会计信息系统建设的工作步骤是按照会计信息系统建设目标的要求和企业实际情况对会计信息系统建设过程的任务进行分解，主要规定系统的建设分哪几步进行、每一步的阶段目标和任务、各阶段资源配置情况等。

3) 会计信息系统建设的组织机构

规划中应明确规定会计信息系统建设过程中的管理体制及组织机构，以利于统一领导、专人负责，高效率地完成系统建设的任务。

会计信息系统建设过程不仅会改变企业会计工作的操作方式，还会引起会计业务处理流程、岗位设置甚至企业整个管理模式的一系列重大变革。因此，组织机构在系统建设过程中，还要投入大量的时间、组织专门的人员，根据本企业的具体情况建设适应新系统的工作流程、管理制度、组织形式及绩效考核标准等。

4) 资金预算

会计信息系统建设需要投入资金，因此要对资金统筹安排，合理使用。会计信息系统建设过程中的资金耗费主要是由系统硬件配置、购置会计软件、人员培训费、咨询费和后期的运行维护费用等构成。

1.3.2 会计软件选型

会计软件是会计信息系统的核心，是会计信息化的主要手段和工具。会计软件是否符合国家统一会计制度的规定并充分考虑用户的使用习惯，是保证会计核算质量和会计工作正常进行的重要前提。

1. 会计软件的概念

《企业会计信息化工作规范》中定义：会计软件是指企业使用的，专门用于会计核算、财务管理的计算机软件、软件系统或其功能模块。会计软件具有以下功能：

(1) 为会计核算、财务管理直接采集数据；
(2) 生成会计凭证、账簿、报表等会计资料；
(3) 对会计资料进行转换、输出、分析、利用。

2. 会计软件的分类

会计软件可分为多种不同类型：按适用范围划分，可分为通用会计软件和定点开发会计软件；按提供信息的层次划分，可分为核算型会计软件和管理型会计软件，即财务业务一体化管理软件；按软件开发地域划分，可分为国内会计软件和国外会计软件。下面介绍几种常用会计软件的特点。

1) 通用会计软件和定点开发会计软件

通用会计软件是指在一定范围内适用的会计软件。定点开发会计软件也称为专用会计软件，是指仅适用于个别单位会计业务处理的会计软件。目前市场上的商品化软件一般为通用会计软件，因此，商品化通用会计软件成为企业信息化的首选。

2) 核算型会计软件和财务业务一体化管理软件

核算型会计软件是指专门用于完成会计核算工作的计算机应用软件，主要完成会计核算的电算化。它面向事后核算，采用一系列专门的会计方法，实现会计数据处理的电子化，提供会计核算信息，完成会计电算化基础工作。软件主要模块包括总账、工资、固定资产、报表处理等财务部分，模块之间数据独立，适合小型企业会计核算使用。

从 20 世纪 90 年代中期开始，财务业务一体化管理软件的开发和实施成为会计电算化发展的热点。财务业务一体化管理软件不仅限于解决企业的会计核算问题，而是要对企业的资金流、物流和信息流进行一体化、集成化管理。从软件结构上看，企业管理信息系统各模块既能独立运行，又能集成运行；从软件功能上看，不仅包括账务处理、工资管理、固定资产管理、应收/应付款管理，还包括采购管理、销售管理、库存管理等业务活动的管理。

3. 如何选择会计软件

近年来，我国会计软件市场已初具规模，面对为数众多的商品化会计软件，企业怎样选择呢？以下原则可供借鉴和参考。

(1) 软件功能是否满足本单位业务处理的要求；
(2) 考察软件的灵活性、开放性与可扩展性；
(3) 根据企业业务量和规模选择会计软件的网络体系结构；
(4) 考察会计软件的运行稳定性和易用性；
(5) 选择稳定的开发商和服务商。

1.3.3 运行平台建设

会计信息系统运行平台是指会计信息系统赖以运行的软硬件环境，包括两个方面的内容：一是计算机硬件环境；二是运行会计信息系统所需的软件环境，包括操作系统、数据库管理系统等。

1. 硬件平台

硬件是会计信息系统的实体设备，主要任务是按照指令完成数据的采集、存储、加工、传递和输出等。计算机硬件设备的不同组合方式构成了不同的硬件体系结构，不同的硬件体系结构决定了会计信息系统的工作方式。常见的体系结构包括单机结构、多用户结构和网络结构。

2. 软件平台

会计信息系统运行所需的软件平台主要包括操作系统及数据库管理系统等。

随着分布式网络计算技术的发展，计算机网络服务器一般可分为数据库服务器、Web服务器、应用服务器、通信服务器等。网络版会计软件的应用，应根据网络会计软件的体系结构(如二层、三层或多层 C/S 结构、B/S 结构等)购置网络服务器和选择网络操作系统。

数据库系统主要分为服务器数据库系统和桌面数据库系统。服务器数据库主要适合于大型企业的使用，代表系统主要有 Oracle 和 SQL Server 等。服务器数据库系统处理的数据量大，数据容错性和一致性控制较好；但服务器数据库系统的操作与数据维护难度比较大，对用户水平要求高，而且投资大。桌面数据库主要适用于数据处理量不大的中小企业，主要产品有 Access、FoxPro、Paradox 等，桌面数据库系统处理的数据量要小一些，在数据安全性与一致性控制方面的性能也要差一些，但易于操作使用和进行数据管理，投资较小。

1.3.4 解决方案设计

从表象上看，从手工系统过渡到计算机信息系统是平台上的跨越，是操作方式的转变。

事实远不止如此。企业购进的是通用软件，而每个企业所属行业各异，管理方式各不相同，与软件提供的管理模式和基于计算机平台的业务处理流程必然存在差异。解决方案设计就是考虑将软件提供的功能与企业管理实际相结合，优化业务流程，最大限度地发挥信息系统的优势。

1.3.5 人才建设

会计信息系统是一个人-机系统，其中人的因素是起主导作用的基本因素。对于企业来说，按照工作性质不同，会计信息系统的人员一般可分为三类。

1. 会计信息系统的操作人员

会计信息系统的操作人员主要负责系统日常运行中的经常性工作，包括数据的录入、会计账表及其他数据的打印输出。这也是需求量最大的一类人员。

2. 会计信息系统的维护人员

会计信息系统的维护人员负责系统日常使用中的硬件和应用软件的维护工作。硬件维护主要负责机房、网络系统、计算机硬件等设备的维护与管理。软件维护主要负责应用程序故障的排除，根据业务处理的需要对应用程序中的项目进行增加、修改、删除等维护工作，对数据进行备份，并能解决操作系统升级和软件本身升级带来的问题，对系统的正常运行负责。

会计信息系统的维护人员也就是通常所说的系统管理员，按照企业维护工作量的大小可分别设硬件维护人员和软件维护人员，如果业务量小，也可由一人担任。

3. 会计信息系统的管理人员

会计信息系统的管理人员主要负责会计信息系统总体规划，以及系统运行过程中的管理工作。

1.3.6 新旧系统转换

新旧系统转换是指原有系统(手工系统或原有计算机系统)向新系统的过渡。

1. 系统上线

系统上线是解决方案的实现过程，是在计算机系统中建立企业账套、设置各项基础档案数据、输入期初数据，正式使用新系统的过程。

2. 新旧系统并行

新旧系统并行是指新系统上线后，原有系统并不立即停止业务处理，而是与新系统同时进行会计业务的处理，并行时间一般为三个月。通过新旧系统的同时运行，可以检验两种方式下的处理结果是否一致，以验证新系统数据处理的可靠性，发现新系统存在的问题，并及时总结、分析，为新系统的正式运行积累经验。

1.3.7 管理持续改善

任何形式的管理软件，都只是企业管理提升的一种工具。系统上线只是第一步，要充分发挥信息系统的效益，还有大量的工作要做。

1. 周期性运行检查

在软件实施阶段，限于种种原因，项目组成员实施的模块及功能一般来说只是最基本的、必需的，但不一定是最好的解决方案。这些因素包括实施顾问对企业管理需求的理解程度、关键用户对软件所能实现功能的未知、项目实施的进度要求等，这都意味着软件功能与企业实际不可能实现完美融合，况且，变化是永恒的。随着企业的不断发展，随时都会出现新的管理需求和业务的变化，这都需要对软件系统的运行进行审查，并及时调试。

系统上线后，经过一段时间的使用，用户对软件所包含的功能有了一定的了解，业务流程逐渐顺畅，积累了一定的运行经验，各级管理人员对系统有了深层次的理解，或多或少地发现了一些问题，希望对已实现的功能进行修正或完善，或者扩充系统实现的功能。

2. 建立完善的管理制度

管理工具的变化必然导致内部控制和管理制度的变革，新的工作规程和管理制度的建立是保证会计信息系统安全运行的必要条件。

1) 操作管理制度

操作管理包括系统操作规程和操作权限的设置。严格操作管理的前提是明确岗位分工，将每项工作落实到人。企业管理信息系统建立后，企业应根据系统需要设立相应的业务岗位，严格划定每个人的操作权限、设置密码、制定相应的内部控制制度。每个人都应该按照操作规程运行系统，履行自己的职责，从而保证整体流程顺畅。

2) 软、硬件管理制度

计算机硬件和软件的安全运行是会计电算化工作顺利开展的基本条件，因此应制定相应的管理制度，如机房管理制度，软件使用、维护及保管制度，修改会计软件的审批及监督制度等。

3) 会计档案管理制度

计算机会计信息系统中，会计档案所包含的内容和管理方式都有其新的特点。会计档案主要以磁介质和纸介质两种形式存储。会计档案在产生和保管过程中存在许多不安全因素。例如，从硬件角度来说，计算机突然断电会引起数据混乱和丢失；从软件角度来说，计算机病毒的入侵轻则破坏数据，重则会引起整个系统瘫痪。另外，还有人本身的因素，如操作不当、蓄意破坏等。为了保证会计资料的完整，应建立严格的会计档案保管制度，如每月将机内资料打印输出、定期备份会计数据、定期检查复制等。

1.4　会计信息化软件

会计信息化是借助会计信息系统为载体实现的，会计信息系统的核心是应用软件，应用软件是支撑企业业务处理的实体。本书选用了畅捷通 T3 软件(企业管理信息化行业专版)作为蓝本介绍会计信息系统的功能特性及安装。

1.4.1　软件特点

畅捷通 T3 软件(以下简称 T3 软件)关注小企业会计信息管理现状和需求，针对成长型企业在发展过程中面临的各种问题，以"精细管理，卓越理财"为核心理念，以财务核算为主轴，业务管理为导向，提供财务业务一体化的解决方案，帮助企业实现业务运作的全程管理与信息共享，是切实帮助小企业应对市场变化，实现长期可持续发展，稳定、安全的管理系统。

1.4.2　功能结构

会计信息系统通常由若干个子系统(也称为功能模块)组成，每个子系统具有特定的功能，各个子系统之间又存在紧密的数据联系，它们相互作用、相互依存，形成一个整体。功能结构就是指系统由哪些子系统组成，每个子系统完成怎样的功能，以及各子系统之间的相互关系。

T3 软件主要由财务部分和业务部分组成，是财务业务一体化软件。财务部分包含总账管理、财务报表、工资管理、固定资产管理和财务分析功能模块等；业务部分包含进销存管理(采购管理、销售管理、库存管理)和核算功能模块。

T3 软件各模块间存在复杂的数据关系，如图 1-2 所示。

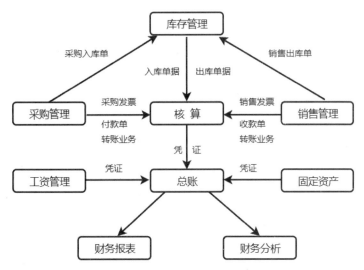

图 1-2　T3 软件各模块间的数据关系

(1) 采购管理模块录入采购入库单，在库存管理模块对该入库单登记出入库台账，在核算模块核算采购成本。

(2) 销售管理模块开出销售出库单，在库存管理模块对该出库单登记出入库台账，在核算模块核算销售成本。

(3) 在库存管理模块录入各种出入库单，登记出入库台账。库存管理模块为采购管理、销售管理提供库存量。

(4) 核算模块生成存货成本的凭证传递到总账。

(5) 核算模块对采购管理模块的采购发票、付款单、供应商往来转账和销售管理模块的销售发票、收款单、客户往来转账生成凭证。

(6) 工资管理模块生成计提工资凭证传递到总账。

(7) 固定资产管理模块生成折旧等凭证传递到总账。

(8) 财务分析模块可以制定各项支出费用等预算，在总账模块中进行控制预警。

(9) 财务报表和财务分析可以从总账中取数进行分析。

1.4.3　应用流程

企业应用会计信息系统之初，应正确安装软件，并设计基于信息系统的管理解决方案，准备各项基础数据。然后按照系统初始化—日常业务处理—期末处理的流程开始系统应用。

1. 系统初始化

系统初始化是通过选择系统内置参数设置企业的具体核算规则，将通用财务软件转化为专用财务软件，将手工会计业务数据经过设计、规范并输入计算机系统中作为计算机业务处理的起点。

系统初始化一般包括系统参数设置、基础信息录入、输入期初数据。

1) 系统参数设置

T3是通用管理软件，需要适用于多个行业、多种企业类型，而不同行业的行业特点不同，不同类型的企业也有不同的管理要求。为了体现这些差异，用友T3的各个子系统中预置了一些反映企业会计核算和管理要求的选项，企业需要在系统初始化时根据企业的具体情况做出选择。通过这一环节，把通用的管理软件改造为适合企业特点的专用软件。

2) 基础信息录入

企业核算或汇总分析必需的基础信息，如与业务处理相关的组织机构设置、职员、客户、供应商、固定资产分类、人员类别、存货、仓库、采购及销售类型等，在手工环境下，这些信息分散在各个部门进行管理，大多根本就没有规范的档案，这对计算机来说是致命的。计算机业务处理建立在全面规范的基础档案管理之上，且要求事先设置各种分类、统计口径，才能在业务处理过程中分类归拢相关信息，并在事后提供对应的分析数据。

3) 输入期初数据

很多企业多年来一直采用手工核算方式，采用计算机信息管理后，为了保证手工业务与计算机系统的衔接、继承历史数据、保证业务处理的连续性，要将截至当前的手工核算的余额录入计算机信息处理系统中作为期初数据，才能保持业务的完整性。

对财务业务一体化管理系统来说，不仅要准备各个账户截至当前的累计发生额和上个期间的期末余额，还要准备各业务环节未完成的初始数据。

2. 日常业务处理

企业日常业务涵盖了人、财、物、产、供、销等方方面面，既要反映物料的流动，也要反映资金的流动，以确保财务、业务信息的同步和一致。日常业务处理主要完成原始业务的记录、数据输入、处理和输出等。

3. 期末处理

每个会计期末，企业需要完成以下工作。

(1) 工资费用分配及相关费用计提。

(2) 固定资产折旧处理。

(3) 账账、账实核对。

(4) 各系统结账。

1.4.4 安装会计信息化软件

正确安装会计软件是建立会计信息系统的首要环节，由于涉及较多的计算机和网络知识，因此一般由软件公司的专业人员安装或在专业人员指导下由企业的系统管理员安装。本

第 1 章　会计信息化概论

书所附教学资源中包含畅捷通 T3 软件学习版，安装较简便，学员可以参照本节提示自行安装。

1．运行环境

T3 属于应用软件范畴，对硬件环境和软件环境要求相对较低。
硬件环境：目前主流台式机和笔记本电脑配置均能满足软件安装要求。
操作系统：Windows XP 及以上。
数据库：SQL Server 2000 及以上。

2．安装前的注意事项

为确保系统安装成功，提醒注意以下问题。
(1) 安装时操作系统所在的磁盘分区剩余磁盘空间应大于 180MB。
(2) 安装产品的计算机名称中不能带有"-"或用数字开头。
(3) T3 不能与用友其他版本的软件安装在同一个操作系统中。
(4) 安装产品之前关闭防火墙和实时监控系统。

3．系统安装指南

(1) 安装 SQL Server 数据库。

> 提示
> - SQL Server 数据库为微软公司产品，请学员自行下载安装并使用。
> - 如果计算机中已装有 SQL Server 2000 数据库，则会在任务栏显示有 的服务管理器图标。

(2) 安装 T3 软件。
① 打开"安装程序"文件夹，执行安装文件 setup.exe，如图 1-3 所示。

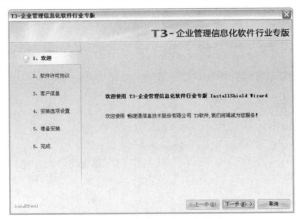

图 1-3　"安装程序"文件夹

② 单击【下一步】按钮，进入许可证协议窗口，接受许可证协议，如图 1-4 所示。

③ 单击【下一步】按钮，设置用户信息，如图 1-5 所示。

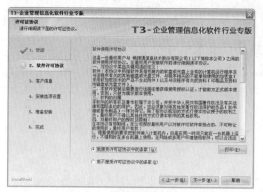

图 1-4 接受许可证协议

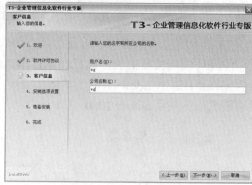

图 1-5 设置用户信息

④ 单击【下一步】按钮，选择安装路径，如图 1-6 所示。
⑤ 单击【下一步】按钮，默认安装选项设置，如图 1-7 所示。

图 1-6 选择安装路径

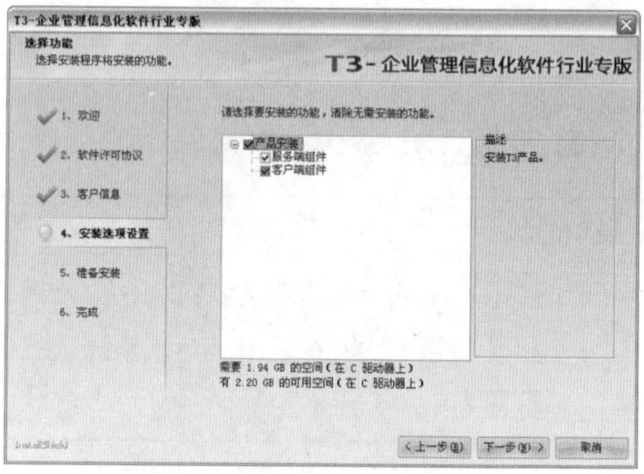

图 1-7 选择默认安装选项

⑥ 单击【下一步】按钮，准备安装，如图 1-8 所示。
⑦ 单击【下一步】按钮，进入安装状态，开始复制文件，如图 1-9 所示。

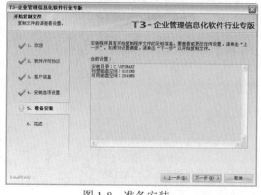

图 1-8 准备安装

图 1-9 复制文件

⑧ 系统安装完成，如图 1-10 所示。选择"是，立即重新启动计算机。"单选按钮，单

击【完成】按钮，完成用友 T3 的安装。

⑨ 重新启动计算机后，系统显示如图 1-11 所示。

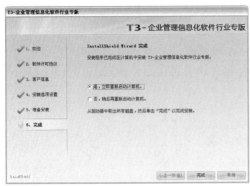

图 1-10　重新启动计算机　　　　　图 1-11　T3 软件安装成功

> **提示**
> - 如果已安装卸载过畅捷通 T3 软件，则会提示是否覆盖原数据库，若选择"否"，则保留原数据库；若选择"是"，则清空原数据库中所有账套数据。

实训练习

请学员登录财政部网站：
1. 查找电算化法规《企业会计信息化工作规范》，认真研读。
2. 查找电算化法规《企业会计信息化工作规范》解读一、二、三、四章，认真研读。
3. 以小组为单位制作 PPT，对研读体会进行交流。

参考研读文件：
《财政部关于推进我国会计信息化工作的指导性意见》
《会计档案管理办法》(新)
《会计改革与发展"十三五"规划纲要》
《财政部关于全面推进管理会计体系建设的指导意见》
《管理会计基本指引》

巩固提高

一、单选题

1. XBRL 一词是指(　　)。
   A. 会计信息系统　　　　　　B. 管理信息系统
   C. 可扩展商业报告语言　　　D. 会计信息化

2. T3 软件的核心模块是( )。
   A. 总账　　　　　　　　B. 固定资产
   C. 应收　　　　　　　　D. 销售
3. 2014 年 1 月 6 日实施的电算化法规是( )。
   A.《会计电算化管理办法》　　B.《会计核算软件基本功能规范》
   C.《会计电算化工作规范》　　D.《企业会计信息化工作规范》

二、多选题

1. T3 财务通包括( )。
   A. 总账　　　　　　　　B. 工资
   C. 财务报表　　　　　　D. 销售
2. 按适用范围划分，会计软件可分为( )。
   A. 通用会计软件
   B. 定点开发会计软件
   C. 核算型会计软件
   D. 管理型会计软件
3. 会计信息化的特点包括( )。
   A. 全面性　　　　　　　B. 渐进性
   C. 动态性　　　　　　　D. 多元性

三、判断题

1. 会计电算化是会计信息化的高级阶段。( )
2. 会计信息化是指企业利用计算机、网络通信等现代信息技术手段开展会计核算，以及利用上述技术手段将会计核算与其他经营管理活动有机结合的过程。( )
3. 会计信息系统建设的第一步是软件选型。( )

四、简答题

1. 如何理解会计信息化？其特点是什么？
2. 制定企业信息化规划的指导原则有哪些？
3. 单位信息系统总体规划包括哪些基本内容？
4. 简要说明会计信息系统运行平台的构成。
5. T3 会计信息化软件各模块间的数据关系是怎样的？
6. 安装 T3 会计信息化软件时需要注意哪些问题？

五、案例分析

信息化为某化纤纺织有限公司带来企业管理的突破

1. 信息化背景

某化纤纺织有限公司属民营股份制企业，拥有 30 000 纱锭、10 000 线锭的纺纱生产加工能力，年产各类化纤及化纤混纺纱线 10 000 余吨。公司资产 6 000 万元，占地 90 亩，现有员工 1500 人，各类专业技术人员 160 人，技术力量雄厚，有较强的产品开发、设计和生产能力。除了在山东占有较大的市场份额外，该公司的产品还远销华东、东北等地。该公司属于典型的成长型企业。

然而，市场需求的不断扩大，公司业务的不断扩张，尤其是市场变化频率的加快，无一不对公司管理运行的效率提出了新的挑战。在产品个性化需求的推动下，公司对资源调配的合理性和材料供应的及时性等方面的要求更高了，但是由于各项工作完全采用手工核算，制约了公司的发展，主要表现在以下几方面。

(1) 财务不能实时监控全公司的资金运作、物流运转等情况。购、销、存、生产各环节数据不能集中管理，不能和财务一体化。所有的流程都必须通过纸张打印出来进行传递，内部管理各自为政，部门之间无法实现信息共享，造成了严重的"信息孤岛"。

(2) 由于采购部与库房无法共享，每次采购部在做采购订单时都要到库房，通过手工方式对库存情况进行核查。另外，采购部在以往的采购计划中没有余量化的概念，订单什么时候下，什么时候交货，随意性很强。

(3) 由于该公司的仓库面积大，材料的品种多，料品的管理没有规范的编号，货品的堆放都是凭借保管员的习惯，或者是手工制作一些卡片插在料品上面。账簿的记录也都是通过手工记账的方式，一方面数据不准确，难免出现遗漏的现象；另一方面在对账时要去翻账本，有时候甚至还要去清点货物，很麻烦。

(4) 由于各部门相对独立，数据的来源和标准不一致，财务部门在统计、核算时，常常与各部门的数据不符，不得不重新核对数据。有时候一次核对不清楚，还要进行多次核对，大大增加了财务部门的工作量。

(5) 内部的管理也存在着很多问题，诸如成本管理不系统，造成产品成本居高不下；库房管理混乱，原材料、产成品库存过大，造成资金占压严重等诸多管理瓶颈。诸如此类的问题，严重影响各部门的工作效率，为此，广大员工也迫切希望能够通过信息化系统来改善办公条件，提高工作效率。

2. 信息化实施过程

经过几个月时间的调研，进行多方比较，从产品本身的特点、实施能力、服务能力等因素进行考察之后，公司最终决定选择畅捷通 T3 软件。

该公司成立了项目实施小组，通过参观走访、问卷填写、现场交流等方式，对公司的销售、采购、仓库、财务等各个部门进行了业务需求调研。在充分了解公司相关部门业务现状的基础上，确定了各部门对软件的大体需求。

通过前期调研，项目实施小组很快确定了明确的项目目标，即以企业局域网为技术平台，使用 T3 系统的总账、财务报表、固定资产、工资、采购、销售、库存、核算、财务分析等模块。通过系统加强资金流与物流、生产的协同，实现企业内外资源的集成，并借助于 T3 的管理系统性、数据共享性、动态应变性等特点适时提供销售、生产、供应及财务数据和信息，协助公司领导和各级管理人员随时掌握各方面的运行状况，不断改善经营决策，提高公司的应变能力。

经过近两个月的实施后，计算机统计汇总出的数据报表与手工报表基本一致，公司决定以计算机系统全面代替以往手工财务记账方式。最终，该项目顺利通过了双方共同组织的财务与业务一体化项目验收。

3. 信息化效果

经过几个月的运行，系统的作用逐渐显现，公司的管理发生了明显的变化，主要体现在以下几方面。

1) 建立数据中心，数据高度共享

"数出一门，全厂使用"。财务核算中心、物流管理中心、决策支持中心的数据共同放在一个机房，用 NT 连接形成数据中心，集中维护，非常利于数据的综合利用。

现在，公司的大多数部门都已统一在了一个信息管理平台上，一次输入、多道审核，保证数据准确。在各子系统直接录入的原始单据，由计算机自动生成记账凭证传入总账系统，并且自动登记各相关账户，如出、入库单，发票信息一次录入，仓库、财务及各业务部门共同使用，实现了数据共享和信息的有机集成。

2) 工作效率更高、更正确

信息的共享和数据传递的及时、准确，给各部门带来了明显的效率，其中最明显的就是库房管理。原来库存的料品没有规范的编号，通过系统把 8000 多种原材料的基础数据全都统一起来，料品都通过编码系统整理，名称、规格一清二楚，要查什么料品，只要通过系统就可以查到。在财务部，由于数据录入唯一入口的确立，财务人员不必再为每月月底的账目核对而犯愁。这样，大大减少了各部门之间推卸责任的现象，各种报表的生成也能在瞬间完成，使企业的财务核算水平与效率大幅提高，为领导决策提供了准确、及时、科学的数据。

3) 处处体现管理会计思想

从财务核算到各业务工作都做到事前预测、事中控制、事后分析，如部门费用预算、应收应付信用额度控制、成本考核、销售分析等。在手工记账的情况下，难以提供及时准确的数据，进而影响生产。现在，每种原料、辅助材料的库存量可随时调取，不仅为生产和采购的制定提供了方便，也实现了库存占用资金的最小化。通过企业信息化建设，改变了过去粗放的成本管理，实现了按产品单独核算成本，快捷、准确地为领导提供成本信息。此外，通过实际成本的比较寻找影响成本的因素，以便采取有效措施，达到降低成本的目标。使企业在产品采购和产品销售过程中，彻底摆脱了以往的粗放式管理方式，实现了精细化管理，企业的利润显著提高。

4) 决策者掌握第一手资料

决策者查询数据通过决策支持等有关模块直接实时查询，不用通过有关部门整理汇报。使企业的决策者能够掌控企业的设计、生产、销售和库存情况，为领导者的决策提供了有力的支持。从而进一步加快了公司的经营战略：以"三个创新"为动力，即产品创新、制度创新和技术创新；以"两高两低"为目标，即高质量、高产量、低消耗、低成本；强化管理、以人为本、德情治厂；与客户建立风险共担、利益共享、相互支持、共同发展的紧密型合作伙伴关系；以质量和价格优势占领市场，走低成本扩张之路，实现公司利润最大化，使企业获得跳跃式发展，成为全国同行业最具竞争力和综合实力最强的企业。

第 2 章

系统管理

本章学习目标

通过本章内容的学习,你将能够:
1. 明确系统管理的地位和作用。
2. 区分账套和年度账的概念。
3. 识别系统管理员和账套主管权限的不同。
4. 描述账套管理的主要任务。
5. 理解权限设置的意义。
6. 掌握如何建立企业账套、设置操作员及其权限。

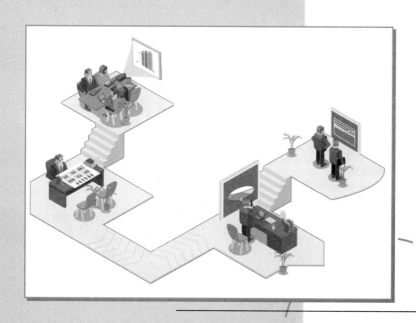

案例导入

北京海达科技有限公司(简称海达科技)位于北京市海淀区中关村大街126号，法人代表汪涵，联系电话为62766666，传真为62766622，企业税务登记号为110108473287215。

该公司属于高新科技企业，从事软件产品研发及销售，确定采用2007年新会计准则核算体系，记账本位币为人民币。该公司有外币业务，由于存货、客户比较多，所以需要对其进行分类管理。会计科目最多核算到四级。

2020年12月，该企业经过多方比较，购买了用友畅捷通T3软件的总账、财务报表、工资、固定资产、购销存和核算等模块。

公司领导层决定，2021年1月正式启用T3软件，手工核算与计算机核算并行。公司委派财务部经理郑通全面负责软件的上线工作。

财务部经理郑通组织财务部及相关业务人员开会讨论，确定了如下事项。

1. 确定公司建账资料，并于2021年1月1日先启用总账模块进行会计核算。
2. 确定公司会计信息化岗位责任制。

1) 郑通——账套主管

负责财务软件运行环境的建立及各项初始设置工作；财务软件的日常运行管理工作，监督并保证系统的有效、安全、正常运行；总账系统的凭证审核、记账、账簿查询、月末结账工作；报表管理及其财务分析工作。

2) 贺敏——会计

负责总账、工资管理、固定资产管理和报表编制工作。

3) 汪扬——会计

负责往来管理及项目管理。

4) 孙娟——出纳

负责对收付款凭证进行核对并管理现金日记账、银行日记账、资金日报及银行对账。

5) 魏大鹏——采购员

负责企业的材料采购。

6) 田晓宾——销售员

销售一部负责人，管理一部销售工作。

7) 孟倩——销售员

销售二部负责人，管理二部销售工作。

8) 赵大海——库管员

负责管理材料收发、产品出入库。

知识准备

T3会计信息化软件由多个子系统组成，各子系统服务于企业的不同层面，为不同的管理需要服务。子系统本身既具有相对独立的功能，彼此之间又具有紧密的联系，它们共用一个企业数据库，拥有公共的基础信息、相同的账套和年度账，为实现企业财务、业务的一体化管理提供了基本条件。

2.1 系统管理概述

在财务、业务一体化管理应用模式下，用友 T3 管理系统为各个子系统提供了一个公共平台——系统管理，用于对整个系统的公共任务进行统一管理。例如，企业账套及年度账的建立、修改、删除和备份，操作员及权限的集中管理、系统安全运行的管理及控制等。其他任何产品的独立运行都必须以此为基础。

2.1.1 系统管理功能概述

系统管理的主要功能是对 T3 的各个产品进行统一的操作管理和数据维护，具体包括以下几方面管理功能。

1. 账套管理

账套是一组相互关联的数据。每一个独立核算的企业都有一套完整的账簿体系，把这样一套完整的账簿体系建立在计算机系统中就称为一个账套。每一个企业都可以为其每一个独立核算的下级单位建立一个核算账套。换句话讲，在企业管理系统中，可以为多个企业(或企业内多个独立核算的部门)分别立账，且各账套数据之间相互独立、互不影响，使资源得以最大限度地利用。

账套管理功能一般包括建立账套、修改账套、删除账套、引入/输出账套等。

2. 年度账管理

年度账与账套是两个不同的概念。一个账套中包含了企业所有的数据，把企业数据按年度进行划分，称为年度账。年度账可以作为系统操作的基本单位，因此设置年度账主要是考虑管理上的方便性。

年度账管理包括年度账的建立、引入、输出，以及结转上年数据、清空年度数据等。

3. 系统操作员及操作权限的集中管理

为了保证系统及数据的安全，系统管理提供了操作员及操作权限的集中管理功能。通过对系统操作分工和权限的管理，一方面可以避免与业务无关的人员进入系统，另一方面可以对系统所包含的各个子产品的操作进行协调，以保证各负其责，流程顺畅。

操作权限的集中管理包括设置操作员、分配功能权限。

4. 设立统一的安全机制

对企业来说，系统运行安全、数据存储安全是必需的，为此，每个应用系统都无一例外地提供了强有力的安全保障机制。例如，设置对整个系统运行过程的监控机制，清除系统运行过程中的异常任务等。

5. 系统启用

系统启用是指设定在用友 T3 管理系统中各个子系统开始使用的日期。只有启用后的子系统才能进行登录。

2.1.2 系统管理员与账套主管

鉴于系统管理模块在整个会计信息系统中的地位和重要性，因此，需要对登录系统管理的人员做出严格界定。系统只允许以两种身份注册进入系统管理，一是以系统管理员的身份，二是以账套主管的身份。

1. 系统管理员

系统管理员负责整个系统的安全运行和数据维护。以系统管理员身份注册进入，可以进行账套的建立、引入和输出，设置操作员和权限，监控系统运行过程，清除异常任务等。具体来说，系统管理员主要负责以下几项工作内容。

(1) 按岗位分工要求设置系统操作员，分配其对应权限。
(2) 按已确定的企业核算特点及管理要求进行企业建账，启用相关子系统。
(3) 随时监控系统运行过程中出现的问题，清除异常任务、排除运行故障。
(4) 保障网络系统的安全，预防计算机病毒侵犯。
(5) 定期进行数据备份，保障数据安全、完整。

2. 账套主管

账套主管负责所辖账套的管理，其工作任务是确定企业会计核算的规则、对企业年度账进行管理、为该账套内操作员分配权限、组织企业业务处理按既定流程运行等。对所管辖的账套来说，账套主管是级别最高的，拥有所有模块的操作权限。

由于账套主管是由系统管理员指定的，所以第一次必须以系统管理员的身份注册系统管理，建立账套和指定相应的账套主管之后，才能以账套主管的身份注册系统管理。系统管理员和账套主管看到的系统管理登录界面是有差异的。系统管理员登录界面只需包括服务器、操作员、密码三项，而账套主管登录界面除以上三项外还必须包括账套、会计年度及操作日期。

2.2 账套管理

账套管理包括账套的建立、修改、引入、输出和启用。其中,系统管理员有权进行账套的建立、引入和输出操作,而账套信息的修改则由账套主管负责。

2.2.1 建立账套

1. 账套的概念

企业应用会计信息系统时,首先需要在系统中建立企业的基本信息、核算方法、编码规则等,称之为建账,这里的"账"是"账套"的概念。在计算机管理信息系统中,每一个企业的数据都存放在数据库中,称为一个账套。在手工核算方式下,可以为会计主体单独设账进行核算;在计算机中则体现为多个账套。在用友T3管理系统中,可以为多个企业(或企业内多个独立核算的部门)分别立账,各账套间相互独立、互不影响。系统最多允许建立999套企业账套。

2. 企业建账的工作流程

为了快速、准确地完成企业账套的创建过程,以下提供了企业建账的工作流程供参考,如图2-1所示。

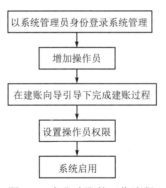

图 2-1 企业建账的工作流程

3. 企业建账的工作内容

为了方便操作,会计信息系统中大都设置了建账向导,用来引导用户的建账过程。建立企业账套时,需要向系统提供表征企业特征的信息,归类如下。

(1) 账套信息:包括账套号、账套名称、账套路径及账套启用日期。

由于在一个会计信息系统中可以建立多个企业账套,因此必须设置账套号作为区分不同账套数据的唯一标识。

账套名称一般用来描述账套的基本特性，可以输入核算单位简称或用该账套的用途命名。账套号与账套名称是一一对应的关系，共同来代表特定的核算账套。

账套路径用来指明账套在计算机系统中的存储位置。为方便用户，应用系统中一般预设一个存储位置，称其为默认路径，但允许用户更改。

账套启用日期用于规定该企业用计算机进行业务处理的起点，一般要指定年、月。启用日期在第一次初始设置时设定，一旦启用不可更改。在确定账套启用日期的同时，一般还要设置企业的会计期间，即确认会计月份的起始日期和结账日期。

(2) 核算单位基本信息：包括单位名称、单位简称、地址、邮政编码、法人、通信方式等。

在以上各项信息中，单位名称是必需项，因为发票打印时要使用企业全称，其余全部使用单位简称。

(3) 账套核算信息：包括记账本位币、企业类型、行业性质、账套主管、编码规则、数据精度等。

记账本位币是企业必须明确指定的，通常系统默认为人民币，很多软件也提供以某种外币作为记账本位币的功能。为了满足多币种核算的要求，系统提供设置外币及汇率的功能。

企业类型是区分不同企业业务类型的必要信息，选择不同的企业类型，系统在业务处理范围上有所不同。

行业性质表明企业所执行的会计制度。从方便使用出发，系统一般内置不同行业的一级科目供用户选择使用。在此基础上，用户可以根据本单位的实际需要增设或修改必要的明细核算科目。

编码方案设置是对企业关键核算对象进行分类级次及各级编码长度的指定，以便于用户进行分级核算、统计和管理。可分级设置的内容一般包括科目编码、存货分类编码、地区分类编码、客户分类编码、供应商分类编码、部门编码和结算方式编码等。编码方案的设置取决于核算单位经济业务的复杂程度、核算与统计要求。

数据精度是指定义数据的保留小数位数。在会计核算过程中，由于各企业对数量、单价的核算精度要求不一致，有必要明确定义主要数量、金额的小数保留位数，以保证数据处理的一致性。

以上账套参数确定后，应用系统会自动建立一套符合用户特征要求的账簿体系。

2.2.2 修改账套

账套建立完成后，在未使用相关信息时，可以根据业务需要，对某些已设定的内容进行调整。

> 注意
> - 只有账套主管有权修改账套。
> - 部分信息无法修改，如账套号、启用会计期等。

2.2.3　引入和输出账套

1. 账套输出

账套输出是将系统产生的数据备份到硬盘或其他存储介质，备份的作用体现在以下几方面。

1) 保证数据安全

任何使用计算机系统的企业，均会视安全性为第一要务。安全威胁来自众多的不可预知因素，如病毒入侵、硬盘故障、自然灾害等，这些都会造成数据丢失，对企业的影响是不可估量的。因此，应定期将系统中的数据进行备份并保存在另外的存储介质上。一旦系统内数据损坏，可以通过引入最近一次备份的数据及时恢复到上一次备份的水平，从而保证企业日常业务的正常进行。

2) 解决集团公司数据合并问题

子公司的账套数据可以定期输出并被引入母公司的计算机系统中，以便进行有关账套数据的分析和合并工作。如果需要定期将子公司的账套数据引入总公司系统中，最好预先在建立账套时就进行规划，使各公司的账套号不一样，以避免引入子公司数据时因为账套号相同而覆盖其他账套的数据。

3) 删除账套

如果企业初始建账时数据错误很多或因某些情况无须再保留企业账套，则可以将已有账套删除。账套删除会一次将该账套下的所有数据彻底清除，因此执行此操作时应格外慎重。为数据安全起见，系统一般提供账套删除前的强制备份，并且只授权于系统管理员。

2. 账套引入

通过输出账套输出的账套数据，必须通过引入账套功能引入系统后才能使用，因此引入账套是输出账套的对应操作。引入账套功能是指将系统外某账套数据引入本系统中。在计算机环境中，系统及数据安全性是企业首要关注的，无论计算机故障或病毒侵犯，都会致使系统数据受损，这时利用账套引入功能，恢复备份数据，可以将损失降到最小。另外，这一功能为集团公司的财务管理提供了方便，子公司的账套数据可以定期被引入母公司的系统中，以便进行有关账套数据的分析和合并工作。

2.2.4　系统启用

用友 T3 是通用的会计信息化软件，包含若干个子系统，它们既可独立运行，又可以集成使用，但两种用法的数据流程是有差异的。一方面企业可以根据本身的管理特点选购不同的子系统；另一方面企业也可能采取循序渐进的策略，有计划地先启用一些模块，一段时间之后再启用另外一些模块。系统启用为企业提供了选择的便利，它可以表明企业在何时点、启用了哪些子系统。只有设置了系统启用的模块才可以登录。

设置系统启用有两种方法：一种是在企业建账完成后立即进行系统启用；另一种是在建账结束后由账套主管在系统管理中进行系统启用设置。

2.3 年度账管理

年度账管理主要包括建立年度账、年度账的引入和输出、结转上年数据、清空年度账。对年度账的管理只能由账套主管进行。

1. 年度账的概念

在系统管理中，用户不仅可以建立多个账套，而且每个账套中可以存储不同年度的会计数据，不同年度的数据存储在不同的数据库中，称为年度账。采用账套—年度账两级管理，系统的结构清晰、含义明确、可操作性强，而且由于系统自动保存了不同会计年度的历史数据，对利用历史数据的查询和比较分析也显得特别方便。

2. 建立年度账

新年度到来时，应首先建立新年度核算体系，即建立年度账，再进行与年度账相关的其他操作。

3. 年度账的引入和输出

年度账操作中的引入和输出与账套操作中的引入和输出的含义基本一致，作用都是对数据的备份与恢复。但两者的数据范围不同，年度账操作中引入和输出的不是整个账套的全部数据，而是针对账套中的某一年度的数据。为了区分这两种不同类型的备份文件，系统会用特定的文件名称或扩展名来进行标识。

4. 结转上年数据

一般情况下，企业是持续经营的，因此企业的会计工作是一个连续性的工作。每到年末，启用新年度账时，就需要将上年度中的相关账户的余额及其他信息结转到新年度账中。如果企业管理信息系统涵盖了财务、业务等多个模块，则进行年度数据结转时还要注意先后顺序。

5. 清空年度数据

如果年度账中错误太多，或者不希望将上年度的余额或其他信息全部转到下一年度时，可使用清空年度数据的功能。"清空"并不是指将年度账的数据全部删除，而是还要保留一些信息的，如账套基础信息、系统预置的科目报表等。保留这些信息主要是为了方便用户使用清空后的年度账重新做账。

2.4 操作员及权限的管理

实施企业财务会计信息化软件时,首先明确指定各系统授权的操作人员,并对操作人员的使用权限进行明确规定,以避免无关人员对系统进行非法操作,同时也可以对系统所包含的各个功能模块的操作进行协调,使流程顺畅,从而保证整个系统和会计数据的安全性和保密性。

2.4.1 操作员管理

操作员是指有权登录系统并对系统进行操作的人员。每次注册或登录系统,都要进行操作员身份的合法性检查。操作员及权限管理提供了按照预先设定的岗位分工进行授权、分权功能,只有进行严格的操作分工和权限控制,才能一方面避免与业务无关人员对系统的操作,另一方面对系统所含的各个子产品的操作进行协调,以保证系统的安全与保密。

操作员管理包括操作员的增加、修改、删除和注销,由系统管理员全权管理。

1. 增加操作员

只有系统管理员有权限增加操作员。增加系统操作员时,必须明确以下关于操作员的特征信息。

1) 编号

操作员编号是系统区分不同操作人员的唯一标志,因此必须输入。

2) 姓名

操作员姓名一般会出现在其处理的票据、凭证上,因此应记录其真实姓名,以便对其操作行为进行监督。

3) 口令

口令指操作员进行系统注册时的密码,可由多个数字、字母及特殊符号构成。可以说,口令是操作员身份的识别标记,第一次输入时,可以由系统管理员为每个操作员赋予一个空密码,当操作员登录系统时,建议立即设置新密码,并严格保密。此后,每隔一定时间,需要更换密码,以确保密码的安全性。系统还要求操作员二次输入口令以验证正确性,二次输入的口令必须与前面输入的口令完全一致。为安全起见,一般系统要求输入两次密码,核对一致后才予以保存。输入过程中为确保不被他人注意,往往采用屏幕屏蔽的方式,如屏幕显示"*"号用来代表录入的口令。口令可以为空。

4) 所属部门

输入该操作员所属部门,该项为可选项。

2. 修改、删除操作员

操作员刚设置完成时,可以对其姓名及口令进行更改,一旦以其身份进入过系统,便不能被修改和删除。

3. 注销操作员

如果因各种原因，个别操作员需调离企业，则可以利用修改功能注销该操作员。被注销的操作员不得再登录系统进行操作。

2.4.2 设置操作员权限

根据企业内部控制的要求，系统操作员要有严格的岗位分工，不能越权操作。权限设置就是对允许登录系统的操作员规定操作权限，严禁越权操作的行为发生。

前面已讲到系统中的两种角色，即系统管理员和账套主管，两者都有设置操作员的权限。所不同的是，系统管理员可以指定或取消某一操作员为一个账套的主管，也可以对系统内所有账套的操作员进行授权；而账套主管的权限局限于他所管辖的账套，在该账套内，账套主管默认拥有全部操作权限，可以针对本账套的操作员进行权限设置。

账套主管自动拥有所在模块的所有操作权限。账套主管可以为一个操作员赋予几个模块的操作权限，如将购销存业务处理赋予一个操作员；也可以为一个操作员赋予一个模块中部分功能权限，如出纳是日常财务工作中的一个岗位，在系统中属于总账模块，与出纳有关的有日记账管理、出纳凭证签字、资金日报的管理等，赋权时将总账功能选中，再将其他出纳不能操作的功能细项排除即可。更进一步地，还有更为精细的功能权限的划分，目的都是方便管理、保证系统使用的安全性。

2.5 系统运行安全管理

对企业来说，系统运行安全是至关重要的。

1. 系统运行监控

以系统管理员身份注册进入系统管理后，可以查看到两部分内容，一部分列示的是已经登录的子系统，另一部分列示的是登录的操作员在子系统中正在执行的功能。这两部分的内容都是动态的，它们都根据系统的执行情况而自动变化。

2. 注销当前操作员

如果需要以一个新的操作员身份注册进入，以启用系统其他功能，就需要将当前的操作员从系统管理中注销；或者当需要暂时离开，而不希望他人对系统管理进行操作时，也应该注销当前操作员。

3. 清除系统运行异常

系统运行过程中,由于死机、网络阻断等都有可能造成系统异常。系统异常应及时予以排除,以释放异常任务所占用的系统资源,使系统尽快恢复正常秩序。

4. 上机日志

为了保证系统的安全运行,系统随时对各个产品或模块的每个操作员的上下机时间、操作的具体功能等情况进行登记,形成上机日志,以便使所有的操作都有所记录、有迹可循。

实训练习

实验一 企业建账

【实验目的】

1. 理解计算机会计信息系统中企业账的存在形式。
2. 掌握计算机会计信息系统中企业账的设立过程。
3. 理解系统操作员和权限的含义及设置方法。

【实验内容】

1. 增加操作员。
2. 建立企业账套。
3. 进行系统启用。
4. 进行财务分工。
5. 备份/引入账套数据。

【实验要求】

将计算机日期调整至 2021 年 1 月 31 日。
以系统管理员(Admin)的身份进行企业建账。

【实验资料】

1. 企业相关信息

北京海达科技有限公司(简称海达科技)位于北京市海淀区中关村大街 126 号,法人代表汪涵,联系电话为 62766666,传真为 62766622,企业税务登记号为 110108473287215。

该企业属于工业企业,从事软硬件及相关产品生产及销售,采用 2007 年新会计准则核算体系,记账本位币为人民币,于 2021 年 1 月采用计算机系统进行会计核算及企业日常业务处理。

企业只有几个主要供应商,但客户很多,最好分类管理,而且有外币业务。

编码规则:科目编码级次 4222,客户分类编码级次 122,部门编码级次 122,结算方式编码级次 12。核算时数字精确到两位小数,单价设置为 5 位小数。

2. 企业内部岗位分工

企业内部岗位分工情况如表 2-1 所示。

表2-1　企业内部岗位分工情况

编号	姓名	职责	拥有权限的模块
01	郑通	负责系统日常运行管理	全部
02	贺敏	负责总账、工资管理、固定资产管理和报表	总账、工资、固定资产和财务报表
03	汪扬	负责往来管理及项目管理	往来、项目管理
04	孙娟	负责对收付款凭证进行核对并管理现金日记账、银行日记账、资金日报及银行对账	总账——出纳签字、现金管理
05	魏大鹏	负责企业的材料采购	公共目录设置、总账——现金流量、采购、应付、库存及核算
06	田晓宾	销售一部负责人,管理一部销售工作	公共目录设置、总账——现金流量、销售、应收、库存及核算
07	孟倩	销售二部负责人,管理二部销售工作	公共目录设置、总账——现金流量、销售、应收、库存及核算
08	赵大海	负责管理材料收发、产品出入库	公共目录设置、库存、核算

注:为操作简便起见,只设置"郑通"口令为1,其他操作员口令为空。

3. 进行系统启用设置

由账套主管郑通启用总账系统,启用日期为 2021 年 01 月 01 日。

4. 备份及引入账套数据

【实验指导】

1. 以系统管理员的身份注册进入系统管理(视频:操作演示\sy1\1-1.mp4)

① 执行"开始"|"程序"|"T3 系列会计信息化软件"|T3|"系统管理"命令,进入"畅捷通 T3-标准版〖系统管理〗"窗口。

> **注意**
> 如果是安装完成后第一次进入系统管理,则系统会自动创建系统库和演示数据库。

② 执行"系统"|"注册"命令,打开"注册〖控制台〗"对话框。

③ 服务器文本框中默认为本地计算机名称，如果本机即为服务器或单机用户，则默认当前设置；也可单击 按钮，打开"网络计算机浏览"对话框，从中选择要登录的网络服务器名称。

④ 在用户名输入栏中输入系统管理员名称 admin，系统默认管理员密码为空，如图 2-2 所示。

⑤ 单击【确定】按钮，系统管理界面最下行的状态栏中显示当前操作员 admin。

图 2-2 注册系统管理

> **注意**
> - 为了保证系统的安全性，在"注册〖控制台〗"对话框中，可以设置或更改系统管理员的密码。例如，设置系统管理员密码为 super 的操作步骤是：单击【修改密码】按钮，打开"设置操作员口令"对话框，在"新密码"和"确认密码"文本框中均输入 super，最后单击【确定】按钮，返回控制台。
> - 一定要牢记设置的系统管理员密码，否则无法以系统管理员的身份进入系统管理，也就不能执行账套数据的输出和引入。
> - 考虑实际教学环境，建议不要设置系统管理员密码。

2. 增加操作员(视频：操作演示\sy1\1-2.mp4)

① 以系统管理员身份注册进入系统管理，执行"权限"|"操作员"命令，进入"操作员管理"窗口。

② 单击【增加】按钮，打开"增加操作员"对话框。

③ 按表 2-1 中所提示的资料输入操作员编号、姓名、口令等信息，如图 2-3 所示。每增加一个操作员完成后，单击【增加】按钮增加下一位操作员，全部完成后，单击【退出】按钮返回。

图 2-3 增加操作员

> **提示**
> - 未使用的操作员可以通过"删除"功能从系统中删除。
> - 已使用但调离本企业的操作员可以通过"修改"功能将该操作员注销，状态为"注销"的操作员此后不允许再登录本系统。

3. 建立账套(视频：操作演示\sy1\1-3.mp4)

① 以系统管理员的身份登录系统管理，执行"账套"|"建立"命令，

打开"创建账套——账套信息"对话框。

② 账套信息。

已存账套：系统将已存在的账套以下拉列表框的形式显示，用户只能查看，不能输入或修改，目的是避免重复建账(已存账套为 998 和 999，此账套号不能再用)。

账套号：账套号是该企业账套的唯一标识，必须输入，且不得与机内已经存在的账套号重复。可以输入 001～999 之间的任意 3 个字符。本例输入账套号 202。

账套名称：账套名称可以输入核算单位的简称，必须输入，进入系统后它将显示在正在运行的软件的界面上。本例输入"海达公司"。

账套路径：用来确定新建账套将要被放置的位置，系统默认的路径为 C:\UFSMART\Admin，用户可以人工更改，也可以利用 ... 按钮进行参照输入。本例采用系统的默认路径。

启用会计期：指开始使用计算机系统进行业务处理的初始日期，必须输入，系统默认为计算机的系统日期。本例更改为"2021 年 1 月"。

输入完成后，如图 2-4 所示。

单击【下一步】按钮，打开"创建账套——单位信息"对话框。

③ 单位信息。

单位名称：用户单位的全称，必须输入。企业全称只在发票打印时使用，其余情况全部使用企业的简称。本例输入"北京海达科技有限公司"。

单位简称：用户单位的简称，最好输入。本例输入"海达科技"。

其他栏目都属于任选项，参照所给资料输入即可。

输入完成后，如图 2-5 所示。

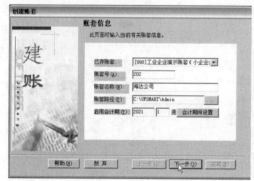

图 2-4 "创建账套——账套信息"对话框　　图 2-5 "创建账套——单位信息"对话框

单击【下一步】按钮，打开"账套信息——核算类型"对话框。

④ 核算类型。

本币代码：必须输入。本例采用系统默认值"RMB"。

本币名称：必须输入。本例采用系统默认值"人民币"。

企业类型：用户必须从下拉列表框中选择输入。系统提供了工业、商业两种类型。本例选择"工业"。

行业性质：用户必须从下拉列表框中选择输入，系统按照所选择的行业性质预置科目。本例选择行业性质为"2007年新会计准则"。

账套主管：必须从下拉列表框中选择输入。本例默认。

按行业性质预置科目：如果用户希望预置所属行业的标准一级科目，则选中该复选框。本例选择"按行业性质预置科目"。

输入完成后，如图2-6所示。

单击【下一步】按钮，打开"创建账套——基础信息"对话框。

⑤ 基础信息。

如果单位的存货、客户、供应商相对较多，则可以对它们进行分类核算。如果此时不能确定是否进行分类核算，则也可以建账完成后由账套主管在"修改账套"功能中设置分类核算。

按照本例要求，选中"存货是否分类""客户是否分类""有无外币核算"复选框，如图2-7所示。

图2-6 "创建账套——核算类型"对话框

图2-7 "创建账套——基础信息"对话框

单击【下一步】按钮，进入"业务流程"窗口，默认设置，单击【完成】按钮，弹出系统提示"可以创建账套了吗？"，单击【是】按钮，稍候，打开"分类编码方案"对话框。

⑥ 分类编码方案。

为了便于对经济业务数据进行分级核算、统计和管理，系统要求预先设置某些基础档案的编码规则，即规定各种编码的级次及各级的长度。

按资料所给内容修改系统默认值，如图2-8所示。

单击【确认】按钮，打开"数据精度定义"对话框。

⑦ 数据精度定义。

数据精度涉及核算精度问题。涉及购销存业务环节时，会输入一些原始单据，如发票、出入库单等，需要填写数量及单价，数据精度定义是确定有关数量及单价的小数位数。设置完成后，如图2-9所示。

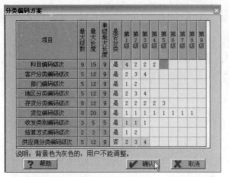

图 2-8　"创建账套——分类编码方案"对话框

图 2-9　"创建账套——数据精度定义"对话框

单击【确认】按钮,系统弹出提示"创建账套{海达公司:[202]}成功。"单击【确定】按钮,系统弹出提示"是否立即启用账套"?单击【是】按钮,进入"系统启用"窗口。

⑧ 系统启用。

在创建账套的最后一步,选中要"总账"前的复选框,系统弹出"日历"窗口。选择总账启用日期为"2021-01-01",如图 2-10 所示,单击【确定】按钮,单击【是】按钮。

图 2-10　"创建账套——系统启用"窗口

注意

- 各系统的启用会计期间必须大于等于账套的启用期间。
- 既可以系统管理员的身份启用系统,也可以账套主管的身份启用系统。
- 如果在建账完成后再启用系统,则需要先在系统管理中执行"系统"|"注销"命令,注销系统管理员,然后重新执行"系统"|"注册"命令,打开"注册〖控制台〗"对话框,从用户名下拉列表中选择"[01]郑通",选择"[202]海达公司",单击【确定】按钮,以账套主管身份注册进入系统管理,最后执行"账套"|"启用"命令,进入"系统启用"窗口。

4. 权限设置

1) 指定账套主管(视频:操作演示\sy1\1-41.mp4)

系统可以在两个环节中确定企业账套的账套主管:一个是在建立账套环节,如图 2-6 所示;另一个是在权限设置环节。只有系统管理员能够指定账套主管。

① 以系统管理员身份注册进入系统管理,执行"权限"|"权限"命令,进入"操作员权限"窗口。

② 在操作员列表中选择"[01] 郑通",从账套列表下拉框中选择"[202]海达公司"。

③ 选中"账套主管"复选框，系统弹出提示"设置操作员：[01]账套主管权限吗？"，如图 2-11 所示。

> **注意**
> - 一个账套可以设定多个账套主管，但整个系统只有一个系统管理员。
> - 账套主管自动拥有该账套的所有权限。

图 2-11 指定账套主管

④ 单击【是】按钮。

2) 为操作员赋权(视频：操作演示\sy1\1-42.mp4)

系统管理员和账套主管都可以为操作员赋权。为操作员"贺敏"赋权的操作步骤如下。

① 在操作员权限窗口中，从操作员列表中选择"贺敏"，从账套列表下拉框中选择"[202]海达公司"，单击【增加】按钮，打开"增加权限——[02]"对话框。

② 在产品分类选择列表中双击"GL 总账"，使之变为蓝色，右侧与总账相对应的明细项目即自动选中(蓝色显示)，根据岗位分工要求，在右侧列表中双击需取消的明细权限，使之变为白色。

③ 依次选择贺敏拥有的其他产品的功能权限，如图 2-12 所示。完成后，单击【确定】按钮返回。

图 2-12 为操作员赋权

④ 以此类推，设置其他操作员的权限。

5. 输出和引入账套

1) 输出账套(视频：操作演示\sy1\1-51.mp4)

① 以系统管理员身份注册进入系统管理，执行"账套"|"备份"命令，打开"账套输出"对话框。

② 从"账套号"下拉列表中选择要输出的账套，如图 2-13 所示，单击【确认】按钮。

③ 系统对所要输出的账套数据进行压缩处理，系统压缩完成后，打开"选择备份目标"对话框。

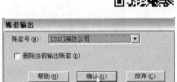

图 2-13　"账套输出"对话框

④ 确定存放账套备份数据的文件夹，单击【确认】按钮，系统弹出提示"硬盘备份完毕！"，单击【确定】按钮。

> **注意**
> - 只有系统管理员有权限进行账套的输出和引入。输出账套之前，最好关闭所有系统模块。
> - 如果选中"删除当前输出账套"复选框，则系统会先备份数据，然后进行删除确认提示，最后删除当前账套。

2) 引入账套(视频：操作演示\sy1\1-52.mp4)

① 以系统管理员身份注册进入系统管理，执行"账套"|"恢复"命令，打开"恢复账套数据"对话框，如图 2-14 所示。

图 2-14　"恢复账套数据"对话框

② 选择要引入的账套数据备份文件，系统输出的备份文件前缀为 UF2KAct，单击【打开】按钮，系统弹出提示"此项操作会覆盖当前账套的所有信息，继续吗？"，单击【是】按钮，系统进行账套数据的引入，完成后提示"账套引入成功！"，单击【确定】按钮返回。

6. 修改账套(视频：操作演示\sy1\1-6.mp4)

① 在"系统管理"窗口，执行"系统"|"注册"命令，打开"注册〖系统管理〗"对话框。

第2章 系统管理

> **提示**
> - 如果此前是以系统管理员的身份注册进入系统管理,那么需要先执行"系统"|"注销"命令,注销当前系统操作员,再以账套主管的身份登录。

② 输入数据:操作员"01";密码"1"。选择账套"202";会计年度"2021"。
③ 单击"确定"按钮,进入"系统管理"窗口。
④ 执行"账套"|"修改"命令,打开"修改账套"对话框,可修改的账套信息以白色显示,不可修改的账套信息以灰色显示。根据需要进行修改。
⑤ 按建立账套的顺序继续操作,最后弹出系统提示"修改账套成功!"。

> **注意事项**
> - 只有账套主管才能修改账套。
> - 修改账套时,很多参数不能修改,对于不能修改的账套参数,只能将账套删除并重新建立账套。因此,在建立账套时要先确定好各参数并谨慎输入。

巩固提高

一、单选题

1. (　　)有权在系统中建立企业账套。
   A. 企业老总　　B. 系统管理员　　C. 账套主管　　D. 销售总监
2. (　　)可以作为区分不同账套数据的唯一标识。
   A. 账套号　　B. 账套名称　　C. 单位名称　　D. 账套主管
3. (　　)自动拥有该账套的全部权限。
   A. admin　　B. 账套主管　　C. 财务经理　　D. 系统管理员
4. 一个账套可以指定(　　)个账套主管。
   A. 1　　B. 2　　C. 3　　D. 多
5. 若科目编码方案为4-2-1-3,则三级科目的编目为(　　)位。
   A. 1　　B. 2　　C. 3　　D. 4

二、多选题

1. 建立单位核算账套时,必须设置的基本信息包括(　　)。
   A. 启用会计期　　B. 账套名称　　C. 账套号　　D. 账套路径
2. 建立账套完成之后,(　　)不能修改。
   A. 账套号　　B. 账套名称　　C. 启用会计期　　D. 账套主管
3. 增加系统操作员时,需要确定的基本信息有(　　)。
   A. 操作员编号　　B. 操作员姓名　　C. 所属账套　　D. 操作员密码

4. 对于设置操作员密码,以下说法正确的有( )。
   A. 不能为空　　　B. 必须输入两次　　C. 可以输入数字　　D. 不能修改
5. 系统管理功能基本包括( )。
   A. 账套管理　　　　　　　　　　　　B. 操作员及操作权限管理
   C. 年度账管理　　　　　　　　　　　D. 报表管理

三、判断题

1. 账套主管自动拥有所管辖账套所有模块的操作权限。( )
2. 单位名称是区分系统内不同账套的唯一标志。( )
3. 账套删除操作是在账套引入操作的同时进行的。( )
4. 所设置的操作员一旦被引用,仍可以被修改和删除。( )
5. 建立账套时,如果选择"是否按行业预置科目",则系统会自动建立企业所需的所有会计科目。( )

四、简答题

1. 系统管理的主要功能有哪些?
2. 系统管理员与账套主管的区别是什么?
3. 为什么要输出和引入账套?
4. 年度账管理包括哪些内容?
5. 建立账套的简要步骤是什么?

第 3 章

基 础 设 置

本章学习目标

通过本章内容的学习,你将能够:
1. 明确基础设置的重要性。
2. 了解基础档案整理的主要内容。
3. 识别设置各项基础档案的意义。
4. 掌握各项基础档案的设置方法。

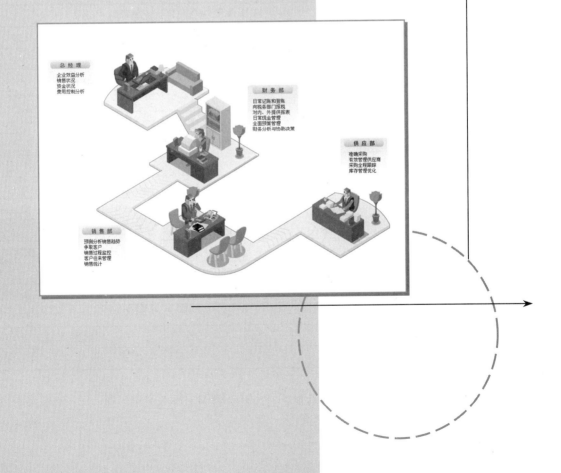

案例导入

北京海达科技有限公司(简称海达科技)共设6个一级部门,分别是企管办、财务部、销售部、采购部、生产部和仓储部,拥有员工10名(简化处理)。

企业的客户按客户性质分为批发商、代理商和零散客户三类,客户共有3家,分别是软件学院、创远公司和天津图书;该企业的供应商较少,不做分类,分别是大众和联诚。

企业进行美元外币核算,汇率为1:6.0。

企业手工方式下,大部分会计核算使用一级会计科目,少部分核算使用明细科目,如表3-1所示。

表3-1 企业手工会计核算部分科目表

科目编码	科目名称	科目编码	科目名称
…	…	…	…
1122	应收账款	2202	应付账款
112201	软件学院	220201	大众
122202	创远公司	220202	联诚
122203	天津图书		
…	…	…	…
1221	其他应收款	6602	管理费用
122101	备用金	660201	工资
122102	应收个人款	66020101	企管办
12210201	汪涵	66020102	财务部
12210202	田晓宾	66020103	销售部
…	…	66020104	采购部
		66020105	生产部
5001	生产成本	66020106	仓储部
500101	百问ERP多媒体课件	660202	办公费
50010101	直接材料		……(同工资设置三级明细)
50010102	直接人工	660203	差旅费
50010103	制造费用		……(同工资设置三级明细)
500102	ERP模拟体验光盘	660204	招待费
50010201	直接材料		……(同工资设置三级明细)
50010202	直接人工	660205	折旧费
50010203	制造费用		……(同工资设置三级明细)
…	…	…	…

要求利用T3软件的辅助核算功能,将上述会计科目体系优化。

企业的凭证类型分为收款凭证、付款凭证和转账凭证三类,要求设置这3种凭证类别的限制类型。

企业使用现金结算的时候较少,大多时候用到票据结算,主要为支票结算、银行汇票结算和商业汇票结算。

知识准备

企业信息化一般选择商品化通用管理软件。软件安装完成之后,其中是不包括任何数据的。但用计算机系统处理企业日常业务需要用到大量的基础信息,如员工、部门、科目等,因此应根据企业的实际情况,结合计算机系统技术信息设置的要求,做好基础数据的整理准备,并正确地录入系统中,作为系统运行的基本条件。

3.1 基础档案整理

基础档案是指计算机系统运行必需的基础数据。T3软件是财务业务一体化管理系统,基础数据不仅涉及财务部门,还涉及业务部门,因此数据收集、整理的工作量很大。

计算机信息处理的特点主要表现在数据处理速度快、精确度高、分析统计汇总方便等方面,而基础档案是计算机汇总统计的依据。按照用友通的要求,需要准备的基础档案如表3-2所示。

表3-2 基础档案的整理

基础档案分类	基础档案目录	档案用途	前提条件
机构设置	部门档案	设置与企业财务核算和管理有关的部门	先设置部门编码方案
	职员档案	设置企业的各个职能部门中需要对其核算和业务管理的职工信息	先设置部门档案,才能在其下增加职员
往来单位	客户分类	便于进行业务数据的统计、分析	先对客户分类,然后确定编码方案
	客户档案	便于进行客户管理和业务数据的录入、统计、分析	先建立客户分类档案
	供应商分类	便于进行业务数据的统计、分析	先对供应商分类,然后确定编码方案
	供应商档案	便于进行供应商管理和业务数据的录入、统计、分析	先建立供应商分类档案
	地区分类	针对客户/供应商所属地区进行分类,便于进行业务数据的统计、分析	

(续表)

基础档案分类	基础档案目录	档案用途	前提条件
存货	存货分类	便于进行业务数据的统计、分析	先对存货分类，然后确定编码方案
	存货档案	便于存货核算、统计、分析和实物管理	先确定对存货分类、确定编码方案
财务	会计科目	设置企业核算的科目目录	先设置科目编码方案及外币
	凭证类别	设置企业核算的凭证类型	
	外币种类	设置企业用到的外币种类及汇率	
	项目目录	设置企业需要对其进行核算和管理的对象、目录	可将存货、成本对象、现金流量直接作为核算的项目目录
收付结算	结算方式	设置资金收付业务中用到的结算方式	
	付款条件	设置企业与往来单位协议规定的收、付款折扣优惠方法	
	开户银行	设置企业在收付结算中对应的开户银行信息	
业务	仓库档案	设置企业存放存货的仓库信息	
	收发类别	设置企业的入库、出库类型	
	采购类型	设置企业在采购存货时的各项业务类型	先设置好收发类别为收的收发类别
	销售类型	设置企业在销售存货时的各项业务类型	先设置好收发类别为发的收发类别
	产品结构	用于设置企业各种产品的组成内容，以利于配比出库、成本计算	先设置存货、仓库档案

3.2 基础档案录入

T3 软件由多个子系统构成，如总账、工资、固定资产、购销存系统等，这些子系统有很多信息是公用的，如部门、职员、会计科目等；另外，也有一些基础信息为部分模块所特有，如收发类别、仓库档案等为购销存系统所特有。本章先介绍一些公共基础档案的录入，而且侧重于与财务系统相关的基础档案设置，与购销存系统相关的基础档案设置将在第 9 章再集中介绍。

3.2.1 机构设置

1. 部门档案

这里的部门是指与企业财务核算或业务管理相关的职能单位，不一定与企业设置的现有部门一一对应。设置部门档案的目的在于按部门进行数据汇总和分析。

2. 职员档案

职员档案的作用是设置企业的各个职能部门中需要对其核算和业务管理的职工信息，以便按职员进行记录、查询和统计。

3.2.2 往来单位

1. 客户分类

当企业的往来客户较多时，可以按照某种分类标准对客户进行分类管理，以便分类汇总统计。对客户进行分类，既可以根据合作时间将客户分为长期客户、中期客户和短期客户，也可以按信用等级分类，还可以按客户所属行业分类。

2. 客户档案

客户是企业的重要资源。手工方式下，客户详细信息掌握在相应的业务员手中，一旦业务员工作变动，就会遗失大量客户信息，给企业造成损失。建立计算机管理系统时，需要全面整理客户资料并录入系统，以便有效地管理客户、服务客户。

客户档案中按客户信息类别分为"基本""联系""信用""其他"几个选项卡存放。

(1) "基本"选项卡。"基本"选项卡中主要记录客户的基本信息，如客户编码、客户名称、客户简称、税号等。客户名称与客户简称的用法有所不同：客户名称要输入客户全称，用于销售发票的打印；客户简称主要用于录入业务单据时屏幕上的参照显示。如果企业为一般纳税人，则要输入税号，否则专用销售发票中的税号栏为空。

(2) "联系"选项卡。"联系"选项卡中几乎包括了企业的各种联系方式，还可以记录该客户默认的发货地址、发货方式和发货仓库。

(3) "信用"选项卡。"信用"选项卡中记录有关客户信用的相关数据，有些数据是根据本企业的信用政策，结合该客户往年的销售量及信用情况评定计算的，如折扣率、信用等级等；有些数据与应收账款系统直接相连，如应收余额、最后交易日期、最后交易金额、最后收款日期、最后收款金额等。它们反映了该客户的当前信用情况。

(4) "其他"选项卡。"其他"选项卡中记录了客户的专管部门、专管业务员等信息。

客户档案必须建立在最末级客户分类之下。

3. 供应商分类

当企业的往来供应商较多时，可以按照某种分类标准对供应商进行分类管理，以便分类汇总统计。供应商可以根据地区、行业、供料性质等进行分类。

4. 供应商档案

供应商档案与客户档案极为相似，其也包含了与业务处理环节相关的大量信息，分为"基本""联系""信用""其他"4个选项卡存放。

供应商档案必须建立在最末级供应商分类之下。

5. 地区分类

如果需要对客户或供应商按地区进行统计，则要建立地区分类体系。

3.2.3 财务

1. 会计科目

设置会计科目是会计核算方法之一，它用于分门别类地反映企业经济业务，是登记账簿、编制会计报表的基础。用友通管理软件中预置了现行会计制度规定的一级会计科目和部分二级会计科目，企业可根据本单位实际情况修改科目属性并补充明细科目。

1) 设置会计科目的原则

设置会计科目时，需注意以下问题。

- 会计科目的设置必须满足会计报表编制的要求，凡是报表所用数据需从系统提取的，必须设立相应科目。
- 会计科目要保持相对稳定。
- 设置会计科目要考虑各子系统的衔接。在总账系统中，只有末级会计科目才允许有发生额，才能接收各个子系统转入的数据，因此，要将各个子系统中的核算科目设置为末级科目。

一般来说，为了充分体现计算机管理的优势，在企业原有的会计科目基础上，应对以往的一些科目结构进行优化调整，而不是完全照搬照抄。当企业规模不大、往来业务较少时，可采用和手工方式一样的科目结构及记账方法，即将往来单位、个人、部门、项目通过设置明细科目来进行核算管理；而对于一个往来业务频繁、清欠和清理工作量大、核算要求严格的企业来说，则应该采用总账系统提供的辅助核算功能进行管理，即将这些明细科目的上级科目设为末级科目并设为辅助核算科目，并将这些明细科目设为相应的辅助核算目录。一个科目设置了辅助核算后，它所发生的每一笔业务都将会登记在总账和辅助明细账上。

当未使用辅助核算功能时，可将科目设置如下。

科目编码　　　　　　　　　　科目名称

1122　　　　　　　　　　　　应收账款

　　112201　　　　　　　　　北京石化公司

　　112202　　　　　　　　　天津销售分公司

……		
1221	其他应收款	
122101	差旅费应收款	
12210101	王坚	
12210102	李默	
122102	私人借款	
12210201	王坚	
12210202	李默	
……		
1401	材料采购	
140101	甲材料	
140102	乙材料	
……		
1605	在建工程	
160501	工程物资	
16050101	A部门	
16050102	B部门	
……		
6602	管理费用	
660201	办公费	
66020101	A部门	
66020102	B部门	

当启用总账系统的辅助核算功能进行核算时，可将科目设置如下。

科目编码	科目名称	辅助核算
1122	应收账款	客户往来
1221	其他应收款	
122101	差旅费应收款	个人往来
122102	私人借款	个人往来
1401	材料采购	项目核算
1605	在建工程	
160501	工程物资	部门项目
6602	管理费用	
660201	办公费	部门核算

2) 增加会计科目

由于系统内已预置了行业一级科目，因此企业需要增加的主要是明细科目。增加会计科目时需要输入以下内容。

- 科目编码

科目编码就是按科目编码方案对每一科目进行编码定义。对科目进行编码便于反映上下级会计科目间的逻辑关系；便于计算机识别和处理；将会计科目编码作为数据处理的关键字，便于检索、分类及汇总；减少输入工作量，提高输入速度；促进会计核算的规范化和标准化。设置会计科目编码时应注意：一级会计科目编码要符合会计制度的统一要求，明细科目编码要满足建账时设定的编码规则。

- 科目名称

科目名称分为科目中文名称和科目英文名称，两者不能同时为空。科目汉字名称是证、账、表上显示和打印的标志，必须意义明确、用语规范，尽量避免重名。

- 科目类型

科目类型是按会计科目性质对会计科目进行划分。按照会计制度规定，科目类型分为五大类，即资产、负债、所有者权益、成本、损益。一级科目编码的首位数字与科目类型有一定的对应关系，即科目大类代码"1=资产类""2=负债类""3=共同类""4=所有者权益类""5=成本类""6=损益类"，因此，系统可以根据科目编码自动识别科目类型。

- 账页格式

账页格式规定了查询和打印时该科目的会计账页形式。账页格式一般分为金额式、外币金额式、数量金额式、数量外币式几类。一般情况下，有外币核算的科目可设为外币金额式，有数量核算的科目可设为数量金额式，既有外币核算又有数量核算的科目可设为数量外币式，既无外币核算又无数量核算的科目可设为金额式。

- 外币核算

该科目是否核算外币。如果核算外币，则需要选择外币种类。一个科目只能核算一种外币。

- 数量核算

数量核算用于设定该科目是否有数量核算和数量计量单位。计量单位可以是任何汉字或字符，如千克、件、吨等。

- 汇总打印

在同一张凭证中，当某科目或有同一上级科目的末级科目需要有多笔同方向的分录时，如果希望将这些笔分录按科目汇总成一笔打印，则需要将该科目设置为"汇总打印"，汇总的科目设置成该科目的本身或其上级科目。

- 封存

被封存的科目在制单时不可以使用。

- 科目性质

增加登记在借方的科目，科目性质为借方；增加登记在贷方的科目，科目性质为贷方。用户只能在一级科目设置科目性质，下级科目的科目性质与其一级科目相同，已有数据的科目不能再修改科目性质。

- 辅助核算

辅助核算也叫辅助账类，用于说明本科目是否有其他核算要求。系统除完成一般的总账、明细账核算外，还提供以下几种专项核算功能：部门核算、个人往来核算、客户往来核算、供应商往来核算、项目核算。

一般地，收入或费用类科目可设置部门辅助核算。日常运营中，当收入或费用发生时，系统要求实时确认收入或费用的部门归属，记账时同时登记总账、明细账和部门辅助账；与客户的往来科目如应收账款、应收票据、预收账款可设成客户往来核算；应付账款、应付票据、预付账款可设成供应商往来核算；在建工程及收入成本类科目可设成项目核算，用于按项目归集收入或费用。

一个科目可同时设置两种专项核算。例如，主营业务收入既想核算各部门的使用情况，也想了解各项目的使用情况，那么可以同时设置部门核算和项目核算。个人往来核算不能与其他专项一同设置，客户与供应商核算不能一同设置。辅助账类必须设在末级科目上，但为了查询或出账方便，有些科目也可以在末级科目和上级科目同时设辅助账类。但若只在上级科目设辅助账核算，系统将不允许。

- 日记账

手工核算下，只对现金和银行科目记日记账，而在计算机环境下，突破了记账速度这个瓶颈。企业可以根据管理需要设置对任意科目记日记账。

- 银行账

对银行科目需要设置银行账。

3) 修改和删除会计科目

如果需要对已建立会计科目的某些属性，如账页格式、辅助核算、汇总打印、封存标识等进行修改，可以通过系统提供的"修改"功能来完成。

如果会计科目未经使用，也可通过"删除"功能来删除。删除会计科目时应遵循"自下而上"的原则。

4) 指定会计科目

指定会计科目是指定出纳的专管科目，一般指现金科目和银行存款科目。指定科目后，才能执行出纳签字，从而实现现金、银行管理的保密性，才能查看现金、银行存款日记账。

2. 凭证类别

在手工环境下，企业多采用收、付、转三类凭证或银、现、转三类凭证，其他凭证分类有银收、银付、现收、现付、转等，当然，还有更复杂的分类。为什么要对凭证分类呢？其深层原因有两个：一是手工环境下不同类别的凭证可以印制成不同的颜色，有些凭证只需要填写对方科目，节省书写的工作量；二是便于分类统计汇总。仔细探究这两个原因不难看出，转换到计算机环境后，以上两个问题已经不是问题了，因此，已经不再需要对凭证进行分类。但是实际情况也不尽然，例如，本章的实验二就沿用手工的凭证分类方式将凭证类别划分为收、付、转三类，同时规定了三类凭证的限制类型和限制科目，如果用户在输入转账凭证时误选择了收款凭证，那么计算机会准确地判断出来，并给出提示。

3. 外币种类

如果企业有外币核算业务，则需要事先定义外币种类，并确定外币业务的核算方式。

外币设置时需要定义以下项目。

(1) 币符及币名：定义外币的表示符号及其中文名称。

(2) 汇率小数位：定义外币的汇率小数位数。

(3) 折算方式：分为直接汇率与间接汇率两种。直接汇率即"外币×汇率=本位币"，间接汇率即"外币÷汇率=本位币"。

(4) 外币最大误差：在记账时，如果外币×(÷)汇率-本位币>外币最大误差，则系统给予提示，系统默认最大折算误差为 0.000 01，即不相等时就提示。

(5) 固定汇率与浮动汇率：对于使用固定汇率(即使用月初或年初汇率)作为记账汇率的用户，在填制每月的凭证前，应预先在此录入该月的记账汇率，否则在填制该月外币凭证时，将会出现汇率为零的错误。对于使用变动汇率(即使用当日汇率)作为记账汇率的用户，在填制凭证的当天，应预先在此录入该天的记账汇率。

4. 项目目录

项目可以是工程，也可以是订单，还可以是产品，总之，可以把需要单独计算成本或收入的这样一种对象都视为项目。在企业中通常存在多种不同的项目，对应地，在软件中可以定义多类项目核算，并可以将具有相同特性的一类项目定义为一个项目大类。为了便于管理，对每个项目大类还可以进行细分类，在最末级明细分类下再建立具体的项目档案。为了在业务发生时将数据准确归入对应的项目，需要在项目和已设置为项目核算的科目间建立对应关系。这是不是有些复杂呢？其实，只要遵循以下的提示就可以快速建立项目档案。

(1) 定义项目大类。定义项目大类包括指定项目大类名称、定义项目级次和定义项目栏目三项工作。项目级次是确定该项目大类下所管理的项目的级次及每级的位数，项目栏目是针对项目属性的记录。例如，定义项目大类"工程"，工程下又分了一级，设置一位数字即可，工程要记录的必要内容如"工程号""工程名称""负责人""开工日期""完工日期"等可作为项目栏目。

(2) 指定核算科目。指定设置了项目辅助核算的科目具体要核算哪一个项目，建立项目与核算科目之间的对应关系。

(3) 定义项目分类。例如，将工程分为"自建工程"和"外包工程"。

(4) 定义项目目录。定义项目目录是将每个项目分类中所包含的具体项目录入系统。具体每个项目录入哪些内容取决于项目栏目的定义。

3.2.4 收付结算

1. 结算方式

设置结算方式的目的有两个：一是提高银行对账的效率，二是根据业务自动生成凭证时可以识别相关的科目.计算机信息系统中需要设置的结算方式与财务结算方式基本一致，如现金结算、支票结算等。手工系统中一般设有支票登记簿，因业务需要借用支票时需要在支票登记簿上签字，报销支票时再注明报销日期。计算机信息系统中同样提供票据管理功能，如果某种结算方式需要进行票据管理，则只需选中"是否票据管理"标志即可。

2. 付款条件

付款条件也叫现金折扣，用来设置企业在经营过程中与往来单位协议规定的收、付款折扣优惠方法。这种折扣条件通常可表示为 5/10,2/20,n/30，即客户在 10 天内偿还货款，可得到5%的折扣；在 20 天内偿还货款，可得到2%的折扣；在 30 天内偿还货款，则需按照全额支付货款；在 30 天以后偿还货款，则不仅要按全额支付货款，还要支付延期付款利息或违约金。系统最多同时支持 4 个时间段的折扣。

3. 开户银行

维护本单位的开户银行信息，并支持多个开户行及账号的情况。

实训练习

实验二　基础档案设置

【实验目的】

1. 理解基础档案的作用。
2. 掌握基础档案的录入方法。

【实验内容】

基础档案设置。

【实验准备】

1. 将计算机当前日期调整为 2021 年 1 月 31 日。
2. 引入实验一账套数据。
(1) 将源文件中"实验账套"文件夹复制到本地计算机，取消文件夹所有文件只读属性。
(2) 以系统管理员的身份注册进入系统管理，执行"账套"|"恢复"命令，打开"引入账套数据"对话框。
(3) 单击"查找范围"下拉列表框，选择实验一账套数据，找到账套文件 UF2KAct.Lst，单击【打开】按钮，系统弹出提示框，请用户确认账套引入路径。如果无须修改账套引入路径，则单击【否】按钮；如果系统内已存在该账套号账套，则系统会弹出提示框，要求用户确认是否覆盖已存在的信息，单击【是】按钮覆盖，单击【否】按钮不覆盖。

【实验要求】

以郑通的身份进行基础档案设置。

【实验资料】

1. 部门信息(见表 3-3)

表3-3 部门信息

部门编码	部门名称	部门编码	部门名称
1	企管办	401	销售一部
2	财务部	402	销售二部
3	采购部	5	生产部
4	销售部	6	仓储部

2. 职员信息(见表 3-4)

表3-4 职员信息

职员编号	职员姓名	所属部门	职员属性	职员编号	职员姓名	所属部门	职员属性
101	汪涵	企管办	总经理	301	魏大鹏	采购部	部门经理
201	郑通	财务部	部门经理	401	田晓宾	销售一部	部门经理
202	贺敏	财务部	会计	402	孟倩	销售二部	部门经理
203	汪扬	财务部	会计	501	潘小小	生产部	生产主管
204	孙娟	财务部	出纳	601	赵大海	仓储部	仓库主管

3. 地区分类(见表 3-5)

表3-5 地区分类

地区分类编码	地区分类名称	地区分类编码	地区分类名称
01	北方区	03	中南区
02	华东区	04	西部区

4. 客户分类(见表 3-6)

表3-6 客户分类

客户分类编码	客户分类名称
01	批发商
02	代理商
03	零散客户

5. 客户档案(见表 3-7)

表3-7 客户档案

客户编号	客户名称	客户简称	所属分类码	所属地区码	税号	开户银行	账号
001	北方管理软件学院	软件学院	01	01	1513246758944512	工行北京分行	11015892349
002	创远系统集成公司	创远公司	03	02	3494298391011412	工行上海分行	22100032341
003	天津图书城	天津图书	02	01	1203243242342113	工行天津分行	10210499852

6. 供应商分类

本企业只有几个主要供应商，长期稳定，不需要分类管理。

7. 供应商档案(见表 3-8)

表3-8 供应商档案

供应商编号	供应商名称	供应商简称	所属分类码	所属地区码	税号	开户银行	账号
001	大众印刷厂	大众	00	01	110108534875344	工行北京分行	10543982199
002	联诚软件	联诚	00	01	110843543722553	工行北京分行	43828943234

8. 外币设置

本企业采用固定汇率核算外币，外币只涉及美元一种，美元币符假定为USD，2021年1月初汇率为6.0。

9. 会计科目

本企业常用会计科目及期初余额如表3-9所示。

表3-9 本企业常用会计科目及期初余额

科目编号及名称	辅助核算	方向	币别/计量	期初余额
库存现金(1001)	日记账	借		6 487
银行存款(1002)		借		211 057
人民币户(100201)	银行账、日记账	借		211 057
美元户(100202)	银行账、日记账	借	外币：美元	
应收账款(1122)	客户往来	借		16 950

(续表)

科目编号及名称	辅助核算	方向	币别/计量	期初余额
预付账款(1123)	供应商往来	借		
其他应收款(1221)		借		3800
备用金(122101)	部门核算	借		
应收个人款(122102)	个人往来	借		3800
原材料(1403)		借		19 400
光盘(140301)	数量核算	借		4400
			张	2200
包装纸(140302)	数量核算	借		15 000
			包	500
库存商品(1405)		借		149 000
杀毒软件(140501)	数量核算	借		9000
			套	60
百问ERP多媒体课件(140502)	数量核算	借		40 000
			套	1000
ERP模拟体验光盘(140503)	数量核算	借		100 000
			套	2000
固定资产(1601)		借		260 860
累计折旧(1602)		贷		47 120
短期借款(2101)		贷		100 000
应付账款(2202)	供应商往来	贷		3390
预收账款(2203)	客户往来	贷		
应交税费(2221)		贷		
应交增值税(222101)		贷		
进项税额(22210101)		贷		
销项税额(22210102)		贷		
实收资本(4001)		贷		500 000
利润分配(4104)		贷		33 044
未分配利润(410401)		贷		33 044
生产成本(5001)		借		16 000
直接材料(500101)	项目核算	借		10 000
直接人工(500102)	项目核算	借		4000
制造费用(500103)	项目核算	借		2000
生产成本转出(500104)	项目核算	借		

(续表)

科目编号及名称	辅助核算	方向	币别/计量	期初余额
主营业务收入(6001)		贷		
杀毒软件(600101)	数量核算	贷	套	
百问ERP多媒体课件(600102)	数量核算	贷	套	
ERP模拟体验光盘(600103)	数量核算	贷	套	
主营业务成本(6401)		借		
杀毒软件(640101)	数量核算	借	套	
百问ERP多媒体课件(640102)	数量核算	借	套	
ERP模拟体验光盘(640103)	数量核算	借	套	
销售费用(6601)		借		
管理费用(6602)		借		
工资(660201)	部门核算	借		
办公费(660202)	部门核算	借		
差旅费(660203)	部门核算	借		
招待费(660204)	部门核算	借		
折旧费(660205)	部门核算	借		
其他(660206)		借		
财务费用(6603)		借		
利息支出(660301)		借		
汇兑损益(660302)		借		

说明:
(1) 所有一级科目已由系统预置,部分需修改;所有明细科目需增加。利用增加、修改、成批复制等功能完成对会计科目的编辑。
(2) 将1001指定为现金科目;将1002指定为银行科目;将1001、100201、100202指定为现金流量科目。

10. 凭证类别(见表3-10)

表3-10 凭证类别

凭证分类	限制类型	限制科目
收款凭证	借方必有	1001,1002
付款凭证	贷方必有	1001,1002
转账凭证	凭证必无	1001,1002

11. 项目目录

1) 设置"产品"项目(见表 3-11)

表3-11 设置"产品"项目

核算科目	项目大类 项目分类 项目	项目大类：产品	
		教学课件开发	工具软件开发
		百问 ERP 多媒体课件	ERP 模拟体验光盘	
500101 直接材料		是	
500102 直接人工		是	
500103 制造费用		是	
500104 生产成本转出		是	

2) 预置现金流量项目

12. 结算方式(见表 3-12)

表3-12 结算方式

结算方式编码	结算方式名称	票据管理
1	现金结算	否
2	支票结算	否
201	现金支票	是
202	转账支票	是
3	银行汇票	否
4	商业汇票	否
401	商业承兑汇票	否
402	银行承兑汇票	否
9	其他	否

13. 付款条件(见表 3-13)

表3-13 付款条件

编码	信用天数	优惠天数 1	优惠率 1	优惠天数 2	优惠率 2	优惠天数 3	优惠率 3
01	30	5	2				
02	60	5	4	15	2	30	1
03	90	5	4	20	2	45	1

14. 开户银行

编码：01，名称：工行北京分行中关村分理处，账号：8316587962。

【实验指导】

以账套主管郑通身份注册 T3 软件，进行基础设置。(视频：操作演示\sy2\2-0.mp4)

用户名：01；密码：1；账套：202；会计年度 2021；操作日期：2021-01-01。

执行"开始"|"程序"|"T3 系列管理软件"|T3|T3 命令，打开"注册〖控制台〗"对话框。以账套主管身份登录，如图 3-1 所示，单击【确定】按钮，进入 T3 主界面。

1. 输入部门信息(视频：操作演示\sy2\2-1.mp4)

① 执行"基础设置"|"机构设置"|"部门档案"命令，进入"部门档案"窗口。

② 单击【增加】按钮，输入部门编码"1"、部门名称"企管办"，如图 3-2 所示，单击【保存】按钮。

③ 同理，输入其他部门信息。

图 3-1 "注册〖控制台〗"对话框

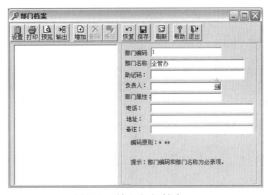

图 3-2 输入部门档案

> 提示
> ● 在未建立职员档案前，不能选择输入负责人信息。待职员档案建立完成后，通过"修改"功能补充输入负责人信息。

2. 建立职员档案(视频：操作演示\sy2\2-2.mp4)

① 执行"基础设置"|"机构设置"|"职员档案"命令，进入"职员档案"窗口。

② 输入职员编号、职员名称、参照输入所属部门及职员属性，如图 3-3 所示。输入完

成后,按 Enter 键进入下一行,上一行内容自动保存。

图 3-3　输入职员档案

③ 同理,输入其他职员信息。

> **提示**
> ● 职员档案建立完成后,可重新进入部门档案,通过"修改"功能增加负责人信息。

3. 建立地区分类(视频:操作演示\sy2\2-3.mp4)

① 执行"基础设置"|"往来单位"|"地区分类"命令,进入"地区分类"窗口。

② 单击【增加】按钮,输入地区编码"01"、地区名称"北方区",如图 3-4 所示。

图 3-4　输入地区分类

③ 单击【保存】按钮。同理,输入其他地区分类信息。

4. 建立客户分类(视频:操作演示\sy2\2-4.mp4)

① 执行"基础设置"|"往来单位"|"客户分类"命令,进入"客户分类"窗口。

② 单击【增加】按钮，输入客户分类信息，单击【保存】按钮。全部输入完毕如图 3-5 所示。

图 3-5　输入客户分类

5. 建立客户档案(视频：操作演示\sy2\2-5.mp4)

① 执行"基础设置"|"往来单位"|"客户档案"命令，进入"客户档案"窗口。

② 选中"01 批发商"，单击【增加】按钮，打开"客户档案卡片"对话框。

③ 根据资料输入编码为 001 的客户档案信息，如图 3-6 所示。

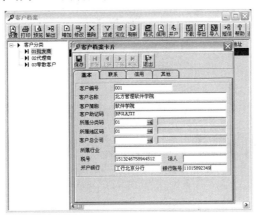

图 3-6　输入客户档案

④ 单击【保存】按钮。同理，增加其他客户档案信息。

6. 建立供应商档案(视频：操作演示\sy2\2-6.mp4)

执行"基础设置"|"往来单位"|"供应商档案"命令，进入"供应商档案"窗口，根据资料输入供应商档案信息，全部输入完毕如图 3-7 所示。

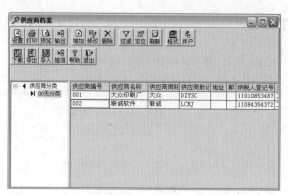

图 3-7 输入供应商档案

7. 外币设置(视频:操作演示\sy2\2-7.mp4)

① 执行"基础设置"|"财务"|"外币种类"命令,打开"外币设置"对话框。

② 输入币符"USD",币名"美元",其他项目采用默认值,单击【确认】按钮。

③ 输入 2021 年 01 月初的记账汇率 6.0,按 Enter 键确认,如图 3-8 所示。

图 3-8 "外币设置"对话框

④ 单击【退出】按钮,完成外币设置。

8. 设置会计科目

1) 增加会计科目(视频:操作演示\sy2\2-81.mp4)

① 执行"基础设置"|"财务"|"会计科目"命令,进入"会计科目"窗口。

② 单击【增加】按钮,打开"会计科目_新增"对话框,按资料输入"100201""人民币户"的相关信息,如图 3-9 所示。

图 3-9　"会计科目_新增"对话框

③ 单击【确定】按钮,保存。

2) 利用"成批复制"功能增加会计科目(视频:操作演示\sy2\2-82.mp4)

当完成库存商品下明细科目的增加后,可以利用成批复制功能增加主营业务收入下的明细科目。操作步骤如下。

① 在会计科目窗口中,执行"编辑"|"成批复制"命令,打开"成批复制"对话框。

② 输入复制源科目编码 1405 和目标科目编码 6001,并选中"数量核算"辅助核算形式,如图 3-10 所示。

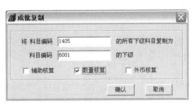

图 3-10　"成批复制"对话框

③ 单击【确认】按钮,保存。

3) 修改会计科目(视频:操作演示\sy2\2-83.mp4)

将"库存现金"科目设置"日记账"属性。操作步骤如下。

① 双击"1001 库存现金"科目,打开"会计科目_修改"对话框。

② 单击【修改】按钮,选中"日记账"复选框,单击【确定】按钮。

4) 指定会计科目(视频:操作演示\sy2\2-84.mp4)

① 在会计科目窗口中,执行"编辑"|"指定科目"命令,打开"指定科目"对话框。

② 选中"现金总账科目"单选按钮,从待选科目列表框中选择"1001 库存现金"科目,单击">"按钮,将现金科目添加到已选科目列表中。

③ 同样,将银行存款科目设置为银行总账科目,如图 3-11 所示。

图 3-11 "指定科目"对话框

④ 同理,选中"现金流量科目",分别将 1001、100201、100202 三个科目由待选科目选到已选科目中。

⑤ 单击【确认】按钮,保存。

9. 凭证类别(视频:操作演示\sy2\2-9.mp4)

① 执行"基础设置"|"财务"|"凭证类别"命令,打开"凭证类别"对话框。

② 单击"收款凭证 付款凭证 转账凭证"按钮。

③ 单击【确定】按钮,进入"凭证类别"窗口。

④ 双击"收款凭证"的限制类型,出现下拉箭头,选择"借方必有",选择或输入限制科目"1001,1002",如图 3-12 所示。

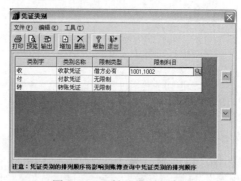

图 3-12 "凭证类别"窗口

提示

● 限制科目之间的标点符号必须为半角符号,按 Esc 键可以退出增加类别状态。

⑤ 同样,设置其他限制类型和限制科目。

10. 项目目录

1) 设置"产品"项目(视频：操作演示\sy2\2-101.mp4)
(1) 设置项目大类。
① 执行"基础设置"|"财务"|"项目目录"命令，打开"项目档案"对话框。
② 单击【增加】按钮，打开"项目大类定义_增加"对话框。
③ 输入新项目大类名称"产品"，选择新增项目大类的属性"普通项目"，如图 3-13 所示。

图 3-13　"项目大类定义_增加"对话框

④ 单击【下一步】按钮，直到单击【完成】按钮，返回"项目档案"对话框。
(2) 设置核算科目。
① 从"项目大类"下拉列表中选择"产品"，选中"核算科目"单选按钮，单击  按钮将全部待选科目选择为按产品项目大类核算的科目，如图 3-14 所示。
② 单击【确定】按钮。提示"保存成功"。
(3) 定义项目分类。
① 在"产品"项目大类下，选中"项目分类定义"单选按钮，输入分类编码"1"，分类名称"教学课件开发"，如图 3-15 所示。

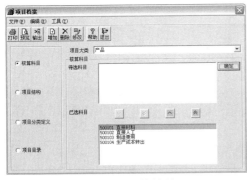　　

图 3-14　设置核算科目　　　　　　　图 3-15　定义项目分类

② 单击【确定】按钮。设置其他项目分类。
(4) 设置项目目录。
① 在"产品"项目大类下，选中"项目目录"单选按钮，单击【维护】按钮，进入

"项目目录维护"窗口。

② 单击【增加】按钮,输入项目"百问 ERP 多媒体课件"和"ERP 模拟体验光盘"项目,如图 3-16 所示。

2) 预置"现金流量项目"项目(视频:操作演示\sy2\2-102.mp4)

① 在"项目档案"对话框中,单击【增加】按钮,打开"项目大类定义_增加"对话框,选择"现金流量项目一般企业(新准则)",如图 3-17 所示。

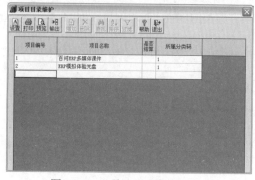

图 3-16 "项目目录维护"窗口　　　　图 3-17 预置"现金流量项目"

② 单击【完成】按钮,系统提示"预置完毕"。

11. 结算方式(视频:操作演示\sy2\2-11.mp4)

① 执行"基础设置"|"收付结算"|"结算方式"命令,进入"结算方式"窗口。

② 按要求输入企业常用结算方式,如图 3-18 所示。

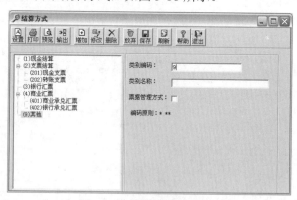

图 3-18 "结算方式"窗口

12. 付款条件(视频:操作演示\sy2\2-12.mp4)

① 执行"基础设置"|"收付结算"|"付款条件"命令,进入"付款条件"窗口。

② 按要求输入付款条件,如图 3-19 所示。

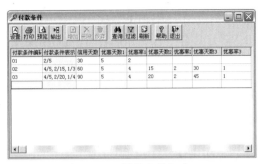

图 3-19 "付款条件"窗口

13. 开户银行(视频：操作演示\sy2\2-13.mp4)

① 执行"基础设置"|"收付结算"|"开户银行"命令，进入"开户银行"窗口。

② 按要求输入开户银行，如图 3-20 所示。

图 3-20 "开户银行"窗口

巩固提高

一、单选题

1. 下列企业基础信息的设置，顺序错误的是(   )。
   A. 会计科目→凭证类别   B. 部门档案→职员档案
   C. 客户分类→客户档案   D. 会计科目→外币

2. 若会计科目的编码方案为 3-2-2，则下列正确的编码为(   )。
   A. 1010101   B. 102002
   C. 101101   D. 102021

3. "2007 年新会计准则"中规定的一级科目编码的第一位表示"负债类"科目的编号是(   )。
   A. 1   B. 2   C. 3   D. 4

4. "管理费用"科目通常设置的辅助核算是(   )。
   A. 个人往来   B. 部门核算   C. 项目核算   D. 客户往来

5. 对于收款凭证，通常选择( )限制类型。
   A. 借方必有 B. 贷方必有 C. 凭证必有 D. 凭证必无

二、多选题

1. 在财务软件中，建立会计科目时，输入的基本内容包括( )。
   A. 科目编码   B. 科目名称
   C. 科目类型   D. 账页格式
2. 下列关于会计科目编码的描述，正确的是( )。
   A. 会计科目编码必须采用全编码
   B. 一级会计科目编码由财政部统一规定
   C. 设计会计科目编码应从明细科目开始
   D. 科目编码可以不用设定
3. 账页格式一般有( )。
   A. 金额式   B. 外币金额式
   C. 数量金额式   D. 数量外币式
4. 下列关于会计科目的描述中，错误的有( )。
   A. 要修改和删除某会计科目，应先选中该会计科目
   B. 科目一经使用，即已经输入凭证，则不允许修改或删除该科目
   C. 有余额的会计科目可直接修改
   D. 删除会计科目应从一级科目开始
5. 系统提供的凭证限制类型包括( )。
   A. 借方必有 B. 贷方必有 C. 凭证必有 D. 凭证必无

三、判断题

1. 职员档案主要用于本单位职员的个人信息资料，设置职员档案可以方便地进行个人往来核算和管理等操作。( )
2. 输入客户档案时，不用选择客户分类，可直接输入客户档案。( )
3. 科目一经使用，就不能再增设同级科目，只能增加下级科目。( )
4. 删除会计科目应先删除上一级科目，然后再删除本级科目。( )
5. 科目一经使用，即已经输入凭证，则不允许修改或删除该科目。( )

四、简答题

1. 按照财务业务一体化管理软件的要求，企业需要准备哪些基础数据？
2. 为了加强对客户的管理，客户档案中一般需要设置哪些内容？
3. 如何设置会计科目？
4. 指定会计科目的作用是什么？
5. T3 会计信息化软件中提供了哪些辅助核算功能？
6. 简述建立项目档案的步骤。

第4章

总 账 管 理

本章学习目标

通过本章内容的学习，你将能够：
1. 明确总账管理系统在管理软件中的地位。
2. 描述总账管理系统所具备的主要功能。
3. 描述总账管理系统的业务流程。
4. 明确总账初始化的重要意义。
5. 描述总账管理系统日常业务处理的主要内容。
6. 分析总账管理系统中提供的各项辅助核算的作用。
7. 分析自定义转账功能的实际应用。
8. 比较手工账务处理与计算机账务处理程序的不同。

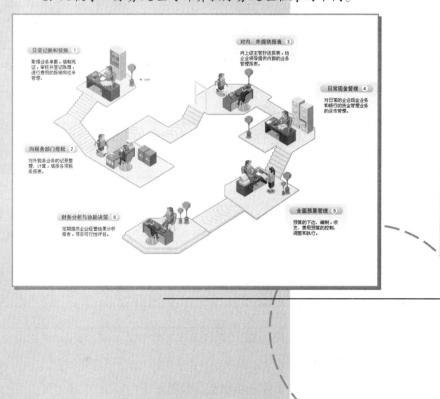

案例导入

北京海达科技有限公司(简称海达科技)财务部门由账套主管郑通带领财务部相关岗位人员进行T3软件总账系统初始设置工作。整理相关数据如下。

1. 部分财务会计制度规定

收付款凭证必须出纳签字;所有凭证必须审核签字;出纳每月必须进行一次银行对账。

2. 2021年1月1日科目余额表(见表4-1)

表4-1 科目余额表

资产	期初余额	权益	期初余额
库存现金	6487	短期借款	100 000
银行存款	211 057	应付账款	3390
人民币户	211 057	联诚	3390
应收账款	16 950		
软件学院	16 950	实收资本	500 000
其他应收款	3800	利润分配	33 044
应收个人款	3800	未分配利润	33 044
汪涵	2000		
田晓宾	1800		
原材料	19 400		
光盘	4400		
包装纸	15 000		
库存商品	149 000		
杀毒软件	9000		
百问ERP	40 000		
ERP模拟	100 000		
生产成本	16 000		
百问ERP	6300		
ERP模拟	9700		
固定资产	260 860		
累计折旧	(贷)47 120		
合计	636 434	合计	636 434

3. 2021年1月经济业务

① 2日,销售一部田晓宾报销餐费900元,以现金支付。(附单据1张)

② 3日，财务部孙娟从工行提取现金10 000元，作为备用金。(现金支票号XJ001)
③ 5日，收到兴华集团投资资金10 000美元，汇率1：6.0。(转账支票号ZZW001)
④ 8日，采购部魏大鹏采购复印纸200包，每包30元，增值税税率为13%，材料直接入库，货款以银行存款支付。(转账支票号ZZR001)
⑤ 12日，销售一部田晓宾收到北方管理软件学院转来一张转账支票，金额16 950元，用以偿还前欠货款。(转账支票号ZZR002)
⑥ 14日，采购部魏大鹏从"联诚"购入杀毒软件200套，每套150元，增值税税率为13%，货税款暂欠，已验收入库。
⑦ 16日，企管办购办公用品170元，付现金。
⑧ 18日，企管办汪涵出差归来，报销差旅费2 000元，交回现金200元。
⑨ 20日，生产部领用光盘500张，每张2元，用于生产ERP模拟体验光盘。
⑩ 22日，接受卫生局罚款2000元，以银行存款支付(转账支票号ZZR003)。
⑪ 25日，向天津图书城销售杀毒软件50套，单价400元，增值税税率为13%，货款未收。
⑫ 31日，计提短期借款利息。(利率：6%)
⑬ 31日，结转销售成本。(成本价：150)
⑭ 31日，汇兑损益结转。(期末汇率为5.8)
⑮ 31日，期间损益结转。

4. 银行对账数据

1) 银行对账期初数据

海达公司银行账的启用日期为2021年1月1日，工行人民币户企业日记账调整前余额为211 057元，银行对账单调整前余额为233 829元，未达账项1笔，系银行已收企业未收款22 772元。

2) 1月银行对账单(见表4-2)

表4-2 1月银行对账单

日期	结算方式	票号	借方金额	贷方金额
2021.1.03	201	XJ001		10 000
2021.1.06				60 000
2021.1.08	202	ZZR001		6780
2021.1.12	202	ZZR002	16 950	

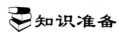

总账管理系统是T3软件的核心子系统，适合于各行各业进行账务核算及管理工作。总账管理系统既可以独立运行，也可以同其他系统协同运转。

4.1 总账管理系统概述

4.1.1 总账管理系统功能概述

总账管理系统的主要功能包括初始设置、凭证管理、账簿管理、辅助核算管理和期末处理等,此外还包括现金管理、往来管理和项目管理。

1. 初始设置

初始设置是指用户根据本企业的具体需要建立账务应用环境,将用友通总账管理系统变成适合本单位实际需要的专用系统。初始设置的主要工作包括设置各项业务参数、明细账权限的设定和期初余额的录入等。

2. 凭证管理

凭证管理是指通过严密的制单控制保证填制凭证的正确性。用友通提供资金赤字控制、支票控制、预算控制、外币折算误差控制及查看最新余额等功能,加强对发生业务的及时管理和控制,完成凭证的录入、审核、记账、查询、打印,以及出纳签字、常用凭证定义等。

3. 账簿管理

强大的查询功能使整个系统实现总账、明细账、凭证联查,并可查询包含未记账凭证的最新数据。账簿管理可随时提供总账、余额表、明细账、日记账等标准账表的查询。

4. 辅助核算管理

总账管理系统除了提供总账、明细账、日记账等主要账簿数据的查询外,还提供以下辅助核算管理。

1) 个人往来核算

个人往来核算主要管理个人借款、还款业务,及时地控制个人借款,完成清欠工作,提供个人借款明细账、催款单、余额表、账龄分析报告及自动清理核销已清账等功能。

2) 部门核算

部门核算主要用于考核部门收入、支出的发生情况,及时地反映控制部门费用的支出,对各部门的收支情况加以比较,便于按部门考核业绩,提供各级部门总账、明细账的查询,并对部门收入与费用进行部门收支分析等功能。

3) 往来管理

往来管理主要进行客户和供应商往来款项的发生、清欠管理工作,及时掌握往来款项的最新情况,提供往来款的总账、明细账、催款单、往来账清理、账龄分析报告等功能。

4) 现金管理

现金管理为出纳人员提供一个集成办公环境,便于加强对现金及银行存款的管理,可完成银行日记账、现金日记账,并随时给出最新资金日报表、余额调节表及进行银行对账。

5) 项目管理

项目管理主要用于生产成本、在建工程等业务的核算,以项目为中心,为使用者提供各项目的成本、费用、收入、往来等汇总与明细情况及项目计划执行报告等。针对不同的企业类型,项目的概念有所不同,可以是科研课题、专项工程、产成品成本、旅游团队、合同、订单等,提供项目总账、明细账及项目统计表的查询。

5. 期末处理

灵活的自定义转账功能、各种取数公式可满足各类业务的转账工作,自动完成月末分摊、计提、对应转账、销售成本、汇兑损益、期间损益结转等业务,进行试算平衡、对账、结账、生成月末工作报告。

4.1.2 总账管理系统与其他系统的主要关系

总账管理系统与其他系统的主要关系如图4-1所示。

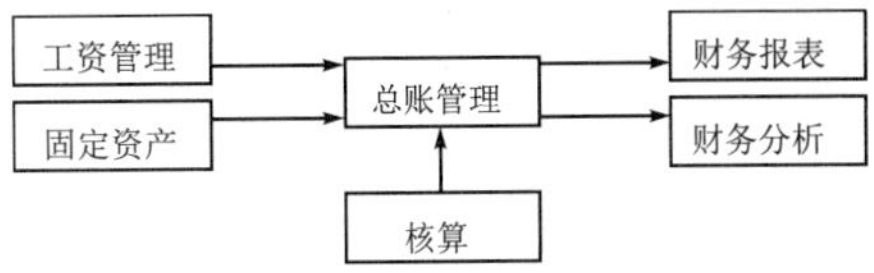

4.1.3 总账管理系统的业务流程

总账管理系统的业务流程如图4-2所示。

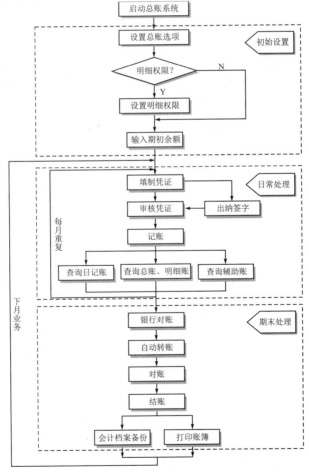

图4-1 总账管理系统与其他系统的主要关系

图4-2 总账管理系统的业务流程

4.2 总账管理系统初始化

从手工系统过渡到新系统并不是完全照抄照搬,而是需要有一个重新设计的过程。总账初始化就是结合企业的具体管理需求和 T3 软件的特点确定针对企业的业务流程及解决方案,具体体现为设置总账管理系统运行的各项参数及录入初始数据。

4.2.1 选项设置

首次使用总账管理系统时,需要确定反映企业具体核算要求的各种参数。通过选项设置定义总账管理系统的输入控制、处理方式、数据流程、输出格式等。总账管理系统中按控制内容将总账选项归并为凭证、账簿、会计日历和其他四类内容。

1. 凭证

1) 制单控制

制单控制限定了在填制凭证时系统应对哪些操作进行控制,主要有如下几个。

- 制单序时控制:选中该项意味着填制凭证时,随凭证编号的递增凭证日期按由小到大的顺序排列。
- 支票控制:若选择此项,当制单时录入了未在支票登记簿中登记的支票号时,系统将提供登记支票登记簿的功能。
- 资金及往来赤字控制:若选择此项,则在制单时,当现金、银行科目的最新余额出现负数时,系统将予以提示。
- 制单权限控制到科目:系统允许设置有制单权限的操作员可以使用某些特定科目制单。
- 允许修改、作废他人填制的凭证:若选择该项,则当前操作员可以修改或作废非本人填制的凭证。
- 可以使用其他系统受控科目:某系统的受控科目其他系统是不能用来制单的,如客户往来科目一般为应收系统的受控科目,总账系统是不能使用此类科目进行制单的。

2) 凭证控制

- 打印凭证页脚姓名:设置在打印凭证时是否自动打印制单人、出纳、审核人、记账人的姓名。
- 凭证审核控制到操作员:有时,希望对审核权限做进一步细化,如只允许某操作员审核其本部门操作员填制的凭证而不能审核其他部门操作员填制的凭证时,则应选择此选项。
- 出纳凭证必须经由出纳签字:若选择了此项,则含有现金、银行科目的凭证必须由出纳人员通过"出纳签字"功能对其核对签字后才能记账。

3) 凭证编号方式

系统在填制凭证功能中一般根据凭证类别按月自动编制凭证编号,即"系统编号",但有的企业需要系统允许在制单时手工录入凭证编号,即"手工编号"。

4) 外币核算

如果企业有外币业务,则应选择相应的汇率方式为固定汇率或浮动汇率。若选择固定汇率,则日常业务按月初汇率处理,月末进行汇兑损益调整;若选择浮动汇率,则日常业务按当日汇率折算本位币金额,月末无须进行调整。

2. 账簿

- 打印位数宽度:定义正式账簿打印时摘要、金额、外币、数量、汇率、单价各栏目的宽度。
- 明细账查询权限控制到科目:有时希望对查询和打印权限做进一步细化,如只允许某操作员查询或打印某科目明细账而不能查询或打印其他科目的明细账时,则应选择此选项,然后再到系统菜单"设置"|"明细账权限"中设置明细账科目查询权限。
- 凭证、账簿套打:打印凭证、正式账簿时是否使用套打纸进行打印。套打纸是指用友公司为总账系统专门印制的带格线的各种凭证、账簿。选择套打纸打印,无须打印表格线,打印速度快且美观。

3. 会计日历

在会计日历标签中,可以查看各会计期间的起始日期与结束日期,以及启用会计年度和启用日期。此处仅能查看会计日历的信息,如需修改请到系统管理中进行。

4. 其他

- 数量、单价小数位设置:决定在制单或查账时系统对于数量、单价小数位的显示形式。
- 部门/个人/项目排序方式:决定在查询相关账目时,是按编码排序还是按名称排序。

4.2.2 明细账权限

系统管理中对操作员已做了功能权限的授权,但仅限于系统功能菜单一级,不能提供更明确的权限区分,而明细账权限正可以弥补这一不足。

1. 明细账科目权限设置

针对每位有账簿查询权限的操作员规定其所能查询的科目范畴。

2. 凭证审核权限设置

针对每位有审核权限的操作员规定其能审核哪些制单人填制的凭证。

3. 制单科目权限设置

针对有制单权限的操作员规定其制单时所能使用的科目。

4.2.3 期初余额

为了保证业务处理的连续性,初次使用总账管理系统时,应将经过整理的总账启用日期前一个月的手工账余额数据录入计算机,以此为起点继续未来的业务处理。在总账管理系统中主要输入各科目余额,包括明细科目余额和辅助账余额,总账科目余额自动计算。计算机信息系统需要的期初数据包括各科目的年初数、建账当前月的借、贷方累计发生额,及期末余额四项数据。由于四个数据项之间存在内在联系,因此,只需要输入借、贷方累计发生额和期末余额,就可以计算出年初数。例如,某企业2020年4月开始启用总账系统,那么,应将该企业2020年3月末各明细科目的期末余额及1~3月的累计发生额整理出来,并录入总账系统,系统将自动计算年初余额;若科目有辅助核算,还应整理各辅助项目的期初余额。

如果企业选择年初建账,由于各科目本年无发生额,因此只需要准备各科目期初余额,大大简化了数据准备工作,这正是很多企业选择年初建账的原因。年初建账的另外一个优势是年度数据完整,便于今后的数据对比及分析。

在输入期初数据的过程中,需要注意以下问题。

1. 不同性质科目的余额输入

在总账期初余额表中,用不同的颜色区别了3种不同性质的科目。显示为白色的单元格表示该科目为末级科目,可以输入期末余额;显示为黄色的单元格表示该科目为非末级科目,输入末级科目余额后该科目余额自动汇总生成;显示为蓝色的单元格表示该科目设置了辅助核算,需要双击该单元格进入辅助账期初余额录入界面,辅助账期初余额输入完成退出后,总账相应期初余额自动生成。

2. 关于科目的余额方向

在手工科目体系中,允许存在上级科目与明细科目余额方向不一致的情况。例如,应交税金科目余额方向为"贷",而"应交税金——应交增值税——进项税"科目余额方向为"借"。在用友通管理系统中,上级科目与明细科目的余额方向必须一致。这样,应交税金科目及其所有明细科目的余额方向均为"贷",当期末余额与规定的余额方向不一致时,输入"-"号表示。

如果需要改变科目的余额方向，可单击工具栏上的【方向】按钮。

3．期初试算平衡

期初余额输入完成后，单击工具栏上的【试算】按钮进行科目余额的试算平衡，以保证初始数据的正确性。期初余额试算不平衡，可以填制凭证，但不能记账，若已经记过账，则不能再输入、修改期初余额，也不能执行"结转上年余额"功能。

4.3　总账管理系统日常业务处理

在总账系统中，当初始设置完成后，就可以开始进行日常业务处理了。日常业务处理主要包括填制凭证、审核凭证、记账，查询和打印输出各种凭证、日记账、明细账、总账和各种辅助账等。

4.3.1　凭证管理

凭证管理是总账日常业务处理的起点，是保证会计信息系统数据正确的关键环节。"填制凭证—审核凭证—记账"是凭证处理的关键步骤。如果在总账选项中选择了"出纳凭证必须经由出纳签字"，则"出纳签字"也成为流程中必需的一项内容，其位置介于"填制凭证"和"记账"之间。

1．填制凭证

在实际工作中，可以根据经济业务发生时取得的原始凭证直接在计算机上填制记账凭证。填制凭证的功能包括增加凭证，修改凭证，作废、恢复及整理凭证，冲销凭证，等等。

1) 增加凭证

记账凭证的内容一般包括三部分：一是凭证头部分；二是凭证正文部分；三是凭证尾部分。

(1) 凭证头内容。

① 凭证类别：可以输入凭证类别字，也可以参照输入。

② 凭证编号：一般情况下，由系统根据凭证类别按月自动编制，即每类凭证每月都从 0001 号开始。系统同时也自动管理凭证页号，规定每页凭证有五条记录，当某张凭证不止一页时，将自动在凭证号后标上分单号。例如，"收-0001 号 0002/0003"表示收款凭证第 0001 号凭证共有 3 张分单，当前光标所在分录在第 2 张分单上。如果在启用账套时设置凭证编号方式为"手工编号"，则用户可在此处手工录入凭证编号。

③ 制单日期：填制凭证的日期。系统自动取进入账务系统前输入的业务日期为记账

凭证日期，如果日期不对，可进行修改或参照输入。

④ 附单据数：输入当前凭证所附原始单据张数。

⑤ 凭证自定义项：凭证自定义项是由用户自定义的凭证补充信息。用户根据需要自行定义和输入，系统对这些信息不进行校验，只进行保存。

(2) 凭证正文内容。

① 摘要：输入本笔分录的业务说明，要求简洁明了且不能为空。凭证中的每个分录行都必须有摘要，各行摘要可以不同。我们可以利用系统提供的"常用摘要"功能预先设置常用摘要，以规范业务，加快凭证录入速度。

② 科目：输入或参照输入末级科目编码，系统自动将其转换为中文名称，也可以直接输入中文科目名称、英文科目名称或助记码。

③ 辅助信息：对于设置了辅助核算的科目，系统提示输入相应的辅助核算信息，具体如下。

- 设置了数量辅助核算的科目，系统要求输入数量及单价，自动计算金额。
- 设置了外币辅助核算的科目，系统要求输入外币金额和记账汇率，自动计算本位币金额。如果采用固定汇率核算方式，则系统自动带出月初设置的记账汇率。
- 设置了银行账辅助核算的科目，系统要求输入票据日期、结算方式和结算号，以方便日后对账。
- 设置了部门辅助核算的科目，系统要求输入部门信息。
- 设置了个人往来辅助核算的科目，系统要求输入个人信息。
- 设置了客户往来辅助核算的科目，系统要求输入客户信息。
- 设置了供应商往来辅助核算的科目，系统要求输入供应商信息。
- 设置了项目辅助核算的科目，系统要求输入相关项目信息。

④ 金额：即该笔分录的借方或贷方本币发生额，金额不能为零，但可以是红字，红字金额以负数形式输入。凭证上的借方金额合计要与贷方金额合计相等，否则不能保存。

(3) 凭证尾内容。

凭证尾部分主要标识该凭证的制单人、审核人、记账人信息，由系统根据登录操作员自动记录其姓名。

2) 修改凭证

虽然在凭证录入环节系统提供了多种确保凭证输入正确的控制措施，但仍然避免不了发生错误。为此，系统提供了凭证修改功能，但仅限于对已输入未审核状态的凭证。

修改凭证时需要在填制凭证状态下找到需要修改的凭证，直接修改即可。凭证可修改的内容包括摘要、科目、辅助项、金额及方向、增删分录等，凭证类别不能修改。

3) 作废、恢复及整理凭证

如果出现凭证重复录入或凭证上出现不便修改的错误时，可以利用系统提供的"作废/恢复"功能将错误凭证作废。作废凭证仍保留原有凭证内容及凭证号，作废凭证不能修改、审核，但要参加记账，否则月末无法结账。

若当前凭证已作废，则可以执行"制单"|"作废/恢复"命令，取消作废标志，将当前

凭证恢复为有效凭证。

如果无须保留作废凭证，则可通过系统提供的"整理"功能将标注有"作废"字样的凭证彻底删除，并对未记账凭证进行重新编号，以保证凭证编号的连续性。

4) 冲销凭证

对于已记账的凭证，如果发现有错误，则可以制作一张红字冲销凭证，可通过执行"制单"|"冲销凭证"命令制作。通过红字冲销法增加的凭证视同为正常凭证进行保存管理。

2. 出纳签字

为加强企业现金收入和支出的管理，出纳人员可通过出纳管理功能对制单人填制的带有现金和银行存款科目的凭证进行检查核对，主要核对收付款凭证上填制的金额是否正确。只有出纳确认无误后，才能进行记账处理。

3. 审核凭证

审核是指由具有审核权限的操作员按照会计制度规定，对制单人填制的凭证进行合法合规性检查。审核无误的凭证可以进入下一个处理过程——记账；审核中如果发现错误，则可以利用系统提供的"标错"功能为凭证标注有错标记，便于制单人快速查询和更正，待修正后再重新审核。根据会计制度规定，审核与制单不能为同一人。

系统提供了两种审核方式：单张审核和成批审核。

对审核后的凭证，系统提供取消审核的功能。

4. 查询凭证

总账系统的填制凭证功能不仅是各账簿数据的输入口，同时也提供了强大的信息查询功能。在凭证界面中有些信息是可直接看到的，如科目、摘要、金额等；有些信息是通过某些操作间接获得的，如各分录的辅助信息、当前分录行号、当前科目最新余额、外部系统制单信息等。

1) 灵活运用查询条件

系统既可设置凭证类别、制单日期等一般查询条件，也可设置摘要、科目等辅助查询条件。各查询条件也可组合设置。

2) 查看当前科目的最新余额

单击【余额】按钮，屏幕显示当前光标所在科目的最新余额。

3) 查看外部系统制单信息

若当前凭证为外部系统生成的凭证，则可将光标移到记账凭证的标题处并单击，系统即显示当前凭证来自哪个子系统、凭证反映的业务类型与业务号。当光标在某一分录上时，单击凭证右下方的图标，则显示生成该分录的原始单据类型、单据日期及单据号。

4) 联查明细账、辅助明细及原始单据

当光标位于凭证某分录科目时，执行"查看"|"联查明细账"命令，系统将显示该科目的明细账。若该科目有辅助核算，执行"查看"|"联查辅助明细"命令，则系统将显示

该科目的辅助明细账。若当前凭证是由外币系统制单生成，执行"查看"|"联查原始单据"命令，则系统将显示生成这张凭证的原始单据。

5. 科目汇总

科目汇总是按条件对记账凭证进行汇总并生成一张凭证汇总表。进行汇总的凭证可以是已记账凭证，也可以是未记账凭证，因此财务人员可在凭证未全部记账前，随时查看企业当前的经营状况及其他财务信息。

6. 记账

在总账系统中，记账凭证经审核后就可以执行记账了。手工处理时，记账是由人工将审核后的凭证平行登记到总账、明细账和日记账，在重复转抄过程中难免会有失误，因此设计了账账核对、账证核对等控制手段保证账簿记录的正确性。在用友通管理系统中，记账时按照预先设定的程序自动进行，记账向导引导记账过程。

1) 选择本次记账范围

选择本次记账范围即确定本次需要记账的凭证范围，包括期间、类别、记账范围。确定记账范围时可以单击【全选】按钮选择所有未记账凭证，也可以输入连续编号范围如"1~9"表示对该类别第 1~9 号凭证进行记账，还可以输入不连续的编号如"3,7"表示仅对第 3 张和第 7 张凭证记账。

2) 记账报告

系统自动记账前，需要进行以下项目的检查。
- 如果是第一次记账，则需要检查输入的期初余额是否平衡，期初余额不平，不允许记账。
- 上月未记账或结账，本月不能记账。
- 未审核凭证不能记账。
- 作废凭证不需要审核可直接记账。

检查完成后，系统显示记账报告，呈现检验的结果，如期初余额不平或哪些凭证未审核或出纳未签字等。

3) 记账

记账之前，系统将自动进行硬盘备份，保存记账前的数据，一旦记账过程异常中断，可以利用这个备份将系统恢复到记账前状态。

记账过程由系统自动完成，无须人工干预。

7. 常用摘要和常用凭证

1) 常用摘要

摘要是关于企业经济业务的简要说明，也是录入凭证时唯一需要输入汉字的项目，从某种程度上说，摘要的内容是制单规范性的重要内容之一，而凭证的输入速度很大程度上取决于摘要的录入速度。为此，系统提供了设置常用摘要的功能，用于将企业经常发生的业务摘要事先存储起来供制单时调用，以加快录入速度、提高规范性。设置常用摘要时，需要填写摘要编码、摘要内容及相关科目,如设置常用摘要"01 从工行人民币户提现金"。

2) 常用凭证

对于经常发生的业务,也可以设置凭证模板。预先把凭证类别、摘要、科目等要素存储起来称为常用凭证。待业务发生时,直接调用常用凭证,补充输入其他内容如金额等,可以提高业务处理的规范性和业务处理效率。

4.3.2 账簿管理

企业发生的经济业务,经过制单、审核、记账等程序后,就形成了正式的会计账簿。账簿管理包括账簿的查询和打印。在用友通管理系统中,账簿分为基本会计核算账簿和辅助核算账簿。

1. 基本会计核算账簿

基本会计核算账簿包括总账、余额表、明细账、序时账、多栏账、综合多栏账、日记账、日报表等。

1) 总账

总账查询不但可以查询各总账科目的年初余额、各月发生额合计和月末余额,而且还可以查询所有二至六级明细科目的年初余额、各月发生额合计和月末余额。

2) 余额表

传统的总账是按照总账科目分页设账,如果查询一定范围或全部科目的发生额及余额就略显不便。余额表用于查询、统计各级科目的本月发生额、累计发生额和余额等,可输出某月或某几个月的所有总账科目或明细科目的期初余额、本期发生额、累计发生额、期末余额。因此在实行计算机记账后,建议采用"发生额及余额表"代替总账。

3) 明细账

明细账查询用于平时查询各账户的明细发生情况及按任意条件组合查询明细账。在查询过程中可以包含未记账凭证。明细账包括3种账簿查询类型:普通明细账、按科目排序明细账和月份综合明细账。

- 普通明细账是按科目查询,按发生日期排序的明细账。
- 按科目排序明细账是按非末级科目查询,按其有发生额的末级科目排序的明细账。
- 月份综合明细账是按非末级科目查询,包含非末级科目总账数据及末级科目明细数据的综合明细账。

4) 序时账

序时账,实际上就是以流水账的形式反映单位的经济业务,查询打印比较简单,此处不做详述。

5) 多栏账

本功能用于查询多栏明细账。在查询多栏账之前,必须先定义查询格式。进行多栏账栏目定义有两种方式:自动编制栏目和手动编制栏目。一般情况下,先进行自动编制再进行手动调整,可以提高录入效率。

6) 综合多栏账

综合多栏账是在原多栏账的基础上新增的一个账簿查询方式,它除了可以以科目为分析栏目查询明细账,也可以以辅助项及自定义项为分析栏目查询明细账,并可完成多组借贷栏目在同一账表中的查询。其目的主要是完成商品销售、库存、成本明细账的横向联合查询,并提供简单的计算功能,以方便用户对商品进销存状况的及时了解。

7) 日记账

本功能主要用于查询除现金日记账、银行日记账以外的其他日记账。现金日记账、银行日记账在现金管理中查询。

8) 日报表

本功能用于查询输出某日所有科目的发生额及余额情况,但不包括现金、银行存款科目。此外,系统还提供与现金流量有关的报表查询。

2. 辅助核算账簿

辅助核算账簿包括个人往来辅助账和部门辅助账。

1) 个人往来辅助账

个人往来辅助账提供个人往来余额表、个人往来明细账、个人往来清理、个人往来催款和个人往来账龄分析等主要账表。

2) 部门辅助账

部门辅助账提供部门总账、部门明细账、部门收支分析等主要账表。

4.3.3 现金管理

现金管理是总账系统为出纳人员提供的一套管理工具,主要包括现金日记账和银行存款日记账的管理、支票登记簿的管理及银行对账功能,并可对银行长期未达账提供审计报告。

1. 日记账

现金管理提供对现金日记账、银行日记账和资金日报表的查询。资金日报表是反映现金、银行存款日发生额及余额情况的报表。在手工方式下,资金日报表由出纳员逐日填写,反映当天营业终了时现金、银行存款的收支情况及余额;而电算化方式下,资金日报表主要用于查询、输出或打印资金日报表,提供当日借、贷金额合计和余额及发生的业务量等信息。

2. 银行对账

银行对账是出纳管理的一项很重要的工作,此项工作通常在期末进行。银行对账的业务流程如下:

1) 输入银行对账期初数据

许多企业在使用总账系统时,通常先不使用银行对账模块。例如,某企业 2015 年 1 月开始使用总账系统,而银行对账功能在 5 月开始使用,那么银行对账则应该有一个启用日期(启用日期应为使用银行对账功能前最后一次手工对账的截止日期),并在此录入最后一次对账企业方与银行方的调整前余额,以及启用日期之前的单位日记账和银行对账单的未达项。

2) 输入银行对账单

若要实现计算机自动对账,则在每月月末对账前,需将银行开出的银行对账单输入计算机。

本功能用于平时录入银行对账单。在指定账户(银行科目)后,可录入本账户下的银行对账单,以便于与企业银行存款日记账进行对账。

3) 银行对账

银行对账采用自动对账与手工对账相结合的方式。

自动对账即由计算机根据对账依据将银行日记账未达账项与银行对账单进行自动核对、冲抵。对账依据通常是"结算方式+结算号+方向+金额"或"方向+金额"。对于已核对无误的银行业务,系统将自动在银行存款日记账和银行对账单上标注两清标志,并视为已达账项,否则,视其为未达账项。由于自动对账是以银行存款日记账和银行对账单双方对账依据完全相同为条件,所以为了保证自动对账的正确和彻底,必须保证对账数据的规范合理。

手工对账是对自动对账的补充。采用自动对账后,可能还有一些特殊的已达账项没有核对出来,而被视为未达账项,为了保证对账更彻底正确,可通过手工对账进行调整冲抵。

在下面 4 种情况中,只有第一种情况能自动核销已对账的记录,后 3 种情况均需通过手工对账来强制核销。

- 对账单文件中一条记录和银行日记账未达账项文件中一条记录完全相同。
- 对账单文件中一条记录和银行日记账未达账项文件中多条记录完全相同。
- 对账单文件中多条记录和银行日记账未达账项文件中一条记录完全相同。
- 对账单文件中多条记录和银行日记账未达账项文件中多条记录完全相同。

4) 余额调节表的查询输出

在对银行账进行两清勾对后,计算机自动整理汇总未达账和已达账,生成"银行存款余额调节表",以检查对账是否正确。该余额调节表为截止到对账截止日期的余额调节表,若无对账截止日期,则为最新余额调节表。如果余额调节表显示账面余额不平,应检查"银行期初录入"中的相关项目是否平衡,"银行对账单"录入是否正确,"银行对账"中勾对是否正确、对账是否平衡,若不正确则进行调整。

5) 对账结果查询

对账结果查询主要用于查询单位日记账和银行对账单的对账结果,它是对余额调节表的补充,可进一步了解对账后,对账单上勾对的明细情况(包括已达账项和未达账项)进行查询,从而进一步查询对账结果。检查无误后,可通过核销银行账来核销已达账项。

银行对账不平时,不能使用核销功能,核销不影响银行日记账的查询和打印。如果核销错误，则可以进行反核销。

6) 核销银行账

核销银行账用于将核对正确并确认无误的已达账项删除。对于一般用户来说，在银行对账正确后，如果想将已达账项删除并只保留未达账项，可使用本功能。

7) 长期未达账审计

本功能用于查询到截止日期为止未达天数超过一定天数的银行未达账项，以便企业分析长期未达原因，避免资金损失。

3. 支票登记簿

在手工记账时，企业通常设有支票领用登记簿，用来登记支票领用情况。用友通管理系统中也提供了"支票登记簿"功能，供详细登记支票领用人、领用日期、支票用途、是否报销等情况。

使用支票登记簿时要注意以下几点。

(1) 只有在会计科目中设置了银行账辅助核算的科目才能使用支票登记簿。

(2) 只有在结算方式设置中选择票据控制才能选择登记银行科目。

(3) 领用支票时，银行出纳员需进入"支票登记"功能据实登记领用日期、领用部门、领用人、支票号、备注等。

(4) 支票支出后，经办人持原始单据(发票)报销，会计人员据此填制记账凭证，在录入该凭证时，系统要求录入该支票的结算方式和支票号。填制完成该凭证后，系统自动在支票登记簿中将支票写上报销日期，该号支票即视为已报销。对已报销的支票，系统将用不同的颜色区分。

(5) 支票登记簿中的报销日期栏，一般是由系统自动填写的；但对于有些已报销而由于人为原因而造成系统未能自动填写报销日期的支票，则可进行手工填写。

(6) 已报销的支票不能进行修改，但可以取消报销标志后再行修改。

(7) 在实际应用中，如果要求领用人亲笔签字等，则最好不使用支票登记簿，否则会增加输入的工作量。

4.3.4 往来管理

往来账款主要发生在企业的购销业务中，包括赊销引起的客户应收往来和赊购引起的供应商应付往来。往来管理主要包括设置往来账的管理方式、往来账的记录与核销、往来账的查询等内容。

1. 往来账的管理方式

如果企业客户不多，则可以在应收科目下为每个客户设置一个明细科目，用来核算企业业与该客户的往来业务。往来查询时直接查明细账，但对应收的核销、账龄等不能提供简洁明确的记录。因此，如果企业客户很多、赊销占企业收入的比重很大，建议要对往来账科目设置辅助核算。往来辅助账中提供了往来账对账及账龄分析等功能，加强了对往来业务的管理。

2. 往来账的记录与核销

往来账的记录与核销采用往来账辅助核算方式。往来业务发生时，系统要求记录往来单位信息；待该笔赊销收回时可以按客户及时核销，以掌握最新的往来数据。

3. 往来账的查询

往来账簿中提供与企业有往来关系的客户、供应商余额表、明细账、往来对账及账龄分析等。

1) 往来余额管理

对客户/供应商的往来余额管理包括科目余额表、余额表、三栏余额表、部门余额表、项目余额表、业务员余额表、分类余额表、地区分类余额表的查询。

2) 往来明细账管理

对客户/供应商的往来明细账管理包括科目明细账、三栏明细账、部门明细账、项目明细账、业务员明细账、分类明细账、地区分类明细账、多栏明细账的查询。

3) 往来管理

往来管理包括往来两清、往来催款单(对账单)、往来账龄分析等功能。

4.3.5 项目管理

项目管理提供了按项目查询总账、明细账和进行项目统计的功能。

4.4 总账管理系统期末处理

期末处理主要包括自动转账、对账、月末处理及年末处理。与日常业务相比，期末处理的数量不多，但业务种类繁杂且时间紧迫。在计算机环境下，由于各会计期间的许多期末业务都具有较强的规律性，且方法很少改变，如费用计提、分摊的方法等，因此，由计算机来处理这些有规律的业务不但节省会计人员的工作量，也可以加强财务核算的规范性。

4.4.1 自动转账

转账分为外部转账和内部转账。外部转账是指将其他专项核算子系统生成的凭证转入总账系统中，一般由系统自动完成。内部转账是指在总账系统内部把某个或某几个会计科目中的余额或本期发生额结转到一个或多个会计科目中。

自动转账包括转账定义和转账生成两部分。

1. 转账定义

转账定义是把凭证的摘要、会计科目、借贷方向及金额的计算公式预先设置成凭证模板，即自动转账分录，待需要转账时调用相应的自动转账分录生成凭证即可。

自动转账分录可以分为独立自动转账分录和相关自动转账分录。独立自动转账分录要转账的业务数据与本月其他经济业务无关。例如，相关自动转账分录要转账的业务数据与本月其他经济业务相关、结转生产成本前应完成制造费用的结转等。

系统提供5种类型的转账定义：自定义转账、对应结转、销售成本结转、汇兑损益结转、期间损益结转。

1) 自定义转账设置

自定义转账是适用范围最广的一种转账方式，可以完成的转账业务主要如下。

- "费用分配"的结转，如工资分配等。
- "费用分摊"的结转，如制造费用等。
- "税金计算"的结转，如增值税等。
- "提取各项费用"的结转，如提取福利费等。
- 各项辅助核算的结转。

如果使用应收、应付系统，则在总账系统中不能按客户、供应商辅助项进行结转，只能按科目总数进行结转。

2) 对应结转设置

对应结转不仅可进行两个科目的一对一结转，还提供科目的一对多结转功能。对应结转的科目可为上级科目，但其下级科目的科目结构必须一致，即具有相同的明细科目，若涉及辅助核算，则对应结转的两个科目的辅助账类也必须一一对应。

本功能只结转期末余额，若结转发生额，则需在自定义结转中设置。

3) 销售成本结转设置

销售成本结转设置主要用来辅助没有启用购销存管理的企业完成销售成本的计算和结转。其原理是将月末商品销售数量(根据主营业务收入数量确定)乘以库存商品的平均单价，计算出各种产品的销售成本，然后从库存商品的贷方转入主营业务成本的借方。在进行销售成本结转时，库存商品、主营业务收入和主营业务成本3个科目必须设有数量辅助核算，且这3个科目的下级科目必须一一对应。

4) 汇兑损益结转设置

汇兑损益结转用于期末自动计算外币账户的汇兑损益，并在转账过程中自动生成汇兑损益转账凭证。汇兑损益只处理以下外币账户：外汇存款户、外币现金、外币结算的各项债权、债务；不包括所有者权益类账户、成本类账户和损益类账户。

为了保证汇兑损益计算正确，填制某月的汇兑损益凭证时必须先将本月的所有未记账凭证先记账。

汇兑损益入账科目不能是辅助账科目或有数量外币核算的科目。

若启用了应收、应付系统，则计算汇兑损益的外币科目不能是带客户或供应商往来核算的科目。

5) 期间损益结转设置

期间损益结转设置用于在一个会计期间终了时，将损益类科目的余额结转到本年利润科目中，从而及时反映企业利润的盈亏情况。期间损益结转主要是损益类科目的结转。

损益科目结转中将列出所有的损益科目。如果希望某损益科目参与期间损益的结转，则应在该科目所在行的本年利润科目栏填写本年利润科目代码；若为空，则将不转此损益科目的余额。

损益科目的期末余额将结转到同一行的本年利润科目中。

若损益科目与本年利润科目都有辅助核算，则辅助账类必须相同。

损益科目结转表中的本年利润科目必须为末级科目，且为本年利润入账科目的下级科目。

2. 转账生成

定义完转账凭证后，每月月末只需执行"转账生成"功能即可由计算机快速生成转账凭证。在此生成的转账凭证将自动追加到未记账凭证中，通过审核、记账后才能真正完成结转工作。

由于转账凭证中定义的公式基本上取自账簿，因此，在进行月末转账之前，必须将所有未记账凭证全部记账；否则，生成的转账凭证中的数据就可能不准确。特别是对于一组相关转账分录，必须按顺序依次进行转账生成、审核、记账。

根据需要，选择生成结转方式、结转月份及需要结转的转账凭证，系统在进行结转计算后显示将要生成的凭证，确认无误后，将生成的凭证追加到未记账凭证中。

结转月份为当前会计月，且每月只结转一次。在生成结转凭证时，要注意操作日期，一般在月末进行。

若转账科目有辅助核算，但未定义具体的转账辅助项，则可以选择"按所有辅助项结转"或"按有发生的辅助项结转"。按所有辅助项结转指转账科目的每一个辅助项生成一笔分录；按有发生的辅助项结转指按转账科目下每一个有发生的辅助项生成一笔分录。

4.4.2 对账

对账是对账簿数据进行核对，以检查记账是否正确及账簿是否平衡。它主要是通过核对总账与明细账、总账与辅助账数据来完成账账核对。

试算平衡就是将系统中设置的所有科目的期末余额按会计平衡公式"借方余额=贷方余额"进行平衡检验，并输出科目余额表及是否平衡等信息。

一般来说，实行计算机记账后，只要记账凭证录入正确，计算机自动记账后各种账簿都应是正确、平衡的，但由于非法操作、计算机病毒或其他原因，有时可能会造成某些数据被破坏，因而引起账账不符。为了保证账证相符、账账相符，应经常使用本功能进行对账，至少一个月一次，一般可在月末结账前进行。

如果使用了应收、应付系统，则在总账系统中不能对客户往来账、供应商往来账进行对账。

当对账出现错误或记账有误时，系统允许"恢复记账前状态"进行检查、修改，直到对账正确为止。

4.4.3 结账

企业在每月月底都要进行结账处理，结账实际上就是计算和结转各账簿的本期发生额和期末余额，并终止本期的账务处理工作。

在会计电算化方式下，结账工作与手工结账相比简单多了。结账是一种批量数据处理工作，每月只结账一次，主要是对当月日常处理的终止和对下月账簿的初始化，由计算机自动完成。

1. 结账前检查工作

在结账之前要做下列检查。
(1) 检查本月业务是否全部记账，若有未记账凭证则不能结账。
(2) 月末结转必须全部生成并记账，否则本月不能结账。
(3) 检查上月是否已结账，如果上月未结账，则本月不能记账。
(4) 核对总账与明细账、主体账与辅助账、总账系统与其他子系统数据是否一致，若不一致则不能结账。
(5) 检查损益类账户是否全部结转完毕，若未完成则本月不能结账。
(6) 若与其他子系统联合使用，应检查其他子系统是否已结账，若其他子系统没有结账则本月不能结账。

2. 结账与反结账

结账前系统自动进行数据备份，结账处理就是计算本月各账户发生额合计和本月账户期末余额，并将余额结转到下月作为下月月初余额。结账完成后不得再录入本月凭证。如果结账以后发现本月还有未处理的业务或其他情况，则可以进行"反结账"，取消本月结账标记，然后进行修正，再进行结账工作。

实训练习

实验三 总账管理系统初始设置

【实验目的】
1. 掌握 T3 会计信息化软件中总账管理系统初始设置的相关内容。
2. 理解总账管理系统初始设置的意义。
3. 掌握总账管理系统初始设置的具体内容和操作方法。

第4章 总账管理

【实验内容】

1. 总账系统选项设置。
2. 明细账权限设置。
3. 期初余额录入。

【实验准备】

1. 将计算机当前日期调整为 2021 年 1 月 31 日。
2. 引入实验二账套数据。

【实验要求】

以"郑通"的身份进行总账初始设置。

【实验资料】

1. 总账控制参数

支票控制；现金流量项目必录；出纳凭证必须经由出纳签字。

2. 明细账科目权限设置

操作员"贺敏"负责往来核算，只具有应收账款、预付账款、应付账款、预收账款 4 个科目的明细账查询权限。

3. 期初余额

1) 总账期初明细(见第 3 章实验二)
2) 辅助账期初明细

会计科目：122102 其他应收款——应收个人款　　余额：借 3800 元

日期	部门	个人	摘要	方向	期初余额
2020-12-26	企管办	汪涵	出差借款	借	2000
2020-12-27	销售一部	田晓宾	出差借款	借	1800

会计科目：1122 应收账款　　余额：借 16 950 元

日期	客户	摘要	方向	金额
2020-12-25	北方管理软件学院	销售商品	借	16 950

会计科目：2202 应付账款　　余额：贷 3390 元

日期	供应商	摘要	方向	金额
2020-12-25	联诚	购买原材料	贷	3390

会计科目：5001 生产成本　　　余额：借 16 000 元

科目名称	百问 ERP 多媒体课件	ERP 模拟体验光盘	合计
直接材料(500101)	4000	6000	10 000
直接人工(500102)	1500	2500	4000
制造费用(500103)	800	1200	2000
合计	6300	9700	16 000

3）试算平衡

资产合计=负债和所有者权益合计=636 434 元。

【实验指导】

以账套主管郑通身份注册 T3 软件，进行总账初始设置。

用户名：01；密码：1；账套：202；会计年度 2021；操作日期：2021-01-01。

1. 设置总账选项(视频：操作演示\sy3\3-1.mp4)

① 执行"总账"|"设置"|"选项"命令，打开"选项"对话框。

② 选择"凭证"选项卡，按照实验资料的要求进行相应的设置，如图 4-3 所示。

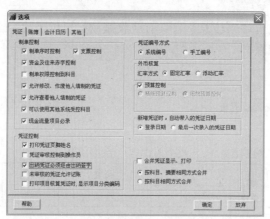

图 4-3　"凭证"选项卡

③ 设置完成后，单击【确定】按钮返回。

2. 明细账权限设置(视频：操作演示\sy3\3-2.mp4)

① 执行"总账"|"设置"|"明细账权限"命令，打开"明细权限设置"对话框。

② 选择"明细账科目权限设置"选项卡，从"操作员"下拉列表中选择"贺敏"，将"应收账款""预付账款""应付账款""预收账款"4 个科目从"待选科目"列表中选入"已选科目"列表中，如图 4-4 所示。

图 4-4 "明细账科目权限设置"选项卡

③ 单击【退出】按钮返回主界面。

3. 输入期初余额(视频:操作演示\sy3\3-3.mp4)

① 执行"总账"|"设置"|"期初余额"命令,进入"期初余额录入"窗口。
② 直接输入末级科目(底色为白色)期初余额,按 Enter 键确认,上级科目的余额自动汇总计算,如图 4-5 所示。

图 4-5 "期初余额录入"窗口

③ 设置了辅助核算的科目底色显示为蓝色,其累计发生额可直接输入,但期初余额的录入要到相应的辅助账中进行。方法是:双击设置了辅助核算属性的科目的期初余额栏,进入相应的辅助账窗口,按明细输入每笔业务的金额,输入"其他应收款——应收个人款"辅助核算余额如图 4-6 所示。

④ 完成后单击【退出】按钮,辅助账余额自动带到总账。
⑤ 输完所有科目余额后,单击【试算】按钮,打开"期初试算平衡表"对话框,如图 4-7 所示。
⑥ 若期初余额不平衡,则修改期初余额;若期初余额试算平衡,则单击【确认】按钮。

注意
- 期初余额试算不平衡,将不能记账,但可以填制凭证。
- 若已经记过账,则不能再输入、修改期初余额,也不能执行"结转上年余额"功能。

图 4-6 "个人往来期初"录入窗口

图 4-7 "期初试算平衡表"对话框

实验四 总账管理系统日常业务处理

【实验目的】

1. 掌握 T3 软件中总账管理系统日常业务处理的相关内容。
2. 熟悉总账管理系统日常业务处理的各种操作。
3. 掌握凭证管理和账簿管理的具体内容和操作方法。

【实验内容】

1. 凭证管理：定义常用摘要、填制凭证、出纳签字、审核凭证、凭证记账的操作方法。
2. 账簿管理：总账、科目明细账、明细账、辅助账的查询方法。
3. 现金管理：现金、银行存款日记账和资金日报表的查询。
4. 往来管理：往来账查询。
5. 项目管理：项目账查询。

【实验准备】

1. 将计算机当前日期调整为 2021 年 1 月 31 日。
2. 引入实验三账套数据。

【实验要求】

1. 以"贺敏"的身份进行填制凭证和凭证查询操作。
2. 以"孙娟"的身份进行出纳签字，并进行现金、银行存款日记账和资金日报表的查询及支票登记。
3. 以"郑通"的身份进行审核、记账、基本账簿和部分账簿查询操作。
4. 以"汪扬"的身份进行往来账与项目账的管理与查询操作。

【实验资料】

1. 凭证管理

1) 填制凭证

1 月经济业务如下。

① 2 日，销售一部田晓宾报销餐费 900 元，以现金支付。(附单据 1 张)
借：销售费用(6601)　　　　　900
　　贷：库存现金(1001)　　　　900
(现金流量：经营活动/现金流出/07 支付其他与经营活动有关的现金)

② 3 日，财务部孙娟从工行提取现金 10 000 元，作为备用金。(现金支票号 XJ001)
借：库存现金(1001)　　　　　10 000
(现金流量：经营活动/现金流入/03 收到其他与经营活动有关的现金)
　　贷：银行存款/人民币户(100201)　　　10 000
(现金流量：经营活动/现金流出/07 支付其他与经营活动有关的现金)

③ 5 日，收到兴华集团投资资金 10 000 美元，汇率 1∶6.0。(转账支票号 ZZW001)
借：银行存款/美元户(100202)　　　60 000
(现金流量：筹资活动/现金流入/17 吸收投资收到的现金)
　　贷：实收资本(4001)　　　　　60 000

④ 8 日，采购部魏大鹏采购复印纸 200 包，每包 30 元，增值税税率为 13%，材料直接入库，货款以银行存款支付。(转账支票号 ZZR001)
借：原材料/包装纸(140302)　　　　6000
　　应交税费/应交增值税/进项税额(22210101)　　780
　　贷：银行存款/人民币户(100201)　　　6780
(现金流量：经营活动/现金流出/04 购买商品、接受劳务支付的现金)

⑤ 12 日，销售一部田晓宾收到北方管理软件学院转来一张转账支票，金额 16 950 元，用以偿还前欠货款。(转账支票号 ZZR002)
借：银行存款/人民币户(100201)　　　16 950
(现金流量：经营活动/现金流入/01 销售商品、提供劳务收到的现金)
　　贷：应收账款(1122)　　　　　16 950

⑥ 14 日，采购部魏大鹏从"联诚"购入杀毒软件 200 套，每套 150 元，增值税税率为 13%，货税款暂欠，已验收入库。
借：库存商品/杀毒软件(140501)　　　30 000
　　应交税费/应交增值税/进项税额(22210101)　　3900
　　贷：应付账款(2202)　　　　　33 900

⑦ 16 日，企管办购办公用品 170 元，付现金。
借：管理费用/办公费(660202)　　　170
　　贷：库存现金(1001)　　　　　170
(现金流量：经营活动/现金流出/07 支付其他与经营活动有关的现金)

⑧ 18 日，企管办汪涵出差归来，报销差旅费 2000 元，交回现金 200 元。
借：管理费用/差旅费(660203)　　　1800
　　库存现金(1001)　　　　　200
(现金流量：经营活动/现金流入/03 收到其他与经营活动有关的现金)
　　贷：其他应收款/应收个人款(122102)　　　2000

⑨ 20 日，生产部领用光盘 500 张，每张 2 元，用于生产 ERP 模拟体验光盘。
　　借：生产成本/直接材料(500101)　　　　1000
　　　贷：原材料/光盘(140301)　　　　　　　　　1000
⑩ 22 日，接受卫生局罚款 2000 元，以银行存款支付(转账支票号 ZZR003)。
　　借：营业外支出(6711)　　　　　　　　2000
　　　贷：银行存款/人民币户(100201)　　　　　　2000
　　（现金流量：经营活动/现金流入/03 收到其他与经营活动有关的现金）
⑪ 25 日，向天津图书城销售杀毒软件 50 套，单价 400 元，增值税税率为 13%，货款未收。
　　借：应收账款(1122)　　　　　　　　　22 600
　　　贷：主营业务收入/杀毒软件(600101)　　　20 000
　　　　应交税费/应交增值税/销项税额(22210102)　2600

2) 修改凭证

经查，16 日企管办购办公用品 190 元，误录为 170 元。

3) 作废、恢复及整理凭证

22 日，经上级部门检查，卫生局罚款为乱收费行为，予以撤销，凭证上不再反映此笔业务。

4) 出纳签字

由出纳孙娟对所有涉及现金和银行科目的凭证签字。

5) 审核凭证

由账套主管郑通对凭证进行审核。

6) 记账

由账套主管郑通对凭证进行记账。

7) 查询凭证

查询现金支出在 100 元以上的凭证。

2. 账簿查询

(1) 查询"2021.01 余额表"。
(2) 查询"原材料——光盘"数量金额明细账。
(3) 定义并查询管理费用多栏账。
(4) 查询"2021.01 部门收支分析表"。
(5) 查询企管办汪涵个人往来清理情况。

3. 现金管理

(1) 查询现金日记账。
(2) 查询资金日报。
(3) 查询支票登记簿。

(4) 24 日，采购部魏大鹏借转账支票一张采购光盘，票号 155，预计金额 3000 元。

4．往来账管理

(1) 查询供应商"大众"明细账。
(2) 进行客户往来账龄分析。

5．项目管理

(1) 查询"ERP 模拟体验多媒体课件"项目明细账。
(2) 进行项目统计分析。

【实验指导】

以"贺敏"的身份登录进入 T3 软件，进行总账日常处理。

用户名：02；密码：(空)；账套：202；会计年度：2021；操作日期：2021-01-31。

1．凭证管理

1) 填制凭证

业务 1：无辅助核算的一般业务(视频：操作演示\sy4\4-111.mp4)

① 执行"总账"|"凭证"|"填制凭证"命令，进入"填制凭证"窗口。
② 单击【增加】按钮，系统自动增加一张空白收款凭证。
③ 在凭证左上角单击【参照】按钮，选择凭证字"付"；输入制单日期"2021.01.02"；输入附单据数"1"。
④ 输入摘要"报销餐费"；输入借方科目编码"6601"，借方金额"900"，按 Enter 键；摘要自动带到下一行，输入贷方科目编码"1001"，贷方金额"900"，如图 4-8 所示。
⑤ 依次单击【流量】【增加】【参照】按钮，双击选择"07 支付其他与经营活动有关的现金"项目，如图 4-9 所示，单击【保存】按钮。
⑥ 单击【保存】按钮，系统弹出"凭证已成功保存！"信息提示框，单击【确定】按钮。

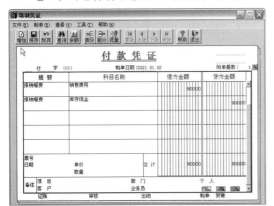

图 4-8 在"填制凭证"窗口输入业务 1 的相关凭证

图 4-9 输入现金流量

> **注意**
> - 制单日期不能滞后于系统日期。
> - 采用序时控制时,凭证日期应大于等于总账启用日期,不能超过业务日期。
> - 凭证一旦保存,其凭证类别、凭证编号不能修改。
> - 正文中不同行的摘要可以相同也可以不同,但不能为空。每行摘要将随相应的会计科目在明细账、日记账中出现。
> - 科目编码必须是末级的科目编码。
> - 金额不能为"零";红字以"−"号表示。
> - 在英文输入模式下,可按"="键取当前凭证借贷方金额的差额到当前光标位置。
> - 单击【增加】按钮,在保存当前凭证的同时增加一张新凭证。
> - 输入现金流量项目时,光标必须先定位在现金流量科目行上。

业务 2:辅助核算——银行科目(视频:操作演示\sy4\4-112.mp4)

① 在总账填制凭证功能中,增加一张付款凭证,输入摘要"提现"。
② 输入银行科目"100201",弹出"辅助项"对话框。
③ 输入结算方式"201",票号"XJ001",发生日期"2021.01.03",如图 4-10 所示,单击【确认】按钮。
④ 凭证保存时,若此张支票未登记,则弹出"此支票尚未登记,是否登记?"对话框。
⑤ 单击【是】按钮,弹出"票号登记"对话框。
⑥ 输入领用日期"2021.01.03",领用部门"财务部",姓名"孙娟",限额"10 000",用途"备用金",如图 4-11 所示。

图 4-10 "辅助项"对话框

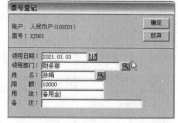

图 4-11 "票号登记"对话框

⑦ 单击【确定】按钮,弹出信息提示框"凭证已成功保存!",单击【确定】按钮。

> **注意**
> - 选择支票控制,即该结算方式设为支票管理,银行账辅助信息不能为空,而且该方式的票号应在支票登记簿中有记录。

业务 3:辅助核算——外币科目(视频:操作演示\sy4\4-113.mp4)

① 在填制凭证过程中,输入外币科目"100202",系统自动显示外币汇率"6.0",输入外币金额"10 000",系统自动算出并显示本币金额"60 000",如图 4-12 所示。

第 4 章 总 账 管 理

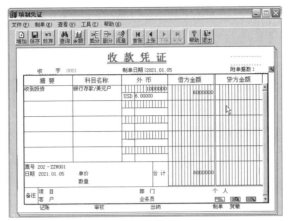

图 4-12 在"填制凭证"窗口输入"业务 3"的相关凭证

② 全部输入完后,单击【保存】按钮,保存凭证。

> **注意**
> ● 汇率栏中内容是固定的,不能输入或修改。若使用浮动汇率,汇率栏中则显示最近一次汇率,可以直接在汇率栏中修改。

业务 4:辅助核算——数量科目(视频:操作演示\sy4\4-114.mp4)

① 在填制凭证过程中,输入数量科目"140302",弹出"辅助项"对话框。

② 输入数量"200",单价"30",如图 4-13 所示,单击【确认】按钮。

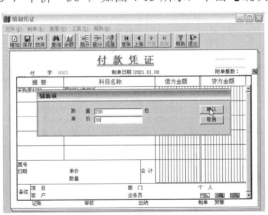

图 4-13 数量核算的业务

③ 保存凭证时,登记支票登记簿。

业务 5:辅助核算——客户往来(视频:操作演示\sy4\4-115.mp4)

① 在填制凭证过程中,输入客户往来科目"1122",弹出"辅助项"对话框。

② 输入客户"北方管理软件学院",业务员"田晓宾",发生日期"2021.01.12",如图 4-14 所示,单击【确认】按钮。

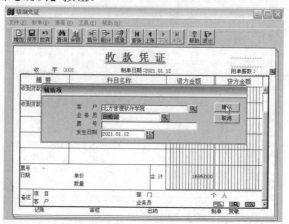

图 4-14 在"填制凭证"窗口输入"业务 5"的相关凭证

业务 6:辅助核算——供应商往来

① 在填制凭证过程中,输入供应商往来科目"2202",弹出"辅助项"对话框。
② 输入供应商"联诚",发生日期"2021.01.14",如图 4-15 所示,单击【确认】按钮。

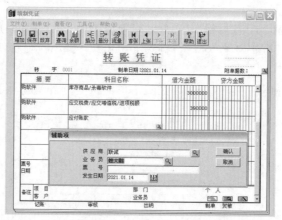

图 4-15 在"填制凭证"窗口输入"业务 6"的相关凭证

> **注意**
> ● 如果往来单位不属于已定义的往来单位,则要单击【往来单位参照按钮】进入"参照"对话框,单击【编辑】按钮正确输入新往来单位的辅助信息,系统会自动追加到往来单位目录中。

业务 7:辅助核算——部门核算

① 在填制凭证过程中,输入部门核算科目"660202",弹出"辅助项"对话框。
② 输入部门"企管办",如图 4-16 所示,单击【确认】按钮。

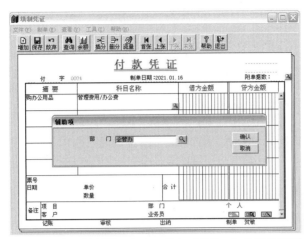

图 4-16 在"填制凭证"窗口输入"业务 7"的相关凭证

业务 8:辅助核算科目——个人往来

① 在填制凭证过程中,输入个人往来科目"122102",弹出"辅助项"对话框。

② 输入部门"企管办",个人"汪涵",发生日期"2021.01.18",如图 4-17 所示,单击【确认】按钮。

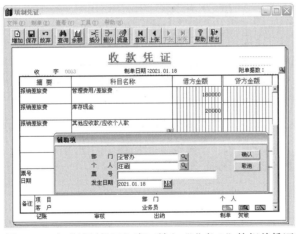

图 4-17 在"填制凭证"窗口输入"业务 8"的相关凭证

> **注意**
> ● 在输入个人信息时,不输入部门名称只输入个人名称时,系统将根据所输个人名称自动输入其所属的部门。

业务 9:辅助核算科目——项目核算

① 在填制凭证过程中,输入项目核算科目"500101",弹出"辅助项"对话框。

② 输入项目名称"ERP 模拟体验光盘",如图 4-18 所示,单击【确认】按钮。

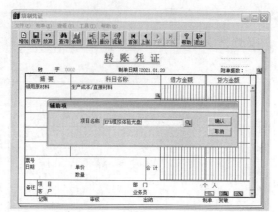

图 4-18 在"填制凭证"窗口输入"业务 9"的相关凭证

> **注意**
>
> ● 系统根据数量×单价自动计算出金额,并将金额先放在借方,如果方向不符,则可将光标移动到贷方后,按空格键调整金额方向。

业务 1~9 体现了软件操作区别于手工操作的不同特点,请学员多加练习。业务 10、11 由学员自行练习输入。

2) 修改凭证(视频:操作演示\sy4\4-12.mp4)

① 执行"总账"|"凭证"|"填制凭证"命令,进入"填制凭证"窗口。

② 单击 按钮,找到要修改的凭证"付 0004"。

③ 对于凭证上的基本项目,如金额等,将光标放在要修改的地方就可以直接修改,本例将借贷方金额修改为 190;如果要修改凭证的辅助项信息,则应首先选中辅助核算科目行,然后将光标置于备注栏辅助项,待光标变形为 时双击,弹出"辅助项"对话框,在对话框中修改相关信息。

④ 单击【保存】按钮,保存相关信息。

> **注意**
>
> ● 未经审核的错误凭证可通过"填制凭证"功能直接修改;已审核的凭证应先取消审核后再进行修改。
> ● 若已采用制单序时控制,则在修改当前制单日期时,不能将日期更改为上一张凭证的制单日期之前。
> ● 若选择"不允许修改或作废他人填制的凭证"权限控制,则不能修改或作废他人填制的凭证。
> ● 如果涉及银行科目的分录已录入支票信息并对该支票进行过报销处理,则修改操作将不影响"支票登记簿"中的内容。
> ● 外部系统传过来的凭证不能在总账系统中进行修改,只能在生成该凭证的系统中进行修改。

3) 作废、恢复及整理凭证(视频：操作演示\sy4\4-13.mp4)

(1) 作废凭证。

① 在"填制凭证"窗口中，先查询到要作废的凭证"付0005"。

② 执行"制单"|"作废/恢复"命令。

③ 凭证的左上角显示"作废"标志，表示该凭证已作废。

注意

- 作废凭证仍保留凭证内容及编号，只显示"作废"字样。
- 作废凭证不能修改，不能审核。
- 在记账时，已作废的凭证应参与记账，否则月末无法结账，但不对作废凭证做数据处理，相当于一张空凭证。
- 账簿查询时，查不到作废凭证的数据。
- 若当前凭证已作废，则可执行"编辑"|"作废/恢复"命令取消作废标志，并将当前凭证恢复为有效凭证。

(2) 整理凭证。

① 在"填制凭证"窗口中，执行"制单"|"整理凭证"命令，打开"选择凭证期间"对话框。

② 选择要整理的月份"2021.01"。

③ 单击【确定】按钮，打开"作废凭证表"对话框。

④ 双击选择要删除的作废凭证，如图4-19所示。

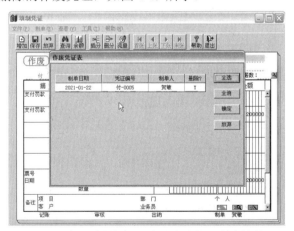

图4-19　在"填制凭证"窗口中选择要删除的凭证

⑤ 单击【确定】按钮，系统将弹出"是否还需整理凭证断号"信息提示框，单击【是】按钮，系统将会把这些凭证从数据库中删除并对剩下的凭证重新编号。

> **注意**
> - 不想保留作废凭证时，可以通过"整理凭证"功能将其彻底删除，并对未记账的凭证重新编号。
> - 只能对未记账凭证做凭证整理。
> - 如果要对已记账凭证做凭证整理，则应先恢复到本月月初记账前的状态，再做凭证整理。

4) 出纳签字(视频：操作演示\sy4\4-14.mp4)

(1) 更换操作员。

① 执行"文件"|"重新注册"命令，打开"注册〖控制台〗"对话框。

② 以"孙娟"的身份登录，进入总账系统，如图 4-20 所示。用户名：04；密码：(空)；账套：202；会计年度：2021；操作日期：2021-01-31。

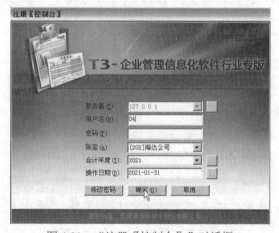

图 4-20　"注册〖控制台〗"对话框

> **注意**
> - 凭证填制人和出纳签字人可以为不同的人，也可以为同一个人。
> - 按照会计制度规定，凭证的填制与审核不能是同一个人。
> - 在进行出纳签字和审核之前，通常需先更换操作员。

(2) 出纳签字。

① 执行"总账"|"凭证"|"出纳签字"命令，打开"出纳签字"查询条件对话框。

② 输入查询条件，选中"全部"单选按钮，输入月份"2021.01"。

③ 单击【确认】按钮，进入"出纳签字"的凭证列表窗口。

④ 双击某一要签字的凭证或单击【确定】按钮，进入"出纳签字"的签字窗口。

⑤ 单击【签字】按钮，凭证底部的"出纳"处将自动签上出纳人姓名，如图 4-21 所示。

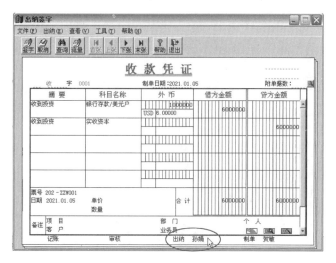

图 4-21　出纳签字

⑥ 单击【下张】按钮，对其他凭证签字，最后单击【退出】按钮。

> **注意**
> - 涉及指定为现金科目和银行科目的凭证才需出纳签字。
> - 凭证一经签字，就不能被修改或删除，只有取消签字后才可以修改或删除，取消签字只能由出纳自己进行。
> - 凭证签字并非审核凭证的必要步骤。若在设置总账参数时，不选择"出纳凭证必须经由出纳签字"，则可以不执行"出纳签字"功能。
> - 可以执行"签字"|"成批出纳签字"命令对所有凭证进行出纳签字。可以执行"签字"|"取消签字"命令对已出纳签字凭证取消签字。

5) 审核凭证(视频：操作演示\sy4\4-15.mp4)

以"郑通"的身份重新登录。

用户名：01；密码：1；账套：202；会计年度：2021；操作日期：2021-01-31。

① 执行"总账"|"凭证"|"审核凭证"命令，打开"凭证审核"查询条件对话框。

② 输入查询条件，单击【确认】按钮，进入"凭证审核"的凭证列表窗口。

③ 双击要审核的凭证或单击【确定】按钮，进入"凭证审核"的审核凭证窗口。

④ 检查要审核的凭证，确认无误后，单击【审核】按钮，凭证底部的"审核"处将自动签上审核人姓名，如图 4-22 所示。

⑤ 单击【下张】按钮，对其他凭证审核签字，最后单击【退出】按钮。

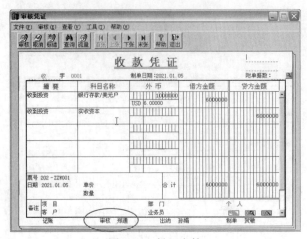

图 4-22 凭证审核

> **注意**
> - 审核人必须具有审核权。当通过"凭证审核权限"设置了明细审核权限时,还需要有对制单人所制凭证的审核权。
> - 作废凭证不能被审核,也不能被标错。
> - 审核人和制单人不能是同一个人,凭证一经审核,不能被修改、删除,只有取消审核签字后才可修改或删除。已标记作废的凭证不能被审核,需先取消作废标记后才能审核。
> - 凭证审核后,自动转入下一张凭证,可通过【上张】按钮,查看审核签章。
> - 可以执行"审核"|"成批审核凭证"命令对所有凭证进行成批审核。可以执行"审核签字"|"取消审核"命令对已审核凭证取消审核。

6) 记账(视频:操作演示\sy4\4-16.mp4)

① 执行"总账"|"凭证"|"记账"命令,打开"记账"对话框。

② 选择要进行记账的凭证范围。本例单击【全选】按钮,选择所有凭证,如图 4-23 所示,单击【下一步】按钮。

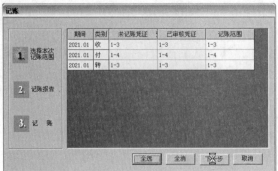

图 4-23 "记账"对话框——选择凭证

③ 如果需要打印记账报告，则可单击【打印】按钮；如果不打印记账报告，则单击【下一步】按钮。

④ 单击【记账】按钮，打开"期初试算平衡表"对话框，单击【确认】按钮，系统开始登录有关的总账和明细账、辅助账。登记完后，弹出"记账完毕"信息提示对话框。

⑤ 单击【确定】按钮，记账完毕。

> **注意**
> - 第一次记账时，若期初余额试算不平衡，则不能记账。
> - 上月未记账，本月不能记账。
> - 未审核凭证不能记账，记账范围应小于等于已审核范围。
> - 作废凭证不需审核可直接记账。
> - 记账过程一旦因断电或其他原因中断后，系统将自动调用"恢复记账前状态"恢复数据，然后再重新记账。
> - 可在"期末"|"对账"菜单下，按Ctrl+H键，调出"恢复记账前状态"菜单。再执行"总账"|"凭证"|"恢复记账前状态"命令，对已记账凭证进行取消记账。取消记账可将凭证恢复到最近一次记账前状态和本月初状态两种形式。取消记账只能由账套主管进行操作。
> - 已结账月份的数据不能取消记账。

7) 查询凭证(视频：操作演示\sy4\4-17.mp4)

① 执行"总账"|"凭证"|"查询凭证"命令，打开"凭证查询"对话框。

② 单击【辅助条件】按钮，设置科目为"1001"，方向为"贷方"，金额为"100"，如图4-24所示。

图4-24 "凭证查询"对话框——输入查询条件

③ 单击【确认】按钮,进入"查询凭证"窗口。

④ 双击某一凭证行,则屏幕可显示出此张凭证。

2. 账簿查询

1) 查询余额表(视频:操作演示\sy4\4-21.mp4)

① 执行"总账"|"账簿查询"|"余额表"命令,打开"发生额及余额表查询条件"对话框。

② 选择查询条件,单击【确认】按钮,进入"发生额及余额表"窗口,如图 4-25 所示。

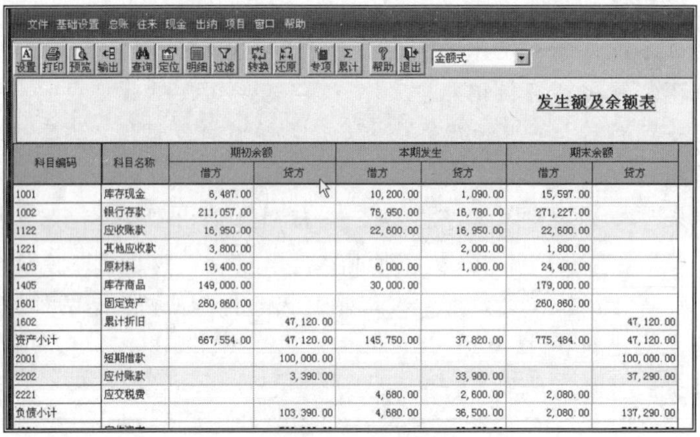

图 4-25 "发生额及余额表"窗口

③ 单击【累计】按钮,系统自动增加借贷方累计发生额两个栏目。

2) 查询明细账(视频:操作演示\sy4\4-22.mp4)

① 执行"总账"|"账簿查询"|"明细账"命令,打开"明细账查询条件"对话框。

② 选择查询科目"140301"-"140301",单击【确认】按钮,进入"原材料明细账"窗口。

③ 选择"数量金额式"账页形式,如图 4-26 所示。

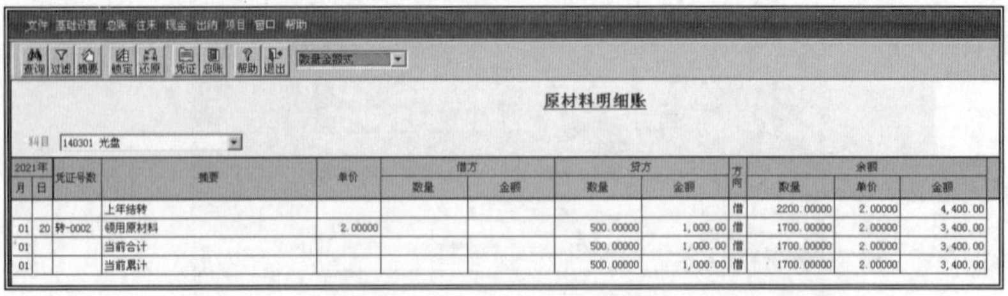

图 4-26 "明细账"窗口

3) 定义并查询管理费用多栏账(视频:操作演示\sy4\4-23.mp4)

① 执行"总账"|"账簿查询"|"多栏账"命令,打开"多栏账"窗口。

② 单击【增加】按钮,打开"多栏账定义"对话框。选择核算科目"6602

管理费用",单击【自动编制】按钮,系统自动将管理费用下的明细科目作为多栏账的栏目。

③ 单击【确定】按钮,完成管理费用多栏账的定义。

④ 单击【查询】按钮,打开"多栏账查询"对话框,单击【确认】按钮,显示管理费用多栏账,如图4-27所示。

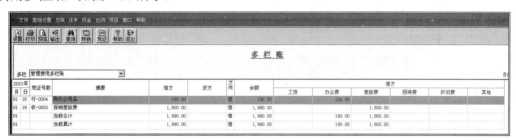

图4-27 "多栏账"窗口

4) 查询部门收支分析表(视频:操作演示\sy4\4-24.mp4)

① 执行"辅助查询"|"部门收支分析"命令,打开"部门收支分析条件"对话框。

② 选择管理费用下的明细科目作为分析科目,单击【下一步】按钮。

③ 选择所有部门作为分析部门,单击【下一步】按钮。

④ 选择"2021.01"作为分析月份,单击【完成】按钮,显示部门收支分析表,如图4-28所示。

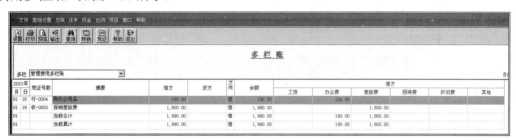

图4-28 部门收支分析表

5) 查询企管办汪涵个人往来清理情况(视频:操作演示\sy4\4-25.mp4)

① 执行"总账"|"辅助查询"|"个人往来清理"命令,打开"个人往来两清条件"对话框。

② 选择部门"企管办";个人"汪涵";选中"显示已两清"复选框,单击【确认】按钮,进入"个人往来两清"窗口。

③ 单击【勾对】按钮,系统自动将已达账项打上已结清的标志,如图4-29所示。

109

日期	凭证号数	摘要	借方	贷方	两清
2020.12.26		出差借款	2,000.00		O
2021.01.16	收-0003	报销差旅费_2021.01.18		2,000.00	O
		合计	2,000.00	2,000.00	

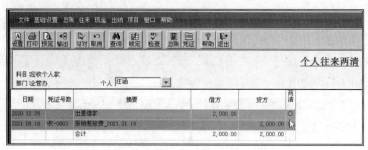

图 4-29 “个人往来两清”窗口

3. 现金管理

以“孙娟”的身份登录 T3，进行现金管理操作。

用户名：04；密码：(空)；账套：202；会计年度：2021；操作日期：2021-01-31。

1) 查询现金日记账(视频：操作演示\sy4\4-31.mp4)

① 执行“现金”|“现金管理”|“日记账”|“现金日记账”命令，打开“现金日记账查询条件”对话框。

② 选择科目“1001 库存现金”，默认月份“2021.01”，单击【确认】按钮，进入“现金日记账”窗口，如图 4-30 所示。

2021年 月	日	凭证号数	摘要	对方科目	借方	贷方	方向	余额
			上年结转				借	6,487.00
01	02	付-0001	报销餐费	6601		900.00	借	5,587.00
01	02		本日合计			900.00	借	5,587.00
01	03	付-0002	提现	100201	10,000.00		借	15,587.00
01	03		本日合计		10,000.00		借	15,587.00
01	16	付-0004	购办公用品	660202		190.00	借	15,397.00
01	16		本日合计			190.00	借	15,397.00
01	18	收-0003	报销差旅费	122102	200.00		借	15,597.00
01	18		本日合计		200.00		借	15,597.00
01			当前合计		10,200.00	1,090.00	借	15,597.00
01			当前累计		10,200.00	1,090.00	借	15,597.00

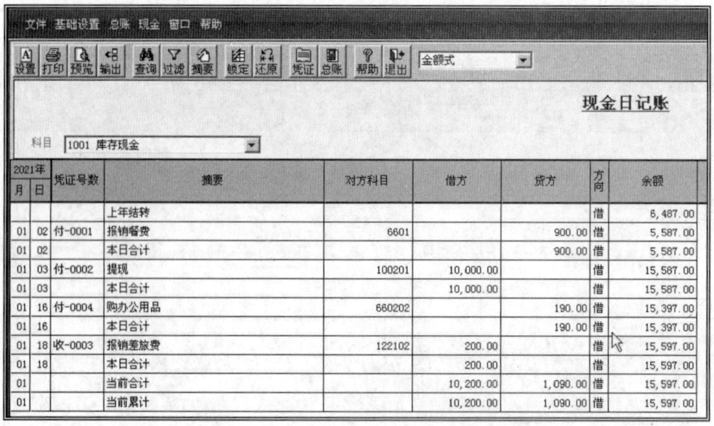

图 4-30 “现金日记账”窗口

③ 双击某行或将光标定在某行再单击“凭证”按钮，可查看相应的凭证。

④ 单击【总账】按钮，可查看此科目的三栏式总账，单击【退出】按钮。

2) 查询资金日报表(视频：操作演示\sy4\4-32.mp4)

① 执行“现金”|“现金管理”|“日记账”|“资金日报”命令，打开“资金日报表查询条件”对话框。

② 输入查询日期“2021.01.03”，选择“有余额无发生也显示”复选框。

③ 单击【确认】按钮，进入“资金日报表”窗口，如图 4-31 所示，单击【退出】按钮。

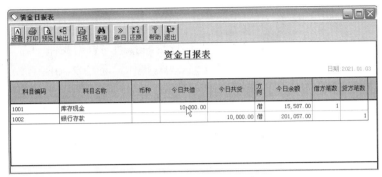

图 4-31 "资金日报表"窗口

3) 登记支票登记簿(视频：操作演示\sy4\4-33.mp4)

① 执行"现金"|"票据管理"|"支票登记簿"命令，打开"银行科目选择"对话框。

② 选择科目：人民币户(100201)，单击【确定】按钮，进入"支票登记"窗口。

③ 单击【增加】按钮。

④ 输入领用日期"2021.01.24"，领用部门"采购部"，领用人"魏大鹏"，支票号"155"，预计金额"3000"，用途"购材料"，单击【保存】按钮，如图4-32所示，单击【退出】按钮。

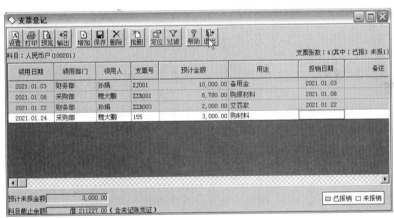

图 4-32 "支票登记"窗口

> **注意**
> - 只有在结算方式设置中选择"票据管理标志"功能才能在此选择登记。
> - 领用日期和支票号必须输入，其他内容可输可不输。
> - 报销日期不能在领用日期之前。
> - 已报销的支票可成批删除。

4. 往来账查询

以"汪涵"的身份登录T3,进行往来账与项目账管理与查询操作。
用户名:03;密码:(空);账套:202;会计年度:2021;操作日期:2021-01-31。

1) 查询供应商明细账(视频:操作演示\sy4\4-41.mp4)

① 执行"往来"|"账簿"|"供应商往来明细账"|"供应商明细账"命令,打开"供应商明细账"对话框。

② 选择供应商"联诚",单击【确定】按钮,显示供应商明细账。

2) 客户往来账龄分析(视频:操作演示\sy4\4-42.mp4)

① 执行"往来"|"账簿"|"往来管理"|"客户往来账龄分析"命令,打开"客户往来账龄"对话框。

② 选择查询科目"1122 应收账款",单击【确定】按钮,显示客户往来账龄分析情况,如图4-33所示。

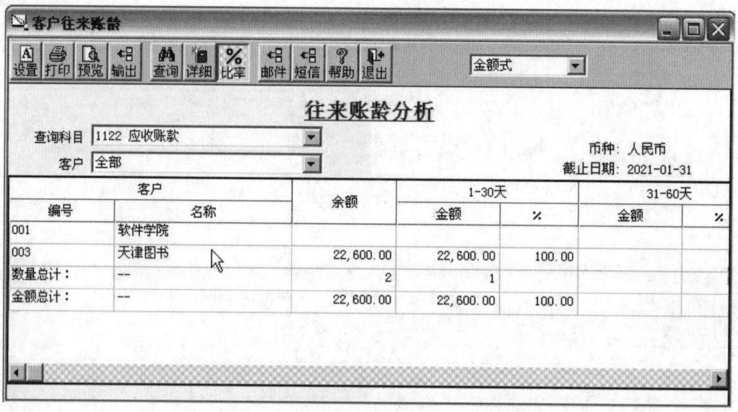

图4-33 "客户往来账龄"对话框

5. 项目账查询

1) 查询项目明细账(视频:操作演示\sy4\4-51.mp4)

① 执行"项目"|"账簿"|"项目明细账"|"项目明细账"命令,打开"项目明细账条件"对话框。

② 选择项目"ERP模拟体验光盘",单击【确定】按钮,显示项目明细账。

2) 查询项目统计分析(视频:操作演示\sy4\4-52.mp4)

① 执行"项目"|"账簿"|"项目统计分析"命令,打开"项目统计条件"对话框。

② 选择全部统计项目,单击【下一步】按钮。

③ 选择全部明细科目作为统计科目,单击【下一步】按钮。

④ 选择统计月份"2021.01",单击【完成】按钮,显示项目统计情况,如图4-34所示。

图 4-34　项目统计表

实验五　总账管理系统期末处理

【实验目的】

1. 掌握 T3 会计信息化软件中总账管理系统管理月末处理的相关内容。
2. 熟悉总账管理系统月末处理业务的各种操作。
3. 掌握银行对账、自动转账设置与生成、对账和月末结账的操作方法。

【实验内容】

1. 银行对账。
2. 自动转账。
3. 对账。
4. 结账。

【实验准备】

1. 将计算机当前日期调整为 2021 年 1 月 31 日。
2. 引入实验四账套数据。

【实验要求】

1. 以"孙娟"的身份进行银行对账操作。
2. 以"贺敏"的身份进行自动转账操作。
3. 以"郑通"的身份进行审核、记账、对账、结账操作。

【实验资料】

1. 银行对账

1) 银行对账期初数据

海达公司银行账的启用日期为 2021 年 1 月 1 日，工行人民币户企业日记账调整前余额为 211 057 元，银行对账单调整前余额为 233 829 元，未达账项一笔，系银行已收企业未收款 22 772 元。

2) 银行对账单(见表 4-3)

表4-3　1月份银行对账单

日期	结算方式	票号	借方金额	贷方金额
2021.1.03	201	XJ001		10 000
2021.1.06				60 000
2021.1.08	202	ZZR001		6780
2021.1.12	202	ZZR002	16 950	

2. 自动转账定义

1) 自定义结转

计提短期借款利息(年利率 6%)

借：财务费用/利息支出(660301)　　取对方科目计算结果(使用 JG()函数)

　　贷：应付利息(2231)　　短期借款(2001)科目的贷方期末余额×6%÷12

2) 销售成本结转

结转本月杀毒软件销售成本，数量 50 套，成本价 150 元。

借：主营业务成本/杀毒软件(640101)　　7500

　　贷：库存商品/杀毒软件(140501)　　　7500

3) 汇兑损益结转

2021 年 1 月 31 日，当日美元对人民币汇率为 5.8。

借：财务费用/汇兑损益(640101)　　　　2000　　10 000×(6.0-5.8)

　　贷：银行存款/美元户(100202)　　　　2000

　　(现金流量：经营活动/现金流出/07 支付其他与经营活动有关的现金)

4) 期间损益结转

将所有损益类科目结转到 1403 本年利润科目中。

3. 自动转账生成

(1) 生成自定义凭证并审核、记账。

(2) 生成销售成本结转凭证并审核、记账。

(3) 生成汇兑损益结转凭证并审核、记账。

(4) 生成期间损益结转凭证并审核、记账。

4. 对账

5. 结账

【实验指导】

1. 银行对账

以"孙娟"的身份登录进入 T3 软件，进行银行对账操作。

用户名：04；密码：(空)；账套：202；会计年度：2021；操作日期：2021-01-31。

(1) 输入银行对账期初数据(视频：操作演示\sy5\5-11.mp4)

① 执行"现金"|"设置"|"银行期初录入"命令，打开"银行科目选择"对话框。

② 选择科目"人民币户(100201)"，单击【确定】按钮，进入"银行对账期初"窗口。

③ 确定启用日期"2021.01.01"。

④ 输入单位日记账的调整前余额"211 057"；输入银行对账单的调整前余额"233 829"。

⑤ 单击【对账单期初未达项】按钮，进入"银行对账期初"窗口。

⑥ 单击【增加】按钮，输入日期"2020.12.31"，结算方式"202"，借方金额"22 772"。

⑦ 单击【保存】按钮，单击【退出】按钮，如图4-35所示。

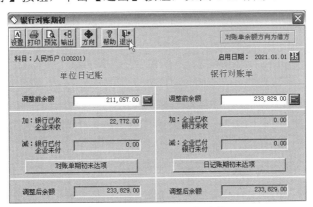

图 4-35　"银行对账期初"窗口

> 注意
> - 银行期初录入功能用于第一次使用银行对账功能前，录入日记账及对账单未达账项，在开始使用银行对账之后一般不再使用。
> - 在录入完单位日记账、银行对账单期初未达账项后，不要随意调整启用日期，尤其是向前调，这样可能会造成启用日期后的期初数不能再参与对账。

2) 录入银行对账单(视频：操作演示\sy5\5-12.mp4)

① 执行"现金"|"现金管理"|"银行账"|"银行对账单"命令，打开"银行科目选择"对话框。

② 选择科目"人民币户(100201)"，月份"2021.01-2021.01"，单击【确定】按钮，进入"银行对账单"窗口。

③ 单击【增加】按钮，输入银行对账单数据，单击【保存】按钮，如图4-36所示。

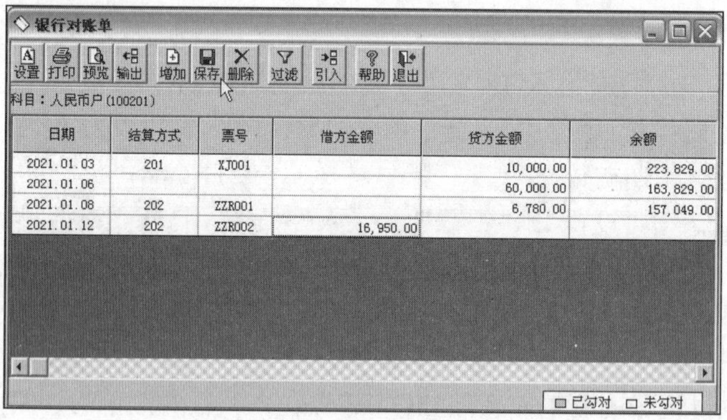

图 4-36 "银行对账单"窗口

3) 银行对账(视频：操作演示\sy5\5-13.mp4)

(1) 自动对账。

① 执行"现金"|"现金管理"|"银行账"|"银行对账"命令，打开"银行科目选择"对话框。

② 选择科目"100201(人民币户)"，月份截至"2021.01"，单击【确定】按钮，进入"银行对账"窗口。

③ 单击【对账】按钮，打开"自动对账"条件对话框。

④ 输入截止日期"2021.01.31"，默认系统提供的其他对账条件。

⑤ 单击【确定】按钮，显示自动对账结果，如图4-37所示。

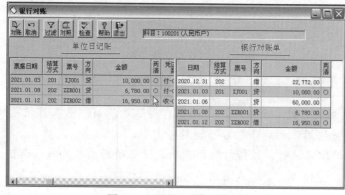

图 4-37 "银行对账"窗口

注意
- 对账条件中的方向、金额相同是必选条件，对账截止日期为可选条件。
- 对于已达账项，系统自动在银行存款日记账和银行对账单双方的"两清"栏打上圆圈标志。

(2) 手工对账。

① 在银行对账窗口，对于一些应勾对而未勾对上的账项，可分别双击"两清"栏，直接进行手工调整。手工对账的标记为"Y"，以区别于自动对账标记。

② 对账完毕，单击【检查】按钮，检查结果是否平衡，单击【确认】按钮。

注意
- 在自动对账不能完全对上的情况下，可采用手工对账。

4) 输出余额调节表(视频：操作演示\sy5\5-14.mp4)

① 执行"现金"|"现金管理"|"银行账"|"余额调节表查询"命令，进入"银行存款余额调节表"窗口。

② 选中科目"人民币户(100201)"。

③ 单击【查看】按钮或双击该行，即显示该银行账户的银行存款余额调节表，如图4-38所示。

图4-38 "银行存款余额调节表"窗口

2. 自动转账定义

以"贺敏"的身份重新登录T3软件，进行自动转账定义。

用户名：02；密码：(空)；账套：202；会计年度：2021；操作日期：2021-01-31。

1) 自定义结转设置(视频：操作演示\sy5\5-21.mp4)

① 执行"总账"|"期末"|"转账定义"|"自定义转账"命令，进入"自动转账设置"窗口。

② 单击【增加】按钮，打开"转账目录"设置对话框。

③ 输入转账序号"001"，转账说明"计提短期借款利息"，选择凭证类别"转 转账凭证"，如图 4-39 所示。

图 4-39 "转账目录"窗口

④ 单击【确定】按钮，继续定义转账凭证分录信息。

⑤ 确定分录的借方信息。选择科目编码"660301"，方向"借"，输入金额公式"JG()"。

> **注意**
> - 转账科目可以为非末级科目；部门可为空，表示所有部门。
> - 输入转账计算公式有两种方法：一是直接输入计算公式，二是以引导方式录入公式。
> - 公式"JG()"的含义为"取对方科目计算结果"，其中的"()"必须为英文符号，否则系统提示"金额公式不合法：未知函数名"。

⑥ 单击【增行】按钮。

⑦ 确定分录的贷方信息。选择科目编码"2231"，方向"贷"，在金额公式栏单击【参照】按钮，打开"公式向导"对话框，选择"期末余额 QM()"，单击【下一步】按钮。

⑧ 选择科目"2001"，单击【完成】按钮，返回金额公式栏。

⑨ 继续输入"*0.06/12"，如图 4-40 所示，单击【保存】按钮。

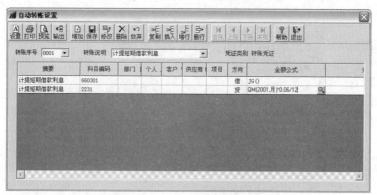

图 4-40 "自动转账设置"窗口

2) 销售成本结转设置(视频：操作演示\sy5\5-22.mp4)

① 执行"总账"|"期末"|"转账定义"|"销售成本结转"命令，进入"自动转账设置"窗口。

② 选择凭证类别"转 转账凭证"，库存商品科目"140501"，商品销售收入科目"600101"，商品销售成本科目"640101"，如图 4-41 所示。

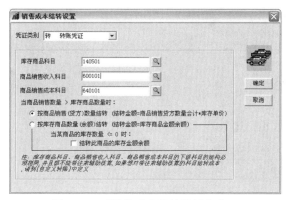

图 4-41 "销售成本结转设置"窗口

③ 单击【确定】按钮。

3) 汇兑损益设置(视频：操作演示\sy5\5-23.mp4)

① 执行"总账"|"期末"|"转账定义"|"汇兑损益"命令，进入"自动转账设置"窗口。

② 选择凭证类别"付 付款凭证"，汇兑损益入账科目"660302"，双击选中"是否计算汇兑损益"，如图 4-42 所示。

图 4-42 "汇兑损益结转设置"窗口

③ 单击【确定】按钮。

4) 期间损益结转设置(视频：操作演示\sy5\5-24.mp4)

① 执行"总账"|"期末"|"转账定义"|"期间损益"命令，进入"期间损益结转设置"窗口。

② 选择凭证类别"转 转账凭证"，选择本年利润科目"4103"，如图 4-43 所示，单击【确定】按钮。

图 4-43 "期间损益结转设置"窗口

3. 自动转账生成

1) 自定义转账生成(视频：操作演示\sy5\5-31.mp4)

以"贺敏"的身份重新登录 T3 软件，进行自定义转账生成。

用户名：02；密码：(空)；账套：202；会计年度：2021；操作日期：2021-01-31。

① 执行"总账"|"期末"|"转账生成"命令，进入"转账生成"窗口。

② 选择【自定义转账】单选按钮，单击【全选】按钮。

③ 单击【确定】按钮，系统生成转账凭证。

④ 单击【保存】按钮，系统自动将当前凭证追加到未记账凭证中，凭证左上角出现"已生成"标志，如图 4-44 所示。

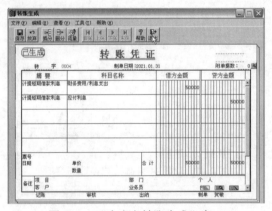

图 4-44 "自定义转账生成"窗口

> **注意**
> - 转账生成之前，注意转账月份为当前会计月份。
> - 进行转账生成之前，先将相关经济业务的记账凭证登记入账。
> - 转账凭证每月只生成一次。
> - 特别注意：生成的转账凭证仍需审核才能记账。以"郑通"身份将生成的自动转账凭证审核、记账。

2) 销售成本结转(视频：操作演示\sy5\5-32.mp4)

以"贺敏"的身份重新登录 T3 软件，进行销售成本结转生成。

用户名：02；密码：(空)；账套：202；会计年度：2021；操作日期：2021-01-31。

① 执行"总账"|"期末"|"转账生成"命令，进入"转账生成"窗口。

② 选择【销售成本结转】单选按钮，单击【确定】按钮，显示销售成本一览表，系统生成转账凭证。

③ 单击【确定】按钮，单击【保存】按钮，系统自动将当前凭证追加到未记账凭证中，凭证左上角出现"已生成"标志，如图 4-45 所示。

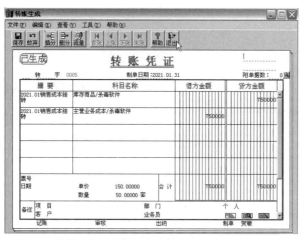

图 4-45 销售成本"转账生成"窗口

 注意

- 特别注意：以"郑通"身份将生成的销售成本结转凭证审核、记账。

3) 汇兑损益转账生成(视频：操作演示\sy5\5-33.mp4)

以"郑通"的身份重新登录 T3 软件，设置美元外币 2021 年 1 月的调整汇率为 5.8。

用户名：01；密码：1；账套：202；会计年度：2021；操作日期：2021-01-31。

以"贺敏"的身份重新登录 T3 软件，继续进行转账生成。

用户名：02；密码：(空)；账套：202；会计年度：2021；操作日期：2021-01-31。

① 执行"总账"|"期末"|"转账生成"命令，进入"转账生成"窗口。

② 选择【汇兑损益结转】单选按钮，单击【全选】按钮。

③ 单击【确定】按钮，显示汇兑损益试算表。

④ 单击【确定】按钮，单击【保存】按钮，系统自动将当前凭证追加到未记账凭证中，凭证左上角出现"已生成"标志，如图 4-46 所示。

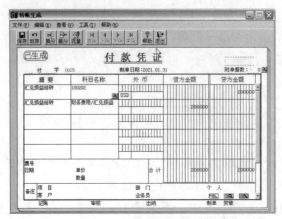

图 4-46 "汇兑损益转账生成"窗口

 注意

- 特别注意：以"孙娟"身份将生成的汇兑损益结转凭证出纳签字。以"郑通"身份将生成的汇兑损益结转凭证审核、记账。

4) 期间损益结转生成（视频：操作演示\sy5\5-34.mp4）

 注意

- 特别注意：期间损益结转生成之前，必须保证前面所有凭证已审核、记账。

以"贺敏"的身份重新登录 T3 软件，进行期间损益结转生成。

用户名：02；密码：(空)；账套：202；会计年度：2021；操作日期：2021-01-31。

① 执行"总账"|"期末"|"转账生成"命令，进入"转账生成"窗口。

② 选中【期间损益结转】单选按钮。

③ 单击【全选】按钮，再单击【确定】按钮，生成转账凭证。

④ 单击【保存】按钮，系统自动将当前凭证追加到未记账凭证中，如图 4-47 所示。

图 4-47 "期间损益转账生成"窗口

注意
- 特别注意：以"郑通"身份将生成的期间损益结转凭证审核、记账。

4. 对账(视频：操作演示\sy5\5-4.mp4)

以"郑通"的身份重新登录 T3 软件，进行对账、结账。
用户名：01；密码：1；账套：202；会计年度：2021；操作日期：2021-01-31。
① 执行"总账"|"期末"|"对账"命令，进入"对账"对话框。
② 将光标定位在要进行对账的月份"2021.01"，单击【选择】按钮。
③ 单击【对账】按钮，开始自动对账，并显示对账结果。单击【试算】按钮，可以对各科目类别余额进行试算平衡。

5. 结账(视频：操作演示\sy5\5-5.mp4)

① 执行"总账"|"期末"|"结账"命令，进入"结账"对话框。
② 选择要结账的月份"2021.01"，单击【下一步】按钮。
③ 单击【对账】按钮，系统对要结账的月份进行账账核对。
④ 单击【下一步】按钮，系统显示"2021 年 01 月工作报告"，如图 4-48 所示。

图 4-48 "结账"对话框

⑤ 查看工作报告后，单击【下一步】按钮，再单击【结账】按钮，若符合结账要求，则系统将进行结账，否则不予结账。

注意
- 结账只能由有结账权限的人进行。
- 本月还有未记账凭证时，则本月不能结账。
- 结账必须按月连续进行，上月未结账，则本月不能结账。
- 若总账与明细账对账不符，则不能结账。
- 如果与其他系统联合使用，其他子系统未全部结账，则本月不能结账。
- 结账前，要进行数据备份。
- 执行"总账"|"期末"|"结账"命令，选择要取消结账的月份，按 Ctrl+Shift+F6 键，输入主管口令，即可取消结账标记。取消结账只能由账套主管进行。

巩固提高

一、单选题

1. 期初余额录入是将手工会计资料录入计算机的过程之一。余额和累计发生额的录入要从(　　)科目开始。

  A. 一级　　　　B. 二级　　　　C. 三级　　　　D. 最末级

2. 若总账选项中设置了"出纳凭证必须经由出纳签字",则下列出现(　　)科目的凭证必须经由出纳签字。

  A. 应收账款　　B. 应付账款　　C. 银行存款　　D. 其他应收款

3. 下列关于彻底删除一张未审核的凭证,正确的操作是(　　)。

  A. 可直接删除　　　　　　　　B. 可将其作废

  C. 先作废,再整理凭证断号　　D. 先整理凭证断号,再作废

4. 下列关于审核操作,错误的说法是(　　)。

  A. 审核人必须具有审核权

  B. 作废凭证不能被审核,也不能被标错

  C. 审核人和制单人可以是同一个人

  D. 凭证一经审核,不能被直接修改、删除

5. 记账操作每月可进行(　　)。

  A. 一次　　　　B. 二次　　　　C. 三次　　　　D. 多次

6. 下列关于结账操作,说法错误的是(　　)。

  A. 结账只能由有结账权限的人进行

  B. 结账后,不能输入凭证

  C. 本月还有未记账凭证时,则本月不能结账

  D. 结账必须按月连续进行,上月未结账,则本月不能结账

二、多选题

1. 下列关于期初余额的描述中,正确的有(　　)。

  A. 所有科目都必须输入期初余额

  B. 红字余额应输入负号

  C. 期初余额试算不平衡,不能记账,但可以填制凭证

  D. 如果已经记过账,则还可修改期初余额

2. 某企业为4月建账,其输入期初数据包括(　　)。

  A. 1月初期初余额

  B. 4月初期初余额

  C. 1~3月借贷方发生额

  D. 1~3月借贷方余额

3. 下列关于凭证审核和记账操作，说法错误的是(　　)。
   A．凭证审核需先重新注册更换操作员，由具有审核权限的操作员来进行
   B．凭证只能逐张审核，不能成批审核
   C．记账操作每月可多次进行
   D．上月未记账，本月同样可以记账。
4. 结账前要进行的检查包括(　　)。
   A．检查本月业务是否全部记账，有未记账凭证不能结账
   B．月末结转必须全部生成并已记账，否则本月不能结账
   C．检查上月是否已结账，如果上月未结账，则本月不能结账
   D．核对总账与明细账、主体账与辅助账、总账系统与其他子系统的数据是否已经一致，如果不一致，则不能结账
5. 下列属于出纳管理的内容有(　　)。
   A．查询日记账　　　　　　　B．查询总账
   C．银行对账　　　　　　　　D．记账

三、判断题

1. 输入期初余额时，上级科目的余额和累计发生数据需要手工输入。(　　)
2. 计算机方式下，只能采用自动凭证编号方式。(　　)
3. 期间损益结转时将所有损益类科目结转到利润分配账户中。(　　)
4. 填制凭证时，金额不能为"零"，红字以"-"号表示。(　　)
5. 会计制度规定，审核与制单不能为同一人。(　　)
6. 结账工作由计算机自动进行数据处理，每月可多次进行。(　　)
7. 生成的自动转账凭证不需审核、记账。(　　)

四、简答题

1. 总账系统提供的主要功能包括哪些？
2. 总账管理系统与其他系统之间的关系是怎样的？
3. 总账管理系统的业务流程是怎样的？
4. 凭证录入的主要项目包括哪些？
5. 凭证查询时能查到哪些相关信息？
6. 总账管理系统中包括哪些基本会计核算账簿？
7. 现金管理包括哪些主要功能？
8. 什么是转账定义？系统提供了哪些转账定义？
9. 结账前需要进行哪些检查？

第 5 章

报表管理

本章学习目标

通过本章内容的学习,你将能够:
1. 了解报表管理系统的基本功能。
2. 熟悉报表编制的基本流程。
3. 理解报表模板的作用,掌握利用报表模板生成报表的方法。
4. 识别常用报表公式的含义及定义方式。
5. 理解现金流量表的编制思路。

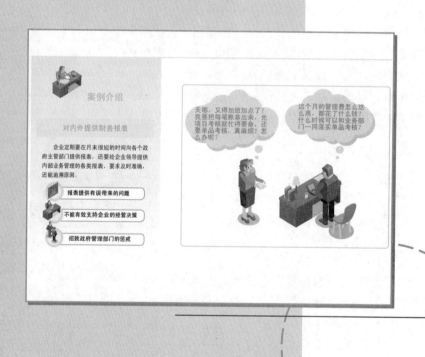

第 5 章 报表管理

案例导入

北京海达科技有限公司(简称海达科技)完成了总账管理的相关工作，准备编制财务报表。

1. 业务分工
账套主管郑通负责编制财务报表，会计贺敏参与学习编制报表。

2. 自定义报表
由于大家对报表编制工作不是很熟悉，所以决定先练习编制一张原材料变动明细表，其格式和公式如下。

	A	B	C	D	E	F	G	H	I
1	原材料变动明细表								
2	编制单位：海达科技			年	月				单位：元
3	原材料	期初		入库		出库		期末	
4		数量	金额	数量	金额	数量	金额	数量	金额
5	光盘	SQC(140501,月)	QC(140501,月)	SFS(140501,月,"借")	FS(140501,月,"借")	SFS(140501,月,"贷")	FS(140501,月,"贷")	SQM(140501,月)	QM(140501,月)
6	包装纸	SQC(140502,月)	QC(140502,月)	SFS(140502,月,"借")	FS(140502,月,"借")	SFS(140502,月,"贷")	FS(140502,月,"贷")	SQM(140502,月)	QM(140502,月)
7	合计	B5+B6	C5+C6	D5+D6	E5+E6	F5+F6	G5+G6	H5+H6	I5+I6
8								制表人：	

3. 利用模板编制报表
① 编制资产负债表。
② 编制利润表。
③ 编制现金流量表。

知识准备

会计信息系统作为一个以提供财务信息为主的管理信息系统，其目的是向企业内外的信息使用者提供相关会计信息，表现形式为财务报告及各类管理报表。

5.1 报表管理系统概述

5.1.1 报表的分类

会计信息使用者可以分为国家宏观管理部门、企业的投资者和债权人、企业的管理者和职工及其他与企业有相关利益关系的群体。不同的会计信息使用者对会计信息的关注重点是有区别的。对外部信息使用者来说，企业必须于每个会计期末编制并在规定时间内上报三张报表：反映企业特定时点财务状况的资产负债表、反映企业特定会计期间经营成果的利润表和反映企业特定会计期间现金流动情况的现金流量表,这三张报表也称为基本财务报表。对企业管理者来说,以上报表所提供的会计信息是远不能满足其管理分析需求的,他们往往需要了解每一个业务部门、每一项业务活动、每一个员工、每一个产品对企业总体的价值贡献,这就需要编制各种形态的内部管理报表。

5.1.2 报表管理系统的基本功能

财务报表管理系统是用友 T3 管理软件中的一个子系统,与通用电子表格软件如 Microsoft Excel 相比,财务软件中的报表处理系统能轻松实现与总账及其他业务系统的对接,即数据共享和集成。虽然报表中的数据可以从总账及其他业务系统获得,但这并不意味着报表系统能自动提供所需要的报表。准确地讲,报表系统只提供了制作报表的工具及一些常见的模板,需要使用者利用这套工具设计并制作出符合不同群体要求的会计报表。

报表管理系统的基本功能就是按需求设计报表的格式、编制并输出报表,并对报表进行审核、汇总,挖掘数据的价值,生成各种分析图表。报表管理系统的基本功能如下。

1. 文件管理功能

财务报表系统中提供了各类文件的管理功能。除了能完成一般的文件管理外,财务报表的数据文件还能够转换为不同的文件格式,如文本文件、.mdb 文件、.xls 文件等。此外,通过财务报表系统提供的"导入"和"导出"功能,可以实现与其他流行财务软件之间的数据交换。

2. 格式设计功能

财务报表系统提供的格式设计功能可以设置报表尺寸、组合单元、画表格线、调整行高列宽、设置字体和颜色、设置显示比例等。同时,财务报表系统还内置了 11 种套用格式和 19 个行业的标准财务报表模板,包括最新的现金流量表等,方便了用户标准报表的制作,对于用户单位内部常用的管理报表,财务报表系统还提供了自定义模板功能。

3. 公式设计功能

财务报表系统提供了绝对单元公式和相对单元公式,可以方便、迅速地定义计算公式、审核公式、舍位平衡公式。财务报表系统还提供了种类丰富的函数,使用者可以在系统向导的引导下轻松地从用友账务及其他子系统中提取数据,生成财务报表。

4. 数据处理功能

财务报表系统的数据处理功能可以以固定的格式管理大量数据不同的表页,并在每张表页之间建立有机的联系。此外,还提供了表页的排序、查询、审核、舍位平衡、汇总功能。

5. 图表功能

财务报表系统可以很方便地对数据进行图形组织和分析,制作包括直方图、立体图、圆饼图、折线图等多种分析图表,还能编辑图表的位置、大小、标题、字体、颜色并打印输出。

5.1.3 报表编制的基本概念及基本原理

在编制财务报表之前,先了解财务报表系统的相关概念。

1. 报表结构

下面通过资产负债表来分析报表的构成。

资产负债表				
编制单位:	2021年1月31日			单位:元
资　　产	行　次	期　初　数	期　末　数	
流动资产:				
货币资金	1	20 000		
应收账款		438 980		
⋮				
资产合计		6 753 241.45		
会计主管:		制表人:		

标题 ← 资产负债表
表头 ← 资产 行次 期初数 期末数
表体 ← 货币资金…资产合计
表尾 ← 会计主管 制表人

一般地,报表的格式由4个基本要素组成:标题、表头、表体和表尾。

2. 格式状态和数据状态

除了上面标注的,把一张报表按结构分为标题、表头、表体和表尾外,还可以有另外一种思路,即按项目把报表分为每月基本固定不变的项目(如上表中的标题、编制单位、资产项目、行次、表尾等,称为表样)和每月变动的项目(如期初数、期末数、编报日期)。编制报表的工作也相应分为两大部分:格式设计和数据处理。这两部分工作是在不同的状态下进行的,分别对应格式状态和数据状态。

在格式状态下主要完成报表表样的设计。例如,设定表尺寸、行高列宽、画表格线,设置单元属性和单元风格,设置报表关键字及定义组合单元,定义报表的计算公式、审核公式及舍位平衡公式。在格式状态下所看到的是报表的格式,报表的数据被全部隐藏,所做的操作对本报表的所有表页发生作用,并且不能进行数据的录入、计算等操作。

在数据状态下可以管理报表的数据,如录入关键字、输入数据、自动计算、对表页进行管理、审核、舍位平衡、制作图形、汇总报表等。在数据状态下不能修改报表的格式,我们看到的是当前报表包括格式和数据的全部内容。

报表工作区的左下角有一个【格式/数据】按钮,单击该按钮可以在格式状态和数据状态之间切换。

3. 二维表和三维表

我们把确定某一数据位置的要素称为"维"。在一张有方格的纸上填写一个数,这个数的位置可通过行和列(二维)来描述。

如果将一张有方格的纸称为表,那么这个表就是二维表,通过行(x 轴)和列(y 轴)可以找到这个二维表中任何位置的数据。

如果将多个相同的二维表叠在一起,则找到某一个数据的要素需增加一个,即表页号(z 轴)。这一叠表称为一个三维表。

如果将多个不同的三维表放在一起,则要从这多个三维表中找到一个数据,又需增加一个要素,即表名。三维表的表间操作即为"四维运算"。因此,在 UFO 中要确定一个数据的所有要素为表名、列、行、表页,如利润表第 2 页的 C5 单元,表示为:"利润表"-〉C5@2。

4. 报表文件和表页

报表在计算机中以文件的形式保存并存放,每个文件都有一个唯一的文件名,例如,"利润表.rep"中"rep"就是财务报表管理系统的文件标志。

财务报表系统中的报表最多可容纳 99 999 张表页,每一张表页都由许多单元组成。一个报表文件中的所有表页具有相同的格式,但其中的数据不同。表页在报表中的序号在表页的下方以标签的形式出现,称为页标。页标用"第 1 页"~"第 99 999 页"表示,当前表的第 2 页可以表示为"@2"。

5. 单元和单元属性

单元是组成报表的最小单位,单元名称由所在列、行标识,行号用数字 1~9 999 表示,列标用字母 A~IU 表示。例如,"C8"表示第 3 列与第 8 行交叉的单元。单元属性包括单元类型及单元格式。

1) 单元类型

单元类型是指单元中可以存放的数据的类型。数据类型有数值型、字符型和表样型 3 种,相应地有数值单元、字符单元和表样单元。

数值单元用于存放报表的数据,在数据状态下可以直接输入或由单元中存放的单元公式运算生成。建立一个新表时,所有单元的类型默认为数值型。

字符单元也是报表的数据,也在数据状态下输入。字符单元的内容可以是汉字、字母、数字及各种键盘可输入的符号组成的一串字符,一个单元中最多可输入 63 个字符或 31 个汉字。字符单元的内容也可由单元公式生成。

表样单元是报表的格式,是定义一个没有数据的空表所需的所有文字、符号或数字。一旦单元被定义为表样,那么在其中输入的内容对所有表页都有效。表样单元必须在格式状态下输入和修改,在数据状态下不允许修改。

2) 单元格式

单元格式是设定单元中数据的显示格式,如字体大小或颜色、对齐方式、单元边框线等。

6. 区域和组合单元

通常一个单元只能输入有限个字符,但在实际工作中,有的单元往往有超长输入的情况,这时可以采用系统提供的组合单元。组合单元由相邻的两个或更多的单元组成,这些单元必须是同一种单元类型(如表样、数值、字符)。财务报表系统在处理报表时将组合单元视为一个单元。组合单元时,可以组合同一行相邻的几个单元,也可以组合同一列相邻的几个单元,还可以把一个多行多列的平面区域设为一个组合单元。组合单元的名称可以用区域的名称或区域中的单元的名称来表示,例如,若把 B2~B3 定义为一个组合单元,则这个组合单元可以用"B2""B3"或"B2:B3"表示。

区域由一张表页上的一组单元组成,自起点单元至终点单元是一个完整的长方形矩阵。在财务报表系统中,区域是二维的,最大的区域是一个表的所有单元(即整个表页),最小的区域是一个单元。例如,A6~C10 的长方形区域表示为"A6:C10",起点单元与终点单元用":"连接。

7. 固定区和可变区

固定区指组成一个区域的行数和列数是固定的数字。一旦设定好以后,在固定区内其单元总数是不变的。

可变区是组成一个区域的行数或列数是不固定的数字,可变区的最大行数或最大列数是在格式状态中设定的。在一个报表中只能设置一个可变区,即行可变区或列可变区。行可变区是指可变区中的行数是可变的,列可变区是指可变区中的列数是可变的。设置可变区后,屏幕只显示可变区的第 1 行或第 1 列,其他可变行列隐藏在表体内。在以后的数据操作中,可变行列数可随需要而增减。有可变区的报表称为可变表,没有可变区的报表称为固定表。

8. 关键字

关键字是一种特殊的数据单元,可以唯一标识一个表页,用于在大量表页中快速选择表页。例如,一个资产负债表的表文件可存储一年(12 个月)的资产负债表,甚至多年的多张表。如果要对某一张表页的数据进行定位,就需要设置一些定位标志,这些标志在财务报表系统中称为关键字。

财务报表系统中共提供了以下 6 种关键字。

(1) 单位名称:字符型(最多 30 个字符),为该报表表页编制单位的名称。
(2) 单位编号:字符型(最多 10 个字符),为该报表表页编制单位的编号。
(3) 年:数字型(1904~2100),为该报表表页反映的年度。
(4) 季:数字型(1~4),为该报表表页反映的季度。
(5) 月:数字型(1~12),为该报表表页反映的月份。
(6) 日:数字型(1~31),为该报表表页反映的日期。

除此之外,财务报表系统还增加了一个自定义关键字,当定义名称为"周"和"旬"时有特殊意义,可用于业务函数中代表取数日期,可以从其他系统中提取数据,在实际工作中可以根据具体情况灵活运用这些关键字。

关键字的显示位置在格式状态下设置，关键字的值则在数据状态下录入，每张报表都可以定义多个关键字。

5.1.4　报表编制的基本操作流程

报表编制的基本操作流程如图 5-1 所示。

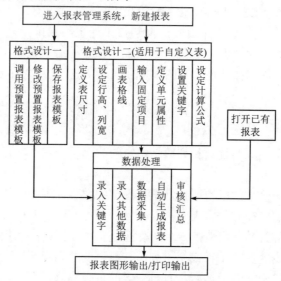

图 5-1　报表编制的基本操作流程

5.2　财务报表编制

从图 5-1 中可以看出，编制报表时分为两种情况：自定义会计报表和利用报表模板编制报表。自定义会计报表分为报表定义(包括报表格式定义和报表公式定义)和报表数据处理两部分。利用模板编制报表分为调用报表模板和报表数据处理两部分。

5.2.1　报表格式定义

对于企业来讲，数量最多的是企业内部管理报表。由于各企业所属行业不同、管理需求不同，因此，内部管理报表差异性很大，这就需要利用报表管理软件自定义会计报表。

1. 创建新表

创建新表是在计算机系统中建立新的报表文件。

2. 设计报表格式

报表格式设计在"格式"状态下进行，报表格式设计决定了报表的外观和结构。操作步骤如下。

1) 定义表尺寸

定义表尺寸即定义一张表格包括几行几列，计算行数时应包括标题、表头、表体、表尾 4 个部分。假定企业有 10 个部门，6 个费用项目，则表尺寸为 14 行 8 列。

2) 设置组合单元和报表标题

一般地，报表标题在整个报表中处于居中位置，字体较报表中一般项目醒目。

3) 设置表头定义关键字

表头中包括编报单位、编报日期和金额单位。

如果编报单位和金额单位每月都是固定的，则可以直接输入，作为表样型数据固定下来。编报日期是系统从数据库中不同数据表取数的依据，需要作为关键字处理。

4) 设计表栏，定义行高列宽

表栏一般为表体第 1 行中的各列，表栏定义了报表中的项目及主要反映的内容，因此表栏字体及行、列格式通常与表内项目存在一些差异。

表栏中的文字一般属于表样内容，每月固定不变，在格式状态下正常输入即可。

设置行高、列宽时应以能够清晰显示本行最高的数据和本列最长的数据为基本标准。

5) 画表格线

在报表界面，虽然看到屏幕上有表格线，但实际上它是不存在的，这是一种为了做表方便设置的显示方式，如果希望报表中表体部分的数据之间用网格分开，则需要自己设置表格线。

6) 定义单元属性

定义单元属性有两方面的作用：一是设定单元存放的数据类型，二是设置数据的显示形式。

财务报表系统默认所有单元均为数值型，而在格式状态下输入的单元均为表样型。如果表尾中"制表人"一项每月相同，则可以作为表样型数据处理，在格式状态下输入；如果"制表人"每月是不固定的，则需要在格式状态下将单元设置为"字符"数据类型才能每月手工输入制表人姓名。

数据的显示形式设定了数据的字体、字号及数据的显示样式。

7) 输入表内其他汉字项目及表尾内容

5.2.2 报表公式定义

由于各种报表数据之间存在着密切的逻辑关系，所以报表中各种数据的采集、运算和钩稽关系的检测就用到了不同的公式，主要有计算公式、审核公式和舍位平衡公式，其中计算公式必须进行设置，而审核公式和舍位平衡公式则根据实际需要进行设置。

1. 计算公式

财务报表中的数据可能有不同的来源，有些数据需要手工输入，如在资产负债表中直接输入各项目的数据；有些数据是由其他报表项目运算得到的，如"固定资产净值""所有者权益合计""税后利润"等项目；有些数据是从其他报表中取来的，如"期末未分配利润"项目；还有些数据可以从账务系统中直接提取。除了手工输入的数据，其他数据都需要通过定义计算公式才可得到。

计算公式可以直接定义在报表单元中，这样的公式称为"单元公式"。单元公式定义在报表中的数值型或字符型单元内，用来建立表内各单元之间、报表与报表之间或报表系统与其他系统之间的运算关系。

单元公式在格式状态下定义。在报表中选择要定义公式的单元，单击"="号，弹出"单元公式"对话框，在其中输入单元公式。如果定义的公式符合语法规则，则单击【确认】按钮并将公式写入单元中；如果公式有语法错误，则将提示错误。一个单元中如果定义了单元公式，则在格式状态下，单元中显示"公式单元"4个汉字，单元公式显示在编辑栏中；在数据状态下，单元中显示公式的结果，单元公式显示在编辑栏中。

财务报表中的很多数据都来自于账簿，从账簿中获取数据是通过函数实现的。函数在计算公式中占有重要的位置。按照函数的用途不同，函数可分为账务函数、其他业务系统取数函数、统计函数、数学函数、日期时间函数、本表他页取数函数等。下面举例说明几种常用函数的用法。

1) 账务函数

账务函数通常用来采集总账中的数据，因此使用得较为频繁。常用账务取数函数如表5-1所示。

表5-1 常用账务取数函数

函数意义	中文函数名	函数名
取对方科目发生数	对方科目发生	DFS
取某科目本期发生数	发生	FS
取汇率	汇率	HL
取某科目借、贷方发生净额	净额	JE
取某科目累计发生额	累计发生	LFS
取某科目期初数	期初	QC
取某科目期末数	期末	QM
取对方科目数量发生数	数量对方科目发生	SDFS
取某科目本期数量发生数	数量发生	SFS
取某科目借、贷数量发生净额	数量净额	SJE
取某科目数量累计发生额	数量累计发生	SLFS
取某科目数量期初数	数量期初	SQC
取某科目数量期末数	数量期末	SQM

(续表)

函数意义	中文函数名	函数名
取符合指定条件的数量发生数	数量条件发生	STFS
取符合指定条件的发生数	条件发生	TFS
取对方科目外币发生数	外币对方科目发生	WDFS
取某科目本期外币发生数	外币发生	WFS
取某科目借、贷方外币发生净额	外币净额	WJE
取某科目外币累计发生额	外币累计发生	WLFS
取某科目外币期初数	外币期初	WQC
取某科目外币期末数	外币期末	WQM
取符合指定条件的外币发生数	外币条件发生	QTFS

2) 统计函数

统计函数一般用来完成报表数据的统计工作，如报表中的"合计"项。常用统计函数如表 5-2 所示。

表5-2 常用统计函数

函数	固定区	可变区	立体方向
合计函数	PTOTAL	GTOTAL	TOTAL
平均值函数	PAVG	GAVG	AVG
计数函数	PCOUNT	GCOUNT	COUNT
最小值函数	PMIN	GMIN	MIN
最大值函数	PMAX	GMAX	MAX

3) 本表他页取数函数

本表他页取数函数用于从同一报表文件的其他表页中采集数据。

很多报表数据是从以前的历史记录中取得的，如本表其他表页。当然，这类数据可以通过查询历史资料而取得，但是查询既不方便，又会由于抄写错误而引起数据失真。而如果在计算公式中进行取数设定，则既能减少工作量，又能节约时间，同时数据的准确性也得到了保障。要达到以上要求，就需要用到表页与表页间的计算公式。

(1) 取确定页号表页的数据。

当所取数据所在的表页页号已知时，用以下格式可以方便地取得本表他页的数据：

<目标区域> = <数据源区域> @ <页号>

例如，下面单元公式令各页 B2 单元均取当前表第一页 C5 单元的值。

B2=C5@1

(2) 按一定关键字取数。

SELECT()函数常用于从本表他页取数计算。

例如,在"利润表"中,累计数=本月数+同年上月累计数,表示为:

D=C+SELECT(D,年@=年 and 月@=月+1)

4) 从其他报表取数计算

报表间的计算公式与同一报表内各表页间的计算公式很相近,主要区别就是把本表表名换为他表表名。报表与报表间的计算公式分为取他表确定页号表页的数据和用关联条件从他表取数。

(1) 取他表确定页号表页的数据。

用以下格式可以方便地取得已知页号的他表表页数据:

<目标区域>= "<他表表名>" –><数据源区域>[@ <页号>]

"<页号>"的默认设置为本表各页分别取他表各页数据。

(2) 用关联条件从他表取数。

当我们从他表取数时,已知条件并不是页号,而是希望按照年、月、日等关键字的对应关系来取他表数据,就必须用到关联条件。

表页关联条件的意义是建立本表与他表之间以关键字或某个单元为联系的默契关系。

从他表取数的关联条件的格式为:

RELATION<单元 | 关键字 | 变量 | 常量> WITH "<他表表名>"-><单元 | 关键字 | 变量 | 常量>

2. 审核公式

在经常使用的各类财务报表中,每个数据都有明确的经济含义,并且各个数据之间一般都有一定的钩稽关系。为了确保报表编制的准确性,我们经常利用这种报表间或报表内的钩稽关系对报表进行正确性检查,一般称这种检查为数据的审核。为此,财务报表系统特意提供了数据的审核公式,它将报表数据之间的钩稽关系用公式表示出来,称为审核公式。审核公式的一般格式为:

<表达式><逻辑运算符><表达式>[MESS "说明信息"]

3. 舍位平衡公式

如果是集团公司,对下属单位报表进行汇总时,有可能遇到下属单位报送的报表的计量单位不统一,或者汇总完成后汇总表的数据按现有金额单位衡量过大的情况,这时需要将报表的数据单位进行转换,如将"元"转化为"千元"或"万元",称为舍位操作。舍位之后,报表中原有的平衡关系可能会因为小数位的四舍五入而被破坏,因此需要对数据重新进行调整。在财务报表系统中,这种用于对报表数据舍位及重新调整报表舍位之后平衡关系的公式称为舍位平衡公式。

5.2.3 报表数据处理

数据处理在数据状态下进行,是输入数据或按照预先设定的计算公式从账簿中取数生成报表的过程。数据处理的内容包括生成报表数据、报表审核和舍位平衡及表页管理等,其中生成报表数据最为重要。

1. 生成报表数据

1) 录入关键字

关键字是报表系统从账务系统海量数据中读取所需要的数据的唯一标识。在自动生成报表之前一定要以录入关键字的方式确定数据源。

2) 表页重算

根据报表计算公式的设置,自动生成报表数据。

2. 报表审核和舍位平衡

如果报表中设置了审核公式和舍位平衡公式,则可以执行审核和舍位。

3. 表页管理

表页是存放报表数据的载体。表页的操作必须在数据状态下进行,包括表页的插入、追加、删除、交换、汇总等。其中表页的汇总指的是指定表页上的报表数据进行叠加,汇总后的数据可以存放在报表最后一张表页上,也可以生成一张新的汇总报表文件。

表页的管理需要根据数据生成的需要进行,如资产负债表,如果每个月月底都需要生成报表,则一年需要 12 张表页,一个财务报表最多可容纳 99 999 张表页。

5.2.4 利用模板编制财务报表

1. 编制资产负债表和利润表

利用模板编制资产负债表和利润表的方法类似。

1) 调用报表模板

报表模板,是指报表格式和报表公式设置完毕的报表。

财务报表系统提供的报表模板包含了 19 个行业的 70 多张标准财务报表,还包含用户自定义模板。用户可以根据企业所在行业挑选相应的报表,套用其格式及计算公式。

调用报表模板后,要检查其格式和公式是否正确。

2) 生成报表数据

生成报表数据共需两步:第一步,录入关键字的值;第二步,表页重算。

2. 编制现金流量表

现金流量表的编制与资产负债表和利润表不同。资产负债表和利润表的数据直接来自总账科目，或是余额，或是发生额，而现金流量表上的数据与账簿上的科目没有直接对应关系。软件中是利用项目辅助核算功能来编制现金流量表的。

1) 初始设置

(1) 设置现金流量科目。

在第 3 章中建立会计科目时需要指定现金流量科目，一般为 1001 库存现金、1002 银行存款等科目。

(2) 预置现金流量项目大类。

在项目目录定义时，预置"现金流量"项目大类，系统自动设定项目分类及项目目录。

2) 日常业务处理

日常业务的发生是通过填制凭证在系统中记录的。如果制单科目涉及现金流量科目，则系统要求将该现金流量指定到具体的项目上。

3) 编制现金流量表

编制现金流量表时，首先，在格式状态下调用现金流量表模板，利用公式向导引导输入公式。其次，选择用友账务函数中的"现金流量项目金额(XJLL)"函数，然后选择对应的现金流量项目。最后，在数据状态下，输入关键字，生成现金流量表。

5.3 报表输出

编制财务报表的目的是向企业相关利益人提供据以决策的信息。报表数据可供查询，也可通过网络进行传送，还可打印输出。

5.3.1 报表查询

报表查询是最常用的数据输出形式。利用计算机系统存储容量大、检索快速等优势，可以方便地实现对机内报表数据的查询。

1. 查找表页

利用"编辑"|"查找"命令，指定查找条件，即可快速定位到要查找的表页；也可以利用财务报表提供的表页排序功能，首先按照表页关键字的值或按照报表中的任何一个单元的值重新排列表页，再进行查找。

2. 账证联查

在财务报表系统中，可以实现从报表数据追溯到明细账，进而追溯到凭证的功能，实现"账证表"联查。

5.3.2 图表分析

图表是财务报表系统提供的一种对报表数据的直观展示方式，方便用户对报表数据进行深入分析。图表是根据报表文件中的数据生成的，不能脱离报表数据独立存在。报表数据发生变化时，图表也随之动态地变化。财务报表系统提供了直方图、圆饼图、折线图、面积图四类图表格式。

实训练习

实验六 财务报表管理

【实验目的】

1. 理解报表编制的原理及流程。
2. 掌握报表格式定义、公式定义的操作方法，掌握报表单元公式的用法。
3. 掌握报表数据处理、表页管理及图表功能等操作。
4. 掌握如何利用报表模板生成一张报表。

【实验内容】

1. 自定义一张报表。
2. 利用报表模板生成报表。

【实验准备】

1. 将计算机当前日期调整为 2021 年 1 月 31 日。
2. 引入实验五账套数据。

【实验要求】

以账套主管"郑通"的身份进行报表管理操作。

【实验资料】

1. 自定义报表——原材料变动明细表

1) 报表格式与公式

	A	B	C	D	E	F	G	H	I
1					原材料变动明细表				
2	编制单位：海达科技			年	月				单位：元
3	原材料	期初		入库		出库		期末	
4		数量	金额	数量	金额	数量	金额	数量	金额
5	光盘	SQC(140301,月)	QC(140301,月)	SFS(140301,月,"借")	FS(140301,月,"借")	SFS(140301,月,"贷")	FS(140301,月,"贷")	SQM(140301,月)	QM(140301,月)
6	包装纸	SQC(140302,月)	QC(140302,月)	SFS(140302,月,"借")	FS(140302,月,"借")	SFS(140302,月,"贷")	FS(140302,月,"贷")	SQM(140302,月)	QM(140302,月)
7	合计	B5+B6	C5+C6	D5+D6	E5+E6	F6+F6	G5+G6	H5+H6	I5+I6
8									制表人：

说明：年、月需定义为关键字；I8 单元设置为字符型；B5~I7 单元为报表计算公式。

2) 生成 2021 年 1 月原材料变动明细表

3) 定义审核公式

B7+D7-F7=H7，C7+E7-G7=I7；如果不等，则系统将提示"数据不正确"信息。

2. 资产负债表、利润表、现金流量表

利用报表模板生成资产负债表、利润表和现金流量表。

【实验指导】

以账套主管"郑通"的身份登录 T3，进行报表管理操作。

用户名：01；密码：1；账套：202；会计年度：2021；操作日期：2021-01-31。

1. 新建报表(视频：操作演示\sy6\6-1.mp4)

① 单击【财务报表】菜单，单击【确定】按钮，单击【关闭】按钮。
② 执行"文件"|"新建"命令，建立一张空白报表，报表名默认为"report1"。
③ 将报表以"原材料变动明细表.rep"为文件名保存。
④ 单击空白报表底部左下角的【格式/数据】按钮，使当前状态为"格式"状态。

> **注意**
> - 报表格式设置完以后切记要及时将这张报表格式保存下来，以便以后随时调用。
> - 如果没有保存就退出，则系统会出现提示"是否保存报表？"，以防止误操作。
> - ".rep"为用友报表文件专用扩展名。

2. 报表格式定义

1) 设置报表尺寸(视频：操作演示\sy6\6-21.mp4)

① 执行"格式"|"表尺寸"命令，打开"表尺寸"对话框。
② 输入行数"8"，列数"9"，如图 5-2 所示，单击【确认】按钮。

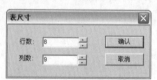

图 5-2 "表尺寸"对话框

2) 定义报表列宽(视频：操作演示\sy6\6-22.mp4)
① 选中需要调整的 A~I 列。
② 执行"格式"|"列宽"命令，打开"列宽"对话框。
③ 输入列宽"20"，如图 5-3 所示，单击【确认】按钮。

图 5-3 "列宽"对话框

 提示
● 行高、列宽的单位默认为毫米。

3) 定义组合单元(视频：操作演示\sy6\6-23.mp4)
① 选择需合并的区域"A1:I1"。
② 执行"格式"|"组合单元"命令，打开"组合单元"对话框，如图 5-4 所示。
③ 选择组合方式"整体组合"或"按行组合"，即合并成一个组合单元。同理，按照实验资料中报表样式，设置其他组合单元。

图 5-4 "组合单元"对话框

4) 画表格线(视频：操作演示\sy6\6-24.mp4)
① 选中报表需要画线的区域"A3:I7"。
② 执行"格式"|"区域画线"命令，打开"区域画线"对话框，如图 5-5 所示。
③ 选择"网线"，单击【确认】按钮，将所选区域画上表格线。

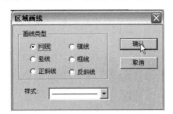

图 5-5 "区域画线"对话框

5) 输入报表项目(视频：操作演示\sy6\6-25.mp4)

① 选中需要输入内容的单元或组合单元。

② 根据实验资料，在该单元或组合单元中输入相关文字内容。例如，在 A1 组合单元输入"原材料变动明细表"，如图 5-6 所示。

图 5-6 输入报表项目

> **注意**
> - 报表项目指报表的文字内容，主要包括表头内容、表体项目、表尾项目等，不包括关键字。
> - 日期一般不作为文字内容输入，而是设置为关键字。
> - 报表中公式暂不输入。

6) 定义单元属性(视频：操作演示\sy6\6-26.mp4)

① 选定单元"I8"。

② 执行"格式"|"单元属性"命令，打开"单元格属性"对话框。

③ 选择"单元类型"选项卡，选中"字符"选项，如图 5-7 所示，单击【确定】按钮。

④ 选定单元"A1"，执行"格式"|"单元属性"命令，打开"单元格属性"对话框。

⑤ 选择"字体图案"选项卡，选择字形"粗体"选项，选择"对齐"选项卡，选择水平方向和垂直方向"居中"，如图 5-8 所示，单击【确定】按钮。

 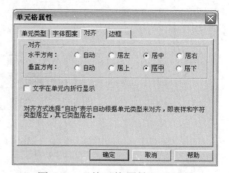

图 5-7 "单元格属性"对话框　　　图 5-8 "单元格属性"对话框

⑥ 同理，按实验资料设置其他单元格的单元属性。

> **注意**
> - 在格式状态下输入内容的单元均默认为表样单元；未输入数据的单元均默认为数值单元，在数据状态下可输入数值，若希望在数据状态下输入字符，则应将其定义为字符单元。
> - 字符单元和数值单元输入后只对本表页有效，表样单元输入后对所有表页有效。

7) 设置关键字(视频：操作演示\sy6\6-27.mp4)
① 选中需要输入关键字的单元"D2"。
② 执行"数据"|"关键字"|"设置"命令，打开"设置关键字"对话框。
③ 选择"年"单选按钮，如图5-9所示，单击【确定】按钮。

图5-9 "设置关键字"对话框

④ 同理，在E2中分别设置"月"关键字。
⑤ 将报表保存。

> **注意**
> - 每个报表可以同时定义多个关键字。
> - 如果要取消关键字，则需执行"数据"|"关键字"|"取消"命令。
> - 如果关键字位置不合适，则可执行"数据"|"关键字"|"偏移"命令，进行关键字的偏移，正数表示向右偏移，负数表示向左偏移，偏移量的单位为像素。

3. 报表公式定义

1) 定义单元公式——引导输入(视频：操作演示\sy6\6-31.mp4)
① 选定需要定义公式的单元"B5"。
② 单击 *fx* 或执行"数据"|"编辑公式"|"单元公式"命令，打开"定义公式"对话框。
③ 单击【函数向导】按钮，选择"用友账务函数-数量期初(SQC)"，单击【下一步】按钮。
④ 单击【参照】按钮，输入科目140301，如图5-10所示，单击【确定】按钮。

⑤ 单击【确定】按钮，可以将公式中"月"后的逗号全部去掉，如图 5-11 所示，单击【确认】按钮。

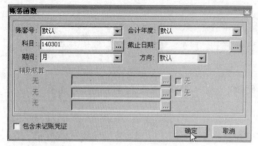

图 5-10 "账务函数"对话框

图 5-11 "定义公式"对话框

> **注意**
> - 单元公式中涉及的符号均为英文半角字符。
> - 单击 fx 按钮或双击某公式单元或按"="键，都可打开"定义公式"对话框。
> - 函数中的科目编码可带引号，也可不带引号。

2) 定义单元公式——直接输入(视频：操作演示\sy6\6-32.mp4)

① 选定被定义单元"B6"，单击 fx，打开"定义公式"对话框。

② 直接输入单元公式 SQC(140302,月)，如图 5-12 所示，单击【确认】按钮。

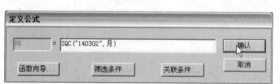

图 5-12 "定义公式"对话框

③ 根据实验资料，输入其他单元计算公式。

> **注意**
> - 若掌握了计算公式的规律，则采用直接输入方式可加快输入速度。

3) 定义审核公式(视频：操作演示\sy6\6-33.mp4)

① 执行"数据"|"编辑公式"|"审核公式"命令，打开"审核公式"对话框。

② 输入审核公式，如图 5-13 所示。

第 5 章　报表管理

图 5-13　"审核公式"对话框

③ 将报表再次保存。

4．报表数据处理

1) 增加表页(视频：操作演示\sy6\6-41.mp4)

① 将报表切换到"数据"状态下，执行"编辑"|"追加"|"表页"命令，打开"追加表页"对话框。

② 输入需要增加的表页数"2"，单击【确认】按钮。

③ 单击选中第 1 页。

> **注意**
> ● 追加表页是在最后一张表页后追加 N 张空表页，插入表页是在当前表页后面插入一张空表页。
> ● 一张报表最多只能管理 99 999 张表页，试用版最多为 4 页。

2) 输入关键字值并生成报表数据(视频：操作演示\sy6\6-42.mp4)

① 执行"数据"|"关键字"|"录入"命令，打开"录入关键字"对话框。

② 输入年"2021"，月"1"。

③ 单击【确认】按钮，弹出"是否重算第 1 页？"提示框。

④ 单击【是】按钮，系统会自动根据单元公式计算 1 月份数据，在 I8 单元输入制表人名字"郑通"，如图 5-14 所示；单击【否】按钮，系统不计算 1 月份数据，以后可利用"表页重算"功能生成 1 月份数据。

图 5-14　生成报表

⑤ 将报表数据保存。

> **注意**
> - 每张表页均对应不同的关键字值，输出时随同单元一起显示。
> - 日期关键字可以确认报表数据取数的时间范围，即确定数据生成的具体日期。
> - 若账簿数据有变化，则可执行"数据"|"表页重算"命令，重算报表数据。

3) 报表审核(视频：操作演示\sy6\6-43.mp4)

① 执行"数据"|"审核"命令。

② 系统会自动根据前面定义的审核公式进行审核，提示"完全正确"。

5. 调用报表模板生成资产负债表(视频：操作演示\sy6\6-5.mp4)

1) 调用资产负债表模板

① 新建一张空表，在格式状态下，执行"格式"|"报表模板"命令，打开"报表模板"对话框。

② 选择你所在的行业"一般企业(2007年新会计准则)"，财务报表"资产负债表"。

③ 单击【确认】按钮，弹出"模板格式将覆盖本表格式！是否继续？"提示框。

④ 单击【确定】按钮，即可打开"资产负债表"模板。

2) 调整报表模板

① 在格式状态下，根据本单位的实际情况调整报表格式，修改报表公式。

② 将 E34 的公式修改为 QM("4104",月,,,年,,)+QM("4103",月,,,年,,)。

3) 生成资产负债表数据

① 在数据状态下，执行"数据"|"关键字"|"录入"命令，打开"录入关键字"对话框。

② 输入关键字：年"2021"，月"1"，日"31"。

③ 单击【确认】按钮，弹出"是否重算第1页？"提示框。

④ 单击【是】按钮，系统会自动根据单元公式生成1月份资产负债表，如图5-15所示。

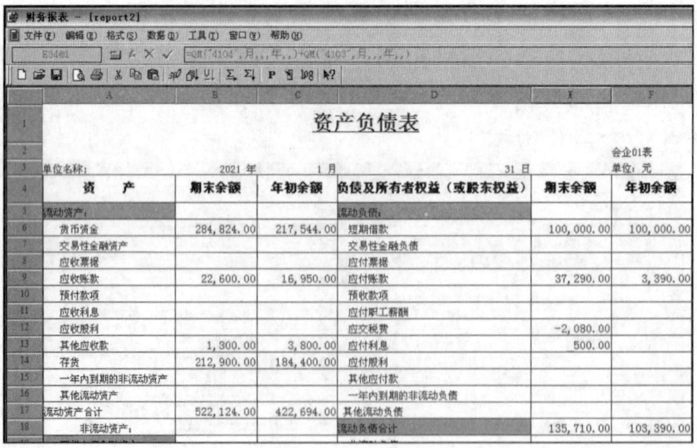

图 5-15 "资产负债表"窗口

⑤ 将报表数据以"资产负债表.rep"保存。

6. 调用报表模板生成利润表(视频：操作演示\sy6\6-6.mp4)

1) 调用利润表模板

选择你所在的行业“一般企业(2007 年新会计准则)”，财务报表“利润表”。

2) 调整报表模板

3) 录入关键字 2021 年 1 月，生成利润表数据，如图 5-16 所示，将该表以“利润表.rep”保存

利润表

会企02表

单位名称：　　2021 年 1 月　　单位：元

项　　目	本期金额	上期金额
一、营业收入	20000.00	
减：营业成本	7,500.00	
营业税金及附加		
销售费用	900.00	
管理费用	1,990.00	
财务费用	2,500.00	
资产减值损失		
加：公允价值变动收益（损失以"-"填列）		
投资收益（损失以"-"填列）		
其中：对联营企业和合营企业的投资收益		
二、营业利润（亏损以"-"号填列）	7,110.00	
加：营业外收入		
减：营业外支出		
其中：非流动资产处置损失		
三、利润总额（亏损总额以"-"号填列）	7,110.00	
减：所得税费用		
四、净利润（净亏损以"-"号填列）	7,110.00	

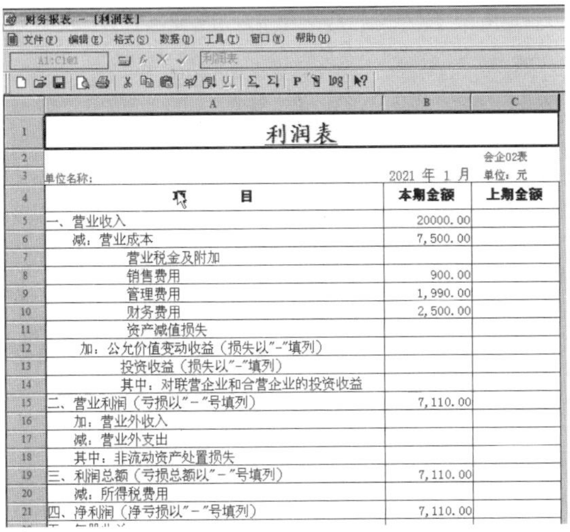

图 5-16　“利润表”窗口

7. 调用报表模板生成现金流量表(主表)(视频：操作演示\sy6\6-7.mp4)

1) 调用现金流量表模板

选择你所在的行业“一般企业(2007 年新会计准则)”，财务报表“现金流量表”。

2) 调整报表模板

3) 录入关键字 2021 年 1 月，生成现金流量表数据，如图 5-17 所示，将该表以“现金流量表.rep”保存

现金流量表

会企03表

编制单位：　　2021 年 1 月　　单位：元

项目	本期金额	上期金额
一、经营活动产生的现金流量：		
销售商品、提供劳务收到的现金	16950.00	
收到的税费返还		
收到其他与经营活动有关的现金	10200.00	
经营活动现金流入小计	27150.00	
购买商品、接受劳务支付的现金	6780.00	
支付给职工以及为职工支付的现金		
支付的各项税费		
支付其它与经营活动有关的现金	13090.00	
经营活动现金流出小计	19870.00	
经营活动产生的现金流量净额	7280.00	

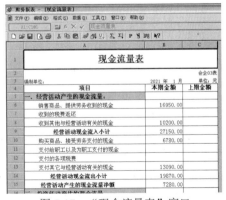

图 5-17　“现金流量表”窗口

巩固提高

一、单选题

1. 制作报表中，下列操作不是在格式状态下进行的是(　　)。

A. 设置表尺寸　　B. 设置单元属性

C. 设定组合单元　　D. 输入关键字的值

2. T3 报表系统中，取数操作通常是通过( )实现的。
   A. 函数　　　　　B. 关键字　　　　C. 直接输入　　　　D. 单元交互
3. T3 报表系统中，QM()函数的含义是取( )数据。
   A. 期初余额　　　B. 期末余额　　　C. 借方发生额　　　D. 贷方发生额
4. T3 报表系统中，公式 QM("101",月)的含义是( )。
   A. 取 101 科目的本月期初余额
   B. 取 101 科目的本月期末余额
   C. 取 101 账套的本月期初余额
   D. 取 101 账套的本月期末余额
5. T3 报表系统中，保存报表的默认扩展名是( )。
   A. REP　　　　　B. XLS　　　　　C. DOC　　　　　D. TXT

二、多选题

1. T3 报表系统中，下列操作是在数据状态下进行的是( )。
   A. 舍位平衡　　　　　　　　　　B. 插入表页
   C. 输入关键字　　　　　　　　　D. 整表重算
2. T3 报表系统中，报表的单元类型包括( )。
   A. 数值单元　　　　　　　　　　B. 表样单元
   C. 字符单元　　　　　　　　　　D. 日期单元
3. T3 报表系统中，下列是系统提供的默认关键字的有( )。
   A. 单位名称　　　　　　　　　　B. 年
   C. 月　　　　　　　　　　　　　D. 日
4. T3 报表系统中，下列属于账务取数函数的有( )。
   A. QM()　　　　　　　　　　　　B. QC()
   C. PTOTAL()　　　　　　　　　　D. PMAX()

三、判断题

1. T3 报表系统中，没有设置行业标准报表模板。( )
2. T3 报表系统中，增加表页是在数据状态下进行的。( )
3. T3 报表系统中，每张报表只能定义一个关键字。( )
4. T3 报表系统中，审核公式用于审核报表内或报表之间的钩稽关系是否正确。审核公式不是必须定义的。( )

四、简答题

1. 报表管理系统提供了哪些功能？
2. 关键字的含义是什么？报表系统中提供了哪些关键字？
3. 自定义报表的基本流程是什么？
4. 如何利用模板快速编制财务报表？
5. 报表系统中提供了哪几类公式？各自的作用是什么？
6. 编制现金流量表需要经过哪些步骤？

第 6 章

工 资 管 理

本章学习目标

通过本章内容的学习,你将能够:
1. 了解工资管理系统的主要功能。
2. 熟悉工资管理系统的业务流程。
3. 掌握工资管理系统初始化设置的主要内容。
4. 学会区别工资类别和工资账套。
5. 学会利用工资管理系统进行日常工资核算、计提相关费用及个人所得税计算。

案例导入

北京海达科技有限公司(简称海达科技)2021年1月1日启用了工资管理系统,准备用工资系统核算企业员工工资数据。

1. 业务分工

会计贺敏为工资类别主管,主要进行工资数据处理。

2. 相关规定

① 海达科技为企业员工代扣个人所得税,所有员工工资均由工商银行中关村分理处代发,员工银行账号为11位。个人所得税的扣税基数(免征额)为5000元。

② 企业共设置管理人员、销售人员、车间管理人员、生产工人4种人员类别。工资费用按人员类别进行分配。

③ 该企业共设置"正式人员"和"临时人员"两个工资类别。"正式人员"工资类别下有员工10人,所包含的工资项目有基本工资、奖励工资、交补、应发合计、请假扣款、养老保险、代扣税、扣款合计、实发合计、请假天数。其中交补的确定方法是:如果是销售人员,交通补助为1000元,其他人员一律500元;养老保险的确定方法为:基本工资和岗位之和的5%;请假扣款的确定方法为:每请假一天扣100元。"临时人员"工资类别下有2人,包含基本工资、请假扣款、请假天数3个项目。

3. 基本工资数据

"正式人员"工资类别工资数据如表6-1所示。

表6-1 "正式人员"工资类别工资数据

人员编号	人员姓名	部门名称	人员类别	账号	基本工资	岗位工资
101	汪涵	企管办	管理人员	20210010001	6000	6000
201	郑通	财务部	管理人员	20210010002	4000	4000
202	贺敏	财务部	管理人员	20210010003	3000	3000
203	汪扬	财务部	管理人员	20210010004	3500	3500
204	孙娟	财务部	管理人员	20210010005	3000	3000
301	魏大鹏	采购部	管理人员	20210010006	4000	4000
401	田晓宾	销售一部	销售人员	20210010007	5500	5500
402	孟倩	销售二部	销售人员	20210010008	4000	4000
501	潘小小	生产部	车间管理人员	20210010009	3500	3500
601	赵大海	仓储部	管理人员	20210010010	3400	3400

"临时人员"工资类别工资数据如表6-2所示。

表6-2 "临时人员"工资类别工资数据

姓名	基本工资
罗江	4800
刘会	4200

第6章 工资管理

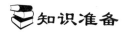

6.1 工资管理系统概述

6.1.1 工资管理系统的主要功能

职工工资是产品成本的重要组成部分，是企业进行各种费用计提的基础。工资核算是每个单位财会部门最基本的业务之一，是一项重要的经常性工作，关系到每个职工的切身利益。手工方式下的工资核算，占用了财务人员大量的精力和时间，并且容易出错。采用计算机处理保证了工资核算的准确性和及时性。

工资核算的任务是以职工个人的工资原始数据为基础，计算应发工资、扣款和实发工资等，编制工资结算单；按部门和人员类别进行汇总，进行个人所得税计算；提供对工资相关数据的多种方式的查询和分析；进行工资费用分配与计提，并实现自动转账处理。

工资管理系统的主要功能包括以下几个方面。

1. 工资类别管理

工资系统提供处理多个工资类别的功能。如果单位按周或一月多次发放工资，或者单位中有多种不同类别(部门)的人员，工资发放项目不同，计算公式也不同，但需进行统一工资核算管理，则应选择建立多个工资类别。

如果单位中所有人员的工资统一管理，而人员的工资项目、工资计算公式全部相同，则只需要建立单个工资类别，以提高系统的运行效率。

2. 人员档案管理

人员档案管理可以设置人员的基础信息并针对人员变动进行调整。另外，系统也提供了设置人员附加信息的功能。

3. 工资数据管理

工资数据管理可以根据不同企业的需要设计工资项目和计算公式；管理所有人员的工资数据并对平时发生的工资变动进行调整；自动计算个人所得税，结合工资发放形式进行扣零处理或向代发工资的银行传输工资数据；自动计算、汇总工资数据；自动完成工资分摊、计提、转账业务。

4. 工资报表管理

工资报表管理提供多层次、多角度的工资数据查询。

6.1.2 工资管理系统与其他系统的关系

工资管理系统将工资分摊的结果生成转账凭证,传递到总账系统。另外,工资管理系统向成本核算系统传送相关费用的合计数据。

6.1.3 工资管理系统操作流程

工资管理系统操作流程如图6-1所示。

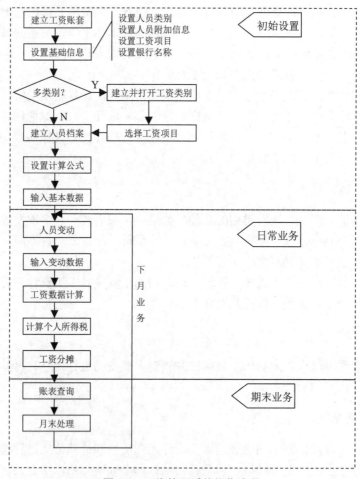

图6-1 工资管理系统操作流程

6.2 工资管理系统初始化

使用计算机处理工资业务之前,必须对通用工资系统进行必要的基础设置,如对部门、人员类别、工资项目、计算公式等进行定义。工资管理系统初始化包括建立工资账套和基础信息设置两部分。

6.2.1 建立工资账套

工资账套与系统管理中的账套是不同的概念。系统管理中的账套针对整个核算系统，而工资账套只针对工资子系统。要建立工资账套，首先要在系统管理中建立本单位的核算账套。建立工资账套时可以根据建账向导分四步进行，即参数设置、扣税设置、扣零设置和人员编码。

1. 参数设置

1) 选择本账套处理所需的工资类别个数

如果单位按周或一月多次发放工资，或者单位中有多种不同类别(部门)的人员，则工资发放项目不尽相同，计算公式亦不相同，但需进行统一工资核算管理，应选择"多个"。例如，分别对在职人员、退休人员、离休人员进行核算的企业；分别对正式工、临时工进行核算的企业；每月进行多次工资发放，月末统一核算的企业；在不同地区有分支机构，而由总管机构统一进行工资核算的企业。

如果单位中所有人员的工资统一管理，而人员的工资项目、工资计算公式全部相同，则选择"单个"，可提高系统的运行效率。

2) 选择该套工资的核算币种

系统提供币别参照供用户选择，若选择账套本位币以外的其他币别，则还需在工资类别参数维护中设置汇率，经过一次工资数据处理后即不能再修改。

2. 扣税设置

扣税设置即选择在工资计算中是否自动进行扣税处理。选择此设置，系统将自动增加"代扣税"工资项目。

3. 扣零设置

扣零设置是指每次发放工资时将零头扣下，积累取整，于下次工资发放时补上。系统在计算工资时将依据扣零类型(扣零至元、扣零至角或扣零至分)进行扣零计算。

用户一旦选择了"扣零处理"，系统自动在固定工资项目中增加"本月扣零"和"上月扣零"两个项目，用户不必在计算公式中设置有关扣零处理的计算公式。"应发合计"中不包括"上月扣零"，"扣款合计"中也不包括"本月扣零"。

4. 人员编码

工资核算中每个职工都有一个唯一的编码，人员编码长度应结合企业部门设置和人员数量自行定义，但总长度不能超过系统提供的最高位数。

6.2.2 基础信息设置

建立工资账套以后，要对整个系统运行所需的一些基础信息进行设置。账套基础信息的设置应该在关闭工资类别的情况下进行。

1. 部门设置

一般来讲，工资是按部门或班组进行汇总、统计、发放并计入部门费用的，因此工资核算之前需要预先进行部门档案的设置。

2. 人员类别设置

人员类别与工资费用的分配、分摊有关，以便于按人员类别进行工资汇总计算。

3. 人员附加信息设置

此项设置可增加人员信息、丰富人员档案的内容，便于对人员进行更加有效的管理，如增加设置人员的性别、民族、婚否等。

4. 工资项目设置

工资项目设置即定义工资项目的名称、类型、宽度、小数和增减项等。系统中有一些固定项目是工资账中必不可少的，包括"应发合计""扣款合计""实发合计"等，这些项目不能删除和重命名；其他项目可根据实际情况定义或参照增加，如基本工资、奖励工资、请假天数等。在此设置的工资项目是针对所有工资类别的全部工资项目。

5. 银行名称设置

发放工资的银行可按需要设置多个银行账户，这里的银行名称设置是针对所有工资类别而言的。例如，同一工资类别中的人员由于在不同的工作地点办公，需在不同的银行代发工资；或者不同的工资类别由不同的银行代发工资，均需设置相应的银行名称。

6.2.3 工资类别管理

工资系统是按照工资类别来进行管理的。每个工资类别下有职工档案、工资变动、工资数据、报税处理、银行代发等。对工资类别的维护包括建立工资类别、打开工资类别、删除工资类别、关闭工资类别和汇总工资类别等。

1. 人员档案

人员档案的设置用于登记工资发放人员的姓名、职工编号、所在部门、人员类别等信息。此外，员工的增减变动也必须在本功能中处理。人员档案的操作是针对某个工资类别的，即应先打开相应的工资类别。

人员档案管理包括增加/修改/删除人员档案、人员调离与停发处理、查找人员等。

2. 设置工资项目和计算公式

在系统中设置的初始工资项目包括本单位各种工资类别所需要的全部工资项目。由于对于不同的工资类别，工资发放项目不同，计算公式也不同；因此应对某个指定工资类别所需的工资项目进行设置，并定义此工资类别的工资数据计算公式。

1) 选择建立本工资类别的工资项目

这里只能选择系统中设置的初始工资项目，不可自行输入。工资项目的类型、长度、小数位数、增减项等不可更改。

2) 设置计算公式

定义某些工资项目的计算公式及工资项目之间的运算关系。例如，缺勤扣款=基本工资÷月工作日×缺勤天数。运用公式可直观表达工资项目的实际运算过程，灵活地进行工资计算处理。定义公式可通过选择工资项目、运算符、关系符、函数等组合完成。

系统固定的工资项目，如"应发合计""扣款合计""实发合计"等的计算公式，系统根据工资项目设置的"增减项"自动给出，用户在此只能增加、修改、删除其他工资项目的计算公式。

定义工资项目计算公式要符合逻辑。系统将对公式进行合法性检查，对不符合逻辑的公式，将给出错误提示。定义公式时要注意先后顺序，先得到的数据应先设置公式。应发合计、扣款合计和实发合计公式应是公式定义框的最后3个公式，并且实发合计的公式要在应发合计和扣款合计公式之后。可通过单击公式框的上下箭头调整计算公式顺序。如果出现计算公式超长，可将所用到的工资项目名称缩短(减少字符数)或设置过渡项。定义公式时可使用函数公式向导参照输入。

6.2.4 录入期初工资数据

第一次使用工资系统前必须将所有人员的基本工资数据录入计算机，作为工资计算的基础数据。

6.3 工资管理系统日常业务处理

工资管理系统的日常业务主要包括对职工档案的维护、职工工资变动数据的录入与计算、个人所得税计算与申报和银行代发工资处理等。

6.3.1 工资变动

由于职工工资与考勤、工作业绩等各项因素相关，因此，每个月都需要进行职工工资数据的调整。为了快速、准确地录入工资数据，系统提供以下功能。

1. 筛选和定位

如果对部分人员的工资数据进行修改，则最好采用数据过滤的方法，先将所要修改的人员过滤出来，再进行工资数据修改。修改完毕后进行"重新计算"和"汇总"。

2. 页编辑

在工资变动界面提供了【编辑】按钮，可以对选定的个人进行快速录入。单击【上一人】【下一人】按钮可变更人员、录入或修改其他人员的工资数据。

3. 替换

替换就是将符合条件的人员的某工资项目的数据统一替换成某个数据，例如，将管理人员的奖金上调 100 元。

4. 过滤器

如果只对工资项目中的某一个或几个项目进行修改，则可将要修改的项目先过滤出来，例如，只对事假天数、病假天数两个工资项目的数据进行修改。对于常用到的过滤项目可以在项目过滤选择后输入一个名称进行保存，以后可通过过滤项目名称调用，不用时也可以删除。

6.3.2 个人所得税的计算与申报

鉴于许多企事业单位计算职工工资薪金所得税时的工作量较大，本系统特提供个人所得税的自动计算功能。用户只需自定义所得税的税率，系统就能自动计算个人所得税。

1. 设置个人所得税税率表

如果国家的税收政策发生变化，则可以修改基数(即免征额)、附加费用和税率计算公式。系统可以按照七级超额累进税率计算表自动进行个人所得税的计算。

2. 计算与申报个人所得税

"个人所得税扣缴申报表"是个人纳税情况的记录，企业每月需要向税务机关上报。工资系统预置了该表中的栏目，并且提供了一些可选栏目供企业选择。系统默认以"实发工资"作为扣税基数，但企业可以自行选择其他工资项目作为扣税标准。

6.3.3 工资分摊

工资是费用中人工费最主要的部分，还需要对工资费用进行工资总额的计提计算、分配及各种经费的计提，并编制转账会计凭证，供登账处理之用。

6.3.4 工资分钱清单

工资分钱清单是按单位计算的工资发放分钱票面额清单，会计人员根据此表从银行取款并发给各部门。系统提供了票面额设置功能，用户可根据单位需要自由设置。系统根据实发工资项目可以分别自动计算出按部门、按人员、按企业发放的各种钱票面额的张数。

6.3.5 银行代发

目前社会上许多单位发放工资时都采用职工凭工资卡去银行取款的方式。银行代发业务处理，是指每月末单位应向银行提供银行给定文件格式的软盘。这样做既减轻了财务部门发放工资的繁重工作，又有效地避免了财务去银行提取大笔款项所承担的风险，同时还提高了对员工个人工资的保密程度。

采用银行代发工资方式，需要进行银行代发文件格式设置和银行代发输出格式设置。银行代发文件格式设置是指根据银行的要求设置向银行提供的数据表中所包含的项目的相关属性信息。银行代发输出格式设置就是设置向银行提供的数据表以何种文件形式存放在磁盘上，文件中的各数据项是如何存放和区分的。

6.3.6 工资数据查询统计

工资数据处理结果最终通过工资报表的形式反映。工资系统提供了主要的工资报表，报表的格式由系统提供。如果用户对报表提供的固定格式不满意，则可以通过"修改表"和"新建表"功能自行设计。

1. 工资表

工资表包括工资发放签名表、工资发放条、工资卡、部门工资汇总表、人员类别工资汇总表、条件汇总表、条件统计表、条件明细表、工资变动明细表、工资变动汇总表等由系统提供的原始表，主要用于本月工资发放和统计。工资表可以进行修改和重建。

2. 工资分析表

工资分析表是以工资数据为基础，对不同部门、人员类别的工资数据进行分析和比较，产生各种分析表供决策人员使用。

6.4 工资管理系统期末处理

6.4.1 月末结转

月末处理是将当月数据经过处理后结转至下月,每月的工资数据处理完毕后均可进行月末结转。由于在工资项目中,有的项目是变动的,即每月的数据均不相同,因此在每月工资处理时均需先将其数据清零,然后再输入当月的数据,此类项目即为清零项目。

月末处理功能只有主管人员才能执行,所以操作时应以主管的身份登录系统。

月末结转只能在会计年度的 1 月至 11 月进行,且只有在当月工资数据处理完毕后才可进行。如果处理多个工资类别,则应按照工资类别分别进行月末结转;若本月工资数据未汇总,则系统将不允许进行月末结转。进行期末处理后,当月数据将不允许变动。

6.4.2 年末结转

年末结转是将工资数据经过处理后结转至下年。进行年末结转后,新的年度账将自动建立。只有处理完所有工资类别的工资数据,关闭多工资类别的所有工资类别,然后在系统管理中选择"年度账"菜单,才能进行上年数据结转。其他操作与月末处理类似。

年末结转只有在当月工资数据处理完毕后才能进行,若当月工资数据未汇总,则系统将不允许进行年末结转。进行年末结转后,本年各月数据将不允许变动。若用户跨月进行年末结转,则系统将给予提示。年末处理操作只能由主管人员进行。

实训练习

实验七 工资管理

【实验目的】

1. 掌握 T3 会计信息化软件中工资管理的相关内容。
2. 掌握工资系统初始化、日常业务处理、工资分摊及月末处理的操作。

【实验内容】

1. 工资管理系统初始设置。
2. 工资管理系统日常业务处理。
3. 工资分摊及月末处理。
4. 工资系统数据查询。

【实验准备】

1. 将计算机当前日期调整为 2021 年 1 月 31 日。
2. 引入实验三账套数据。

【实验要求】

1. 以账套主管"郑通"的身份进行工资账套建立及初始设置。
2. 以工资类别主管"贺敏"的身份进行"正式人员"和"临时人员"工资日常业务处理及期末处理。

【实验资料】

1. 建立工资账套

工资类别个数设置为"多个",核算币种设置为"人民币 RMB",要求代扣个人所得税,不进行扣零处理,人员编码长度设置为"3"位,启用日期设置为"2021 年 1 月 1 日"。

2. 基础信息设置

1) 人员类别设置

管理人员、销售人员、车间管理人员、生产工人。

2) 人员附加信息设置

增加"性别""身份证号"作为人员附加信息。

3) 工资项目设置(见表6-3)

表6-3　工资项目设置

项目名称	类型	长度	小数位数	增减项
基本工资	数字	8	2	增项
岗位工资	数字	8	2	增项
交补	数字	8	2	增项
应发合计	数字	10	2	增项
请假扣款	数字	8	2	减项
养老保险	数字	8	2	减项
代扣税	数字	10	2	减项
扣款合计	数字	10	2	减项
实发合计	数字	10	2	增项
请假天数	数字	8	2	其他

4) 银行名称

工商银行中关村分理处,账号定长为11。

5) 工资类别及相关信息

工资类别一：正式人员。

部门选择：所有部门。

工资项目：基本工资、奖励工资、交补、应发合计、请假扣款、养老保险、代扣税、扣款合计、实发合计、请假天数。

计算公式如表 6-4 所示。

表6-4 计算公式

工资项目	定义公式
交补	iff(人员类别="销售人员",1000,500)
应发合计	基本工资+岗位工资+交补
请假扣款	请假天数*100
养老保险	(基本工资+岗位工资)*5%
扣款合计	请假扣款+养老保险+代扣税
实发合计	应发合计-扣款合计

正式人员档案如表 6-5 所示。

表6-5 正式人员档案

人员编号	人员姓名	部门名称	人员类别	账号	是否中方人员	是否计税
101	汪涵	企管办	管理人员	20210010001	是	是
201	郑通	财务部	管理人员	20210010002	是	是
202	贺敏	财务部	管理人员	20210010003	是	是
203	汪扬	财务部	管理人员	20210010004	是	是
204	孙娟	财务部	管理人员	20210010005	是	是
301	魏大鹏	采购部	管理人员	20210010006	是	是
401	田晓宾	销售一部	销售人员	20210010007	是	是
402	孟倩	销售二部	销售人员	20210010008	是	是
501	潘小小	生产部	车间管理人员	20210010009	是	是
601	赵大海	仓储部	管理人员	20210010010	是	是

注：以上所有人员的代发银行均为工商银行中关村分理处。

工资类别二：临时人员。

部门选择：生产部。

工资项目：基本工资、请假扣款、请假天数。

临时人员档案如表 6-6 所示。

表6-6 临时人员档案

人员编号	人员姓名	部门名称	人员类别	是否中方人员	是否计税
901	罗江	生产部	生产工人	是	是
902	刘会	生产部	生产工人	是	是

6) 权限设置

设置"贺敏"为两个工资类别的主管。

3．工资数据

1) 1月初人员工资情况

正式人员工资情况如表6-7所示。

表6-7 正式人员工资情况

姓名	基本工资	岗位工资
汪涵	6000	6000
郑通	4000	4000
贺敏	3000	3000
汪扬	3500	3500
孙娟	3000	3000
魏大鹏	4000	4000
田晓宾	5500	5500
孟倩	4000	4000
潘小小	3500	3500
赵大海	3400	3400

临时人员工资情况如表6-8所示。

表6-8 临时人员工资情况

姓名	基本工资
罗江	4800
刘会	4200

2) 2月份工资变动情况

(1) 考勤情况：汪扬请假2天，魏大鹏请假1天，罗江请假3天。

(2) 因需要，决定招聘李力(编号502)到生产部担任生产人员，基本工资3000元，岗位工资3000元，代发工资银行账号20210010011。

(3) 因去年销售一部推广产品业绩较好，每人增加岗位工资1000元。

4. 代扣个人所得税

计税基数(免征额)5000 元。七级超额累进月税率表如表 6-9 所示。

表6-9　七级超额累进月税率表

级数	应纳税所得额	税率	速算扣除数
1	不超过 3000 元的部分	3%	0
2	超过 3000 元至 12 000 元的部分	10%	210
3	超过 12 000 元至 25 000 元的部分	20%	1410
4	超过 25 000 元至 35 000 元的部分	25%	2660
5	超过 35 000 元至 55 000 元的部分	30%	4410
6	超过 55 000 元至 80 000 元的部分	35%	7160
7	超过 80 000 元的部分	45%	15 160

5. 工资分摊

应付工资总额等于工资项目"应发合计"。

工资费用分配的转账分录，如表 6-10 所示。

表6-10　工资费用分配的转账分录

部门	工资分摊	应付工资 借方	应付工资 贷方
企管办、财务部、采购部、仓储部	管理人员	660201	2211
销售一部、销售二部	销售人员	6601	2211
生产部	车间管理人员	5101	2211
生产部	生产工人	500102	2211

【实验指导】

1. 在系统管理中启用工资管理系统(视频：操作演示\sy7\7-1.mp4)

① 执行"开始"|"程序"|"用友 T3 系列管理软件"|"用友 T3"|"系统管理"命令，以账套主管身份注册系统管理。(用户名：01；密码：1；账套：202；会计年度：2021)

② 执行"账套"|"启用"命令，打开"系统启用"对话框，选中"WA 工资管理"复选框，弹出"日历"对话框，选择工资系统启用日期为"2021 年 1 月 1 日"，如图 6-2 所示。单击【确定】按钮，系统弹出"确实要启用当前系统吗？"信息提示框，单击【是】按钮返回。

第 6 章 工 资 管 理

图 6-2 "系统启用"对话框

2. 建立工资账套(视频：操作演示\sy7\7-2.mp4)

以账套主管"郑通"的身份登录 T3，进行工资管理初始设置操作。

用户名：01；密码：1；账套：202；会计年度：2021；操作日期：2021-01-01。

① 单击"工资管理"菜单项，打开"建立工资套"对话框。在"参数设置"中，选择本账套所需处理的工资类别个数"多个"，默认币别名称为"人民币 RMB"，如图 6-3 所示，单击【下一步】按钮。

💡 **注意**

● 本例中对正式人员和临时人员分别进行核算，所以工资类别应选择"多个"。

② 在"扣税设置"中，选中"是否从工资中代扣个人所得税"复选框，如图 6-4 所示，单击【下一步】按钮。

图 6-3 "建立工资套——参数设置"对话框

图 6-4 "建立工资套——扣税设置"对话框

163

> **注意**
> - 选择代扣个人所得税后,系统将自动生成工资项目"代扣税"并自动进行代扣税金的计算。

③ 在"扣零设置"中,不做选择,直接单击【下一步】按钮。

> **注意**
> - 扣零处理是指每次发放工资时将零头扣下,积累取整,于下次工资发放时补上。在银行代发工资的情况下,此设置已无意义。

④ 在"人员编码"中,单击"人员编码长度"增减器的下箭头将人员编码长度设置为 3,本账套的启用日期为 2021 年 1 月 1 日,如图 6-5 所示。

⑤ 单击【完成】按钮,弹出系统提示"未建立工资类别!",单击【确定】按钮,打开"工资管理"对话框,单击【取消】按钮。

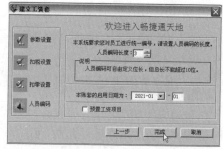

图 6-5 "建立工资套——人员编码"对话框

> **注意**
> - 建账完毕后,部分建账参数可以通过"设置"|"选项"命令进行修改。

3. 基础信息设置

1) 人员类别设置(视频:操作演示\sy7\7-31.mp4)

① 执行"工资"|"设置"|"人员类别设置"命令,打开"类别设置"对话框。

② 在"类别"文本框中选中"无类别",输入"管理人员",单击【增加】按钮。

③ 以此类推,输入其他人员类别,如图 6-6 所示,全部增加完毕后,单击【返回】按钮。

2) 人员附加信息设置(视频:操作演示\sy7\7-32.mp4)

① 执行"工资"|"设置"|"人员附加信息设置"命令,打开"人员附加信息设置"对话框。

② 单击【增加】按钮,从参照列表中选择"性别"。同样,增加"身份证号",如图 6-7 所示。

图 6-6 人员类别设置

图 6-7 人员附加信息设置

3) 工资项目设置(视频：操作演示\sy7\7-33.mp4)

① 执行"工资"|"设置"|"工资项目设置"命令，打开"工资项目设置"对话框。

② 单击【增加】按钮，在工资项目列表中增加一空行。

③ 单击"名称参照"下拉列表框，从下拉列表中选择"基本工资"选项。

④ 双击"类型"栏，单击下拉列表框，从下拉列表中选择"数字"选项。

⑤ "长度"采用系统默认值"8"。双击"小数"栏，单击增减器的上三角按钮，将小数设为"2"。

⑥ 双击"增减项"栏，单击下拉列表框，从下拉列表中选择"增项"选项。

⑦ 单击【增加】按钮，增加其他工资项目，如图 6-8 所示。

⑧ 单击【确认】按钮，出现系统提示"工资项目已经改变，请确认各工资类别的公式是否正确"，单击【确定】按钮。

图 6-8 "工资项目设置"对话框

> **注意**
> ● 系统提供若干常用工资项目供用户参考，可选择输入。对于未提供的工资项目，可以双击"工资项目名称"一栏直接输入；或者先从"名称参照"中选择一个项目，然后单击【重命名】按钮修改为需要的项目。

4) 银行名称设置(视频：操作演示\sy7\7-34.mp4)

① 执行"工资"|"设置"|"银行名称设置"命令，打开"银行名称设置"对话框。

② 单击【增加】按钮，在"银行名称"文本框中输入"工商银行中关村分理处"，默认账号定长且账号长度为"11"，如图6-9所示。

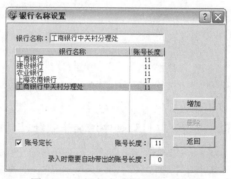

图 6-9 "银行名称设置"对话框

③ 单击列表中的"工商银行"，单击【删除】按钮，弹出系统提示"删除银行将相关文件及设置一并删除，是否继续？"，单击【是】按钮。同样，删除其他无效银行。

④ 单击【返回】按钮。

5) 建立工资类别

(1) 建立"正式人员"工资类别。(视频：操作演示\sy7\7-351.mp4)

① 执行"工资"|"工资类别"|"新建工资类别"命令，打开"新建工资类别"对话框。

② 在文本框中输入工资类别"正式人员"，单击【下一步】按钮。

③ 选取"企管办""财务部""采购部""销售部""生产部""仓储部"，如图6-10所示。

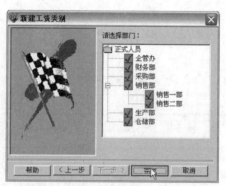

图 6-10 "新建工资类别"对话框

④ 单击【完成】按钮，弹出系统提示"是否以 2021-01-01 为当前工资类别的启用日期？"，单击【是】按钮返回。

第 6 章 工资管理

⑤ 执行"工资"|"工资类别"|"关闭工资类别"命令,关闭"正式人员"工资类别。

(2) 建立"临时人员"工资类别。(视频:操作演示\sy7\7-352.mp4)

同理,根据实验资料建立"临时人员"工资类别,建立后关闭此工资类别。

6) 权限设置(视频:操作演示\sy7\7-36.mp4)

① 执行"工资"|"设置"|"权限设置"命令,打开"权限设置"对话框。

② 选择操作员"贺敏",单击【修改】按钮,选择"001(正式人员)"工资类别,选中"工资类别主管"复选框,单击【保存】按钮,如图 6-11 所示。

③ 同样,设置"贺敏"为"002(临时人员)工资类别主管。

4."正式人员"工资类别初始设置

图 6-11 "权限设置"对话框

以工资类别主管"贺敏"的身份登录 T3,进行工资类别初始设置操作。

用户名:02;密码:(空);账套:202;会计年度:2021;操作日期:2021-01-01。

1) 打开工资类别(视频:操作演示\sy7\7-41.mp4)

① 执行"工资"|"工资类别"|"打开工资类别"命令,打开"打开工资类别"对话框。

② 选择"001 正式人员"工资类别,单击【确认】按钮。

2) 设置人员档案(视频:操作演示\sy7\7-42.mp4)

① 执行"工资"|"设置"|"人员档案"命令,进入"人员档案"窗口。

② 单击工具栏中的【批增】按钮,选择所有部门,单击【确定】按钮。

③ 选择人员"汪涵",单击【修改】按钮,修改或补充其人员类别、银行名称、银行账号信息,如图 6-12 所示,单击【确认】按钮。

图 6-12 "人员档案"对话框

167

④ 同理，修改或补充其他人员的人员类别、银行名称、银行账号信息，退出。

3) 选择工资项目(视频：操作演示\sy7\7-43.mp4)

① 执行"工资"|"设置"|"工资项目设置"命令，打开"工资项目设置"对话框。

② 选择"工资项目设置"选项卡，单击【增加】按钮，在工资项目列表中增加一空行。

③ 单击"名称参照"下拉列表框，从下拉列表中选择"基本工资"选项，工资项目名称、类型、长度、小数、增减项都自动带出，不能修改。

④ 单击【增加】按钮，增加其他工资项目。

⑤ 所有项目增加完成后，利用"工资项目设置"选项卡上的上下箭头按照实验资料所给顺序调整工资项目的排列位置，如图6-13所示。

图6-13 工资项目选择

> **注意**
> ● 工资项目不能重复选择，没有选择的工资项目不允许在计算公式中出现。不能删除已输入数据的工资项目和已设置计算公式的工资项目。

4) 设置计算公式

(1) 设置公式"请假扣款=请假天数*100"。(视频：操作演示\sy7\7-441.mp4)

① 在"工资项目设置"对话框中选择"公式设置"选项卡。

② 单击【增加】按钮，在工资项目列表中增加一空行，单击下拉列表框选择"请假扣款"选项。

③ 选中"公式定义"文本框，单击工资项目列表中的"请假天数"。

④ 单击运算符"*"，在"*"后单击，输入数字"100"，如图6-14所示，单击【公式确认】按钮。

图 6-14 设置"请假扣款"计算公式

(2) 设置养老保险、请假扣款和实发合计的计算公式。(视频:操作演示\sy7\7-442.mp4)

同理,设置养老保险的计算公式如图 6-15 所示。

图 6-15 设置"养老保险"计算公式

(3) 设置公式"交补= iff(人员类别="销售人员",1000,500)"。(视频:操作演示\sy7\7-443.mp4)

① 在"工资项目设置"对话框中选择"公式设置"选项卡。

② 单击【增加】按钮,在工资项目列表中增加一空行,单击下拉列表框选择"交补"选项。

③ 选中"公式定义"文本框,单击【函数公式向导输入】按钮,打开"函数向导—步骤之 1"对话框。

④ 从"函数名"列表中选择"iff",单击【下一步】按钮,打开"函数向导—步骤之2"对话框。

⑤ 单击"逻辑表达式参照"按钮,打开"参照"对话框,从"参照"下拉列表中选择"人员类别"选项,从下面的列表中选择"销售人员",单击【确认】按钮,返回"函数向导—步骤之2"对话框。

⑥ 在"数学表达式1"文本框中输入"1000",在"数学表达式2"文本框中输入"500",单击【完成】按钮,返回"公式设置"选项卡,如图6-16所示,单击【公式确认】按钮。

⑦ 将工资项目顺序设置正确,单击【确认】按钮,退出公式设置。

图6-16 "公式设置"选项卡

5) 设置所得税纳税基数(视频:操作演示\sy7\7-45.mp4)

① 执行"工资"|"业务处理"|"扣缴所得税"命令,弹出系统提示,单击【确定】按钮,打开"栏目选择"对话框。

② 对应工资项目选择"应发合计",单击【确认】按钮。

③ 单击工具栏中的【税率表】按钮,修改所得税纳税基数为"5000",附加费用"0",根据实验资料设置七级超额累进税率表,如图6-17所示。

图6-17 设置所得税纳税基数

④ 单击【确认】按钮,弹出系统提示,单击【否】按钮退出。

⑤ 在"个人所得税扣缴申报表"窗口中,单击工具栏中的【退出】按钮。

> **注意**
> ● 这里对应工资项目选择"应发合计"不够准确。对应工资项目是指计税工资项目,严格来说,计税工资项目=应发合计-请假扣款-各种社会保险,应纳税所得额=计税工资项目-5000。

6) 录入正式人员基本工资数据(视频：操作演示\sy7\7-46.mp4)

① 执行"工资"|"业务处理"|"工资变动"命令，进入"工资变动"窗口。

② 根据实验资料，输入"正式人员"工资类别的基本工资数据，如图 6-18 所示。

> **注意**
> ● 这里只需输入没有进行公式设定的项目，如基本工资、奖励工资和请假天数等，其余各项由系统根据计算公式自动计算生成。

图 6-18　输入基本工资数据

5. 正式人员工资类别日常及期末业务

以工资类别主管"贺敏"的身份登录 T3，打开正式人员工资类别，进行日常业务操作。用户名：02；密码：(空)；账套：202；会计年度：2021；操作日期：2021-01-31。

1) 人员变动(视频：操作演示\sy7\7-51.mp4)

① 执行"工资"|"设置"|"人员档案"命令，进入"人员档案"窗口。

② 单击【增加】按钮，输入新增人员"李力"的详细档案资料。

③ 单击【确认】按钮，返回人员档案窗口，单击工具栏中的【退出】按钮。

2) 输入正式人员工资变动数据(视频：操作演示\sy7\7-52.mp4)

① 执行"工资"|"业务处理"|"工资变动"命令，单击工具栏中的【数据替换】按钮，单击"将工资项目"下拉列表框，选择"岗位工资"选项，在"替换成"文本框中输入"岗位工资+1000"。

② 在替换条件处分别选择"部门""=""销售一部"，如图 6-19 所示。

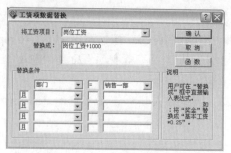

图 6-19 "工资项数据替换"对话框

③ 单击【确认】按钮,弹出"数据替换后将不可恢复。是否继续?"信息提示框,单击【是】按钮,系统提示:"1 条记录被替换,是否重新计算?",单击【是】按钮,系统自动完成工资计算。

④ 输入请假天数:汪扬 2 天,魏大鹏 1 天。

3) 数据计算与汇总(视频:操作演示\sy7\7-53.mp4)

① 在"工资变动"窗口中,输入李力工资数据,单击工具栏中的【保存】按钮,计算工资数据。

② 单击工具栏中的【汇总】按钮,汇总工资数据。

③ 单击工具栏中的【退出】按钮,退出"工资变动"窗口。

4) 查看个人所得税(视频:操作演示\sy7\7-54.mp4)

① 执行"工资"|"业务处理"|"扣缴所得税"命令,打开"栏目选择"对话框。

② 单击【确认】按钮,进入"个人所得税扣缴申报表"窗口,如图 6-20 所示。

人员编号	姓名	所得期间	所得项目	收入额合计	减费用额	应纳税所得额	税率(%)	速算扣除数	扣缴所得税额
101	汪涵	1	工资	12,500.00	5,000.00	7,500.00	10.00	210.00	540.00
201	郑通	1	工资	8,500.00	5,000.00	3,500.00	10.00	210.00	140.00
202	贺敏	1	工资	6,500.00	5,000.00	1,500.00	3.00	0.00	45.00
203	汪扬	1	工资	7,500.00	5,000.00	2,500.00	3.00	0.00	75.00
204	朴娟	1	工资	6,500.00	5,000.00	1,500.00	3.00	0.00	45.00
301	魏大鹏	1	工资	8,500.00	5,000.00	3,500.00	10.00	210.00	140.00
401	田晓宾	1	工资	13,000.00	5,000.00	8,000.00	10.00	210.00	590.00
402	孟倩	1	工资	9,000.00	5,000.00	4,000.00	10.00	210.00	190.00
501	潘小小	1	工资	7,500.00	5,000.00	2,500.00	3.00	0.00	75.00
502	李力	1	工资	6,500.00	5,000.00	1,500.00	3.00	0.00	45.00
601	赵大海	1	工资	7,300.00	5,000.00	2,300.00	3.00	0.00	69.00
	合计	1	工资	93,300.00	55,000.00	38,300.00			1,954.00

图 6-20 "个人所得税扣缴申报表"窗口

5) 正式人员类别工资分摊

(1) 工资分摊类型设置。(视频:操作演示\sy7\7-551.mp4)

① 执行"工资"|"业务处理"|"工资分摊"命令,打开"工资分摊"对话框。

② 单击"工资分摊设置"按钮,打开"分摊类型设置"对话框。

③ 单击【增加】按钮,打开"分摊计提比例设置"对话框。

④ 输入计提类型名称"应付工资",单击【下一步】按钮,打开"分摊构成设置"对话框,按实验资料内容进行设置,如图 6-21 所示。

图 6-21 "分摊构成设置"对话框

⑤ 返回"分摊类型设置"对话框。

(2) 进行工资分摊。(视频:操作演示\sy7\7-552.mp4)

① 执行"工资"|"业务处理"|"工资分摊"命令,打开"工资分摊"对话框。

② 选择需要分摊的计提费用类型"应付工资",确定分摊计提的月份为"2021.01"。

③ 选择核算部门:企管办、财务部、采购部、销售部、生产部、仓储部。

④ 选择"明细到工资项目"复选框。

⑤ 单击【确定】按钮,打开"应付工资一览表"窗口,如图 6-22 所示。

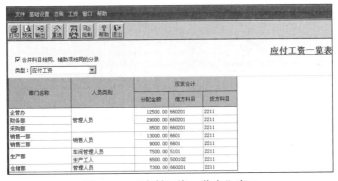

图 6-22 "应付工资一览表"窗口

⑥ 选择"合并科目相同、辅助项相同的分录"复选框,单击【制单】按钮。

⑦ 单击凭证左上角的"字"处,选择"转账凭证",将光标移至"生产成本/直接人工"分录行,补充辅助核算项目为"ERP 模拟体验光盘",单击【保存】按钮,凭证左上角出现"已生成"标志,代表该凭证已传递到总账,如图 6-23 所示。

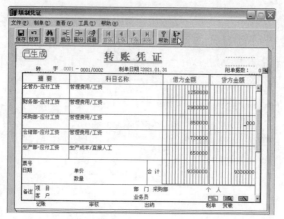

图 6-23　生成工资分摊凭证

⑧ 单击工具栏中的【退出】按钮,返回。

6) 账表查询(视频: 操作演示\sy7\7-56.mp4)

打开正式人员工资类别查看各种工资表。

7) 月末处理(视频: 操作演示\sy7\7-57.mp4)

① 执行"工资"|"业务处理"|"月末处理"命令,打开"月末处理"对话框。单击【确认】按钮,弹出系统提示"月末处理之后,本月工资将不许变动,继续月末处理吗?",单击【是】按钮,系统继续提示"是否选择清零项?",单击【是】按钮,打开"选择清零项目"对话框。

② 在"选择清零项目"列表中,选择"请假扣款""请假天数",单击">"按钮,将所选项目移动到右侧的列表框中,如图 6-24 所示。

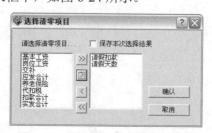

图 6-24　"选择清零项目"对话框

③ 单击【确认】按钮,弹出系统提示"月末处理完毕!",单击【确定】按钮返回。

> 💡 **注意**
> - 月末结转只有在会计年度的 1 月至 11 月进行。
> - 若为处理多个工资类别,则应打开各个工资类别,分别进行月末结转。
> - 若本月工资数据未汇总,则系统将不允许进行月末结转。
> - 进行期末处理后,当月数据将不再允许变动。
> - 月末处理功能只有主管人员才能执行。

6. 临时人员工资处理

在完成正式人员工资数据的处理后，打开临时人员工资类别，参照正式人员工资类别初始设置及数据处理方式完成临时人员工资处理。

1) 人员档案设置

按实验资料增加人员档案。

2) 工资项目选择

选择基本工资、请假扣款、请假天数 3 个工资项目。

3) 公式设置

同理，设置"请假扣款=请假天数×100"。

4) 工资变动处理

① 在"工资"|"业务处理"|"扣缴所得税"中设置扣税基数"5000"。

② 按实验资料在"业务处理"|"工资变动"中进行工资变动处理。

③ 在"工资"|"业务处理"|"工资分摊"中进行工资分摊设置及工资分摊处理。（"生产成本/直接人工"项目辅助核算为"ERP 模拟体验光盘"。）

④ 完成"临时人员"工资类别月末处理。

7. 汇总工资类别

以账套主管"郑通"的身份登录 T3，关闭工资类别，进行工资类别汇总。

用户名：01；密码：1；账套：202；会计年度：2021；操作日期：2021-01-31。

① 执行"工资"|"工资类别"|"关闭工资类别"命令。

② 执行"工资"|"系统工具"|"工资类别汇总"命令，打开"选择工资类别"对话框。

③ 选择要汇总的工资类别"正式人员"和"临时人员"，单击【确认】按钮，完成工资类别汇总。

④ 执行"工资"|"工资类别"|"打开工资类别"命令，打开"选择工资类别"对话框。

⑤ 选择"998 汇总工资类别"，单击【确认】按钮，查看工资类别汇总后的各项数据。

> **注意**
> - 工资汇总功能必须在关闭所有工资类别时才可用。
> - 所选工资类别中必须有汇总月份的工资数据。
> - 第一次进行工资类别汇总时，需在汇总工资类别中设置工资项目计算公式。如果每次汇总的工资类别一致，则公式无须重新设置；如果与上一次所选择的工资类别不一致，则需重新设置计算公式。

巩固提高

一、单选题

1. 在银行代发工资的情况下，下列( )可以不用设置。
   A. 扣税设置   B. 扣零设置
   C. 人员编码设置   D. 参数设置
2. 若在建立账套时选择了"扣税设置"，则在工资项目中自动生成( )。
   A. 基本工资   B. 奖金   C. 代扣税   D. 实发合计
3. 系统默认以( )作为扣税基数。
   A. 应发合计   B. 基本工资   C. 代扣税   D. 实发合计
4. 人员类别设置的主要目的是便于( )。
   A. 计算工资   B. 工资发放   C. 工资数据统计   D. 工资费用分配
5. 如果只想输入"奖金"和"缺勤天数"两个工资项目的数据，则最佳方法是利用系统提供的( )功能。
   A. 页编辑   B. 筛选   C. 替换   D. 过滤器

二、多选题

1. 建立工资账套的内容主要包括( )。
   A. 参数设置   B. 扣税设置   C. 扣零设置   D. 人员编码设置
2. 工资管理系统中固定的工资项目有( )。
   A. 基本工资   B. 应发合计
   C. 扣款合计   D. 实发合计
3. 以下操作必须在打开工资类别的情况下才能进行的是( )。
   A. 增加部门   B. 增加人员档案
   C. 增加人员类别   D. 关闭工资类别
4. 如果企业采用银行代发工资的方式，则需要设置的银行信息包括( )。
   A. 银行名称   B. 账号长度
   C. 银行地址   D. 职工账号

三、判断题

1. 工资类别的启用日期可以修改。( )
2. 系统提供的固定工资项目不能修改。( )
3. 已使用的工资项目可以删除。( )
4. 人员档案在设置前可不用打开工资类别。( )
5. 工资系统月末处理功能只有账套主管才能进行。( )

四、简答题

1. 工资管理系统的主要功能是什么?
2. 建立工资账套时需要进行哪些设置?
3. 在哪些情况下需要设置多个工资类别?
4. 如何在工资管理系统中进行扣缴个人所得税处理?
5. 如何处理与职工工资有关的费用计提?

第 7 章

固定资产管理

本章学习目标

通过本章内容的学习,你将能够:
1. 了解固定资产管理系统的基本功能。
2. 熟悉固定资产管理系统的工作原理和工作流程。
3. 掌握固定资产初始化、卡片管理及资产增减变动的处理方法。
4. 掌握固定资产折旧的相关处理。

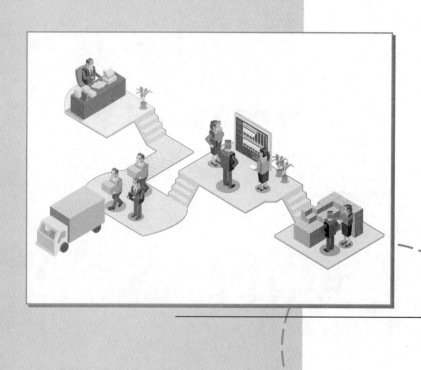

第7章 固定资产管理

案例导入

北京海达科技有限公司(简称海达科技)准备于2021年1月1日启用固定资产系统,进行固定资产核算。

1. 业务分工

由会计贺敏进行固定资产核算相关操作。

2. 相关规定

该企业采用平均年限法计提折旧。固定资产编码按"类别编号+部门编号+序号"的方式自动编码。

该企业固定资产分为三类:交通运输设备、电子设备、其他设备。生产部的固定资产折旧计入制造费用科目中,销售部固定资产折旧计入销售费用科目中,其他部门的固定资产折旧计入管理费用科目中。

3. 本企业期初固定资产卡片数据(见表7-1)

表7-1 本企业期初固定资产卡片数据

固定资产名称	所在部门	可使用年限	开始使用日期	原值	累计折旧
轿车	企管办	10	2019.11.1	215 470	37 255
笔记本电脑	财务部	5	2019.12.1	28 900	5548
传真机	销售一部	5	2019.11.1	3510	1825
微机	生产部	5	2019.12.1	6490	1246
微机	生产部	5	2019.12.1	6490	1246

4. 固定资产日常业务

① 1月21日,采购部购买扫描仪一台,价值1500元,增值税额195元,净残值率为4%,预计使用年限为5年。
② 1月23日,对轿车进行资产评估,评估结果:原值为200 000元,累计折旧为45 000元。
③ 1月31日,计提本月折旧费用。
④ 1月31日,生产部毁损计算机一台。
⑤ 2月16日,企管办的轿车添置新配件10 000元。
⑥ 2月28日,销售一部的传真机转移到采购部。
⑦ 2月28日,经核查,对2019年购入的笔记本电脑计提1000元的减值准备。

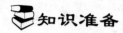

7.1 固定资产管理系统概述

7.1.1 固定资产管理系统功能概述

固定资产是企业正常生产经营的必要条件,正确管理和核算企业的固定资产,对于保护企业资产完整、保证企业再生产资金来源具有重要意义。T3 软件可以帮助企业进行固定资产日常业务的核算和管理,生成固定资产卡片,按月反映固定资产的增加、减少、原值变化及其他变动并输出相应的增减变动明细账,按月自动计提折旧,生成折旧分配凭证,同时输出一些同设备管理相关的报表和账簿。

7.1.2 固定资产管理系统与其他系统的主要关系

固定资产管理系统中资产的增加、减少及原值和累计折旧的调整、折旧计提都要将有关数据通过记账凭证的形式传输到总账系统,同时通过对账保持固定资产账目与总账的平衡。财务报表系统也可以通过相应的取数函数从固定资产系统中提取分析数据。

7.1.3 固定资产管理系统的业务流程

固定资产管理系统的业务流程如图 7-1 所示。

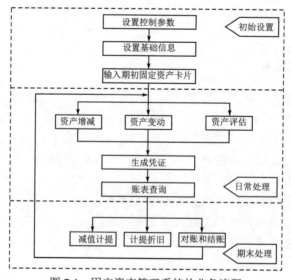

图 7-1 固定资产管理系统的业务流程

7.2 固定资产管理系统初始化

固定资产管理系统初始化是根据用户单位的具体情况，建立一个适合的固定资产子系统的过程。初始化设置包括固定资产参数设置、基础数据设置和输入期初固定资产卡片。

7.2.1 固定资产参数设置

在系统管理中已经建立了企业核算账套，在固定资产系统中还需要针对固定资产设置相应的控制参数，包括约定与说明、启用月份、折旧信息、编码方式及财务接口等。这些参数在初次启动固定资产管理系统时设置，其他参数可以在"选项"中补充。

1. 约定与说明

约定与说明中列示了固定资产账套的基本信息和系统有关资产管理的基本原则，主要包括以下内容。

1) 序时管理原则

固定资产系统资产管理采用严格的序时管理，序时到日，也就是当以某个日期登录对系统进行编辑操作后，以后再次进行编辑操作只能以该日期或以后的日期登录。若要无痕迹地删除一张卡片，则必须按照与制作时相反的顺序，删除该卡片所做的所有变动单和评估单。

2) 固定资产变动后的折旧计算和分配汇总原则

(1) 本系统发生与固定资产折旧计算有关的变动后，可以使用加速折旧法在变动生效的当期以净值作为计提原值，以剩余使用年限为计提年限计算折旧；或者使用直线折旧法仍以原公式计算折旧。修改以前的月折旧额或折旧率的值不变。

(2) 本系统各种变动后计算折旧采用未来适用法，不自动调整以前的累计折旧；采用追溯适用法的企业只能手工调整累计折旧。

(3) 与折旧计算有关的变动，除了部门转移、类别调整、使用状况调整外，均是由变动单引起的变动。

(4) 原值调整、累计折旧调整、净残值(率)调整、使用状况调整均下月生效；折旧方法调整、使用年限调整当月生效。

(5) 折旧分配就是将部门转移和类别调整当月计提的折旧分配到变动后的部门和类别。

(6) 报表统计就是当月折旧和计提原值的汇总，计入变动后的部门和类别。

(7) 如果选项中"当月初使用月份=使用年限×12−1 时是否将折旧提足"的判断结果为"是"，则除工作量法外，该月月折旧额=净值−净残值，并且不能手工修改；如果选项中"当月初使用月份=使用年限×12−1 时是否将折旧提足"的判断结果为"否"，则该月不提足,并且可手工修改,但若以后各月按照公式计算的月折旧率或折旧额是负数,则认为公式无效,令月折旧率=0,月折旧额=净值–净残值。

2. 启用月份

如果需要向总账系统传递凭证,那么固定资产的启用月份不得在总账系统的启用月份之后。启用日期确定之后,在该日期前的所有固定资产都将作为期初数据,从启用月份开始计提折旧。

3. 折旧信息

设定本企业的折旧方案,即确定是否提折旧、采用什么方法提折旧、多长时间进行折旧汇总分配。

4. 编码方式

按照编码管理对象是计算机业务处理的基本特征。在固定资产系统中需要对每一项资产所属的资产类别及资产本身进行编码管理,此处是指设定编码的原则。

5. 财务接口

如果固定资产和总账系统集成使用总账系统中管理"固定资产"和"累计折旧"科目的总账,则固定资产系统管理每一项固定资产和折旧计算的详细情况,但两者应该存在相等关系。

6. 其他参数

在固定资产初始化向导中完成以上参数设置后,还要另外进行一些参数的补充设置。例如,业务发生后是否立即进行制单处理、固定资产和累计折旧的入账科目设定等。

7.2.2 基础数据设置

1. 资产类别设置

固定资产的种类繁多,规格不一。若要强化固定资产管理,及时准确做好固定资产核算,则必须科学地建立固定资产的分类,为核算和统计管理提供依据。企业可根据自身的特点和管理要求,确定一个较为合理的资产分类方法。

2. 部门设置

在部门设置中,可对单位的各部门进行设置,以便确定资产的归属。在用友 T3 控制台的基础设置中设置的部门信息是共享的。

3. 部门对应折旧科目设置

对应折旧科目是指折旧费用的入账科目。固定资产计提折旧后必须把折旧归入成本或费用，根据不同企业的具体情况，可分为按部门归集和按类别归集。部门对应折旧科目的设置就是给每个部门选择一个折旧科目，这样在输入卡片时，该科目自动添入卡片中，不必一个一个输入。

如果对某一上级部门设置了对应的折旧科目，则下级部门将继承上级部门的设置。

4. 增减方式设置

增减方式包括增加方式和减少方式两类。固定资产增加或减少方式用以确定资产计价和处理原则，同时明确固定资产的增加或减少方式可做到对固定资产增减的汇总管理心中有数。增加的方式主要有直接购买、投资者投入、捐赠、盘盈、在建工程转入、融资租入等，减少的方式主要有出售、盘亏、投资转出、捐赠转出、报废、毁损、融资出租等。用友 T3 固定资产的增减方式可以设置两级，用户可以在系统默认的基础上修改定义。

5. 折旧方法设置

折旧方法设置是系统自动计算折旧的基础。系统提供了常用的几种折旧方法，包括不提折旧法、平均年限法(一和二)、工作量法、年数总和法和双倍余额递减法，并列出了它们的折旧计算公式。这几种方法是系统默认的折旧方法，只能选用，不能删除和修改。另外，由于各种原因，这几种方法可能不能满足需要，因此，系统提供了折旧方法的自定义功能。

6. 使用状况设置

从固定资产核算和管理的角度，需要明确其使用状况：一方面可以正确地计算和计提折旧；另一方面便于统计固定资产的使用情况，提高利用效率。固定资产系统主要的使用状况有在用、季节性停用、经营性出租、大修理停用、不需用和未使用等。用友 T3 固定资产系统提供了基本的使用状况，分为两级，用户可以在此基础上修改或定义新的使用状况。

7. 卡片项目设置

卡片项目是资产卡片上要显示的用来记录固定资产资料的栏目，如原值、资产名称、使用年限、折旧方法等是卡片最基本的项目。用友 T3 固定资产系统提供了一些常用卡片必需的项目，称为系统项目，但这些项目不一定能满足用户对固定资产特殊管理的需要，因此用户可以通过卡片项目定义来自定义需要的项目，称为自定义项目。系统项目和自定义项目构成卡片项目目录，这些项目可以在定义卡片样式时选择使用。

8. 卡片样式定义

卡片样式指卡片的整个外观，包括其格式(是否有表格线、对齐形式、字体大小、字形等)、所包含的项目和项目的位置等。不同企业所设置的卡片样式可能不同；同一企业对不同的固定资产,管理的内容和侧重点也可能不同。因此,本系统提供卡片样式自定义功能,以增强灵活性。系统默认的卡片样式有通用样式、土地房屋类卡片样式、机械设备类卡片样式、运输设备类卡片样式等。用户可以修改默认的样式,也可以定义新的卡片样式。

7.2.3 输入期初固定资产卡片

固定资产卡片是固定资产核算和管理的基础依据。为保持历史资料的连续性,必须将建账日期以前的数据录入系统中。原始卡片的录入不限制必须在第一个期间结账前,任何时候都可以录入原始卡片。原始卡片上所记录的资产的开始使用日期一定小于固定资产系统的启用日期。

7.3 固定资产管理系统日常业务处理

固定资产在日常使用过程中,经常会发生资产增减、各项因素的变动等情况。变动发生时应及时处理,每月应正确计算固定资产折旧,为企业的成本费用核算提供依据。

7.3.1 资产增减

资产增加是指以购进或通过其他方式增加企业资产。资产增加需要输入一张新的固定资产卡片,与固定资产期初输入相对应。

资产减少是指资产在使用过程中,由于各种原因(如毁损、出售、盘亏等)退出企业,此时要做资产减少处理。资产减少需输入资产减少卡片并说明减少原因。

只有当账套开始计提折旧后才可以使用资产减少功能,否则,减少资产只能通过删除卡片来完成。

对于误减少的资产,可以使用系统提供的纠错功能来恢复,而且只有当月减少的资产才可以恢复。如果资产减少操作已制作凭证,则必须删除凭证后才能恢复。

只要卡片未被删除,就可以通过卡片管理中的"已减少资产"来查看减少的资产。

7.3.2 资产变动

资产的变动包括原值变动、部门转移、使用状况变动、使用年限调整、折旧方法调整、净残值(率)调整、工作总量调整、累计折旧调整、资产类别调整和变动单管理等。其他项目，如名称、编号、自定义项目等的变动等可直接在卡片上进行。

资产变动要求输入相应的"变动单"来记录资产调整结果。

1．原值变动

资产在使用过程中的原值增减有 5 种情况：根据国家规定对固定资产重新估价的情况；增加补充设备或改良设备的情况；将固定资产的一部分拆除的情况；根据实际价值调整原来的暂估价值的情况；发现原记录固定资产价值有误的情况。原值变动包括原值增加和原值减少两部分。

2．部门转移

资产在使用过程中，因内部调配而发生的部门变动应及时处理，否则将影响部门的折旧计算。

3．资产使用状况的调整

资产使用状况分为在用、未使用、不需用、停用、封存 5 种。资产在使用过程中可能会因为某种原因，使得资产的使用状况发生变化，这种变化会影响设备折旧的计算，因此应及时调整。

4．资产使用年限的调整

资产在使用过程中，使用年限可能会由于资产的重估、大修等原因要进行调整。进行使用年限调整的资产在调整的当月就按调整后的使用年限计提折旧。

5．资产折旧方法的调整

一般来说，资产折旧方法一年之内很少改变，但如有特殊情况需调整改变的可以调整。

6．变动单管理

变动单管理可以对系统制作的变动单进行查询、修改、制单、删除等。在用友 T3 软件固定资产管理系统中，本月录入的卡片和本月增加的资产不允许进行变动处理，只能在下月进行。

7.3.3 卡片管理

卡片管理是对固定资产系统中所有卡片进行的综合管理，包括卡片查询、修改、删除和打印等。

1. 卡片查询

卡片查询提供按部门查询、按类别查询和自定义查询 3 种方式。查询卡片时既可以查询单张卡片的信息，也可以查看卡片的汇总信息。在卡片管理界面，每一张卡片显示为一个记录，可以通过"查看"|"显示快捷信息"命令查看，也可以双击记录行查看卡片的详细内容。

2. 卡片修改与删除

卡片的修改与删除不是随意的，有一定的限定条件。

(1) 原始卡片的原值、使用部门、工作总量、使用状况、累计折旧、净残值(率)、折旧方法、使用年限、资产类别等项目在没有制作变动单或评估单的情况下，录入当月可以修改；如果制作过变动单，则只有删除变动单后才能修改；在做过月末结账后，只能通过变动单或评估单调整，不能通过卡片修改功能修改。

(2) 通过资产增加功能录入的卡片，在没有制作凭证和变动单、评估单的情况下，录入当月可以修改；如果制作过变动单或凭证，则只有删除变动单或凭证后才能修改。

(3) 卡片录入当月如果发现错误，则可以通过"卡片删除"功能实现；非本月录入的卡片不能删除。

(4) 卡片做过一次月末结账后不能删除。制作过变动单、评估单或凭证的卡片被删除时，系统会提示先删除相关的变动单、评估单或凭证。

7.3.4 资产评估

随着市场经济的发展，企业在经营活动中，经常会根据业务需要或国家要求对部分资产或全部资产进行评估和重估，而其中固定资产评估是资产评估中很重要的部分。

1. 资产评估的功能

用友 T3 会计信息化软件提供对固定资产评估作业的管理，主要包括以下几方面。
(1) 将评估机构的评估数据手工或定义公式录入系统。
(2) 根据国家要求手工录入评估结果，或者根据定义的评估公式生成评估结果。
(3) 对评估单的管理。

本系统资产评估功能提供可评估的资产内容，包括原值、累计折旧、净值、使用年限、工作总量和净残值率等。

2. 资产评估的步骤

进行资产评估时包括以下 3 个步骤。
(1) 选择要评估的项目。

(2) 选择要评估的资产。
(3) 制作评估单。

7.3.5 生成凭证

固定资产系统和总账系统之间存在数据的自动传输,这种传输是固定资产系统通过记账凭证向总账系统传递有关数据,如资产增加、资产减少、累计折旧调整及折旧分配等生成的记账凭证。生成记账凭证可以采取"立即制单"或"批量制单"的方法实现。

7.3.6 账簿管理

用户可以通过系统提供的账表管理功能,及时掌握资产的统计、汇总和其他各方面的信息。账表包括账簿、折旧表、统计表、分析表四类。另外,如果所提供的报表种类不能满足需要,系统还提供了自定义报表功能,用户可以根据实际要求进行设置。

1. 账簿

系统自动生成的账簿包括(单个)固定资产明细账、(部门、类别)明细账、固定资产登记簿和固定资产总账。这些账簿以不同方式序时地反映了资产变化情况,在查询过程中可联查某时期(部门、类别)的明细及相应原始凭证,从而获得所需财务信息。

2. 折旧表

系统提供了 4 种折旧表,即(部门)折旧计提汇总表、固定资产及累计折旧表(一)、固定资产及累计折旧表(二)和固定资产折旧计算明细表。通过该类表可以了解并掌握本企业所有资产本期、本年乃至某部门计提折旧及其明细情况。

3. 统计表

统计表是由于管理资产的需要,按管理目的统计的数据。系统提供了 7 种统计表,即固定资产原值一览表、固定资产统计表、评估汇总表、评估变动表、盘盈盘亏报告表、逾龄资产统计表和役龄资产统计表。

4. 分析表

分析表主要通过对固定资产的综合分析,为管理者提供管理和决策依据。系统提供了 4 种分析表,即价值结构分析表、固定资产使用状况分析表、部门构成分析表和类别构成分析表。管理者可以通过这些表了解本企业资产计提折旧的程度和剩余价值的大小。

5. 自定义报表

当系统提供的报表不能满足企业要求时，用户也可以自己定义报表。

7.4 固定资产管理系统期末处理

固定资产管理系统的期末处理工作主要包括计提减值准备、计提折旧、对账和结账等。

7.4.1 计提减值准备

企业应当在期末或至少在每年年度终了对固定资产逐项进行检查，如果由于市价持续下跌或技术陈旧等原因导致其可回收金额低于账面价值，则应当将可回收金额低于账面价值的差额作为固定资产减值的准备。固定资产减值准备必须按单项资产计提。如果已计提的固定资产价值又得以恢复，则应在原计提的减值准备范围内转回。

7.4.2 计提折旧

自动计提折旧是固定资产系统的主要功能之一。用户可以根据录入系统的资料，利用系统提供的"折旧计提"功能对各项资产每期计提一次折旧，并自动生成折旧分配表，然后制作记账凭证，将本期的折旧费用自动登账。

当开始计提折旧时，系统将自动计提所有资产当期折旧额，并将当期的折旧额自动累加到累计折旧项中。计提工作完成后，需要进行折旧分配，形成折旧费用。系统除了自动生成折旧清单外，同时还生成折旧分配表，从而完成本期折旧费用登账工作。

系统提供的折旧清单显示了所有应计提折旧资产所计提的折旧数据额。

折旧分配表是制作记账凭证，把计提折旧额分配到有关成本和费用的依据。折旧分配表有两种类型：类别折旧分配表和部门折旧分配表。生成的折旧分配表的类型由"折旧汇总分配周期"决定，因此，制作记账凭证要在生成折旧分配表后进行。

计提折旧遵循以下原则。

(1) 在一个期间内可以多次计提折旧，每次计提折旧后，只将计提的折旧累加到月初的累计折旧上，不会重复累计。

(2) 若上次计提折旧已制单并传递到总账系统，则必须删除该凭证才能重新计提折旧。

(3) 计提折旧后又对账套进行了影响折旧计算或分配的操作，必须重新计提折旧，否则系统不允许结账。

(4) 若自定义的折旧方法使月折旧率或月折旧额出现负数，则系统自动中止计提。

(5) 资产的使用部门和资产折旧要汇总的部门可能不同。为了加强资产管理，使用部门必须是明细部门，而折旧分配部门不一定分配到明细部门。不同的单位处理可能不同，因此要在计提折旧后，分配折旧费用时做出选择。

7.4.3 对账

当初次启动固定资产的参数设置或选项中的参数设置选择了"与账务系统对账"参数时才可使用本系统的对账功能。为了保证固定资产系统的资产价值与总账系统中固定资产科目的数值相等，可随时使用对账功能对两个系统进行检查。系统在执行月末结账时自动对账一次，并给出对账结果。

7.4.4 月末结账

当固定资产系统完成了本月全部制单业务后，可以进行月末结账。月末结账每月进行一次，结账后当期数据不能修改。如果有错必须修改，则可通过系统提供的"恢复月末结账前状态"功能反结账，再进行相应修改。

由于成本系统每月从本系统提取折旧费数据，因此，一旦成本系统提取了某期的数据，则该期不能反结账。

本期不结账，将不能处理下期的数据。结账前一定要进行数据备份，否则数据一旦丢失，将造成无法挽回的后果。

实训练习

实验八　固定资产管理

【实验目的】

1. 掌握 T3 会计信息化软件中有关固定资产管理的相关内容。
2. 掌握固定资产系统初始化、日常业务处理和月末处理的操作。

【实验内容】

1. 固定资产系统参数设置、原始卡片录入。
2. 日常业务：资产增减、资产变动、资产评估、生成凭证、账表查询。
3. 月末处理：计提减值准备、计提折旧、对账和结账。

【实验准备】

1. 将计算机当前日期调整为 2021 年 1 月 31 日。

2. 引入实验三账套数据。

【实验要求】

以"贺敏"的身份进行固定资产管理。

【实验资料】

1. 初始设置

1) 控制参数(见表 7-2)

表7-2 控制参数

控制参数	参数设置
约定及说明	我同意
启用月份	2021.01
折旧信息	本账套计提折旧； 折旧方法：平均年限法(一)； 折旧汇总分配周期：1 个月； 当(月初已计提月份=可使用月份-1)时将剩余折旧全部提足(工作量法除外)
编码方式	资产类别编码方式：2 1 1 2； 固定资产编码方式：按"类别编号+部门编号+序号"自动编码，卡片序号长度为"3"
财务接口	与账务系统进行对账； 对账科目： 固定资产对账科目：1601，固定资产； 累计折旧对账科目：1602，累计折旧
补充参数	业务发生后立即制单； 月末结账前一定要完成制单登账业务； 可纳税调整的增加方式：直接购入； 固定资产默认入账科目：1601；累计折旧默认入账科目：1602； 可抵扣税额入账科目：22210101

2) 资产类别(见表 7-3)

表7-3 资产类别

编码	类别名称	净残值率	计提属性
01	交通运输设备	4%	正常计提
02	电子设备及其他通信设备	4%	正常计提
03	其他设备	4%	正常计提

3) 部门及对应折旧科目(见表7-4)

表7-4 部门及对应折旧科目

部门	对应折旧科目
企管办、财务部、采购部	管理费用/折旧费
销售部	销售费用
生产部	制造费用

4) 增减方式的对应入账科目(见表7-5)

表7-5 增减方式的对应入账科目

增减方式目录	对应入账科目
增加方式:直接购入	100201,银行存款——人民币户
减少方式:毁损	1606,固定资产清理

5) 原始卡片(见表7-6)

表7-6 原始卡片

固定资产名称	类别编号	所在部门	增加方式	可使用年限	开始使用日期	原值	累计折旧	对应折旧科目名称
轿车	01	企管办	直接购入	10	2019.11.1	215 470	37 255	管理费用/折旧费
笔记本电脑	02	财务部	直接购入	5	2019.12.1	28 900	5548	管理费用/折旧费
传真机	02	销售一部	直接购入	5	2019.11.1	3510	1825	销售费用
微机	02	生产部	直接购入	5	2019.12.1	6490	1246	制造费用
微机	02	生产部	直接购入	5	2019.12.1	6490	1246	制造费用
合计						260 860	47 120	

注:净残值率均为4%,使用状况均为"在用",折旧方法均采用平均年限法(一)。

2. 日常及期末业务

(1) 1月21日,采购部购买扫描仪一台,价值1500元,增值税195元,净残值率为4%,预计使用年限为5年。

(2) 1月23日,对轿车进行资产评估,评估结果:原值为200 000元,累计折旧为45 000元。

(3) 1月31日,计提本月折旧费用。

(4) 1月31日,生产部毁损计算机一台。

3. 下月业务

(1) 2月16日,企管办的轿车添置新配件10 000元。

(2) 2月28日，销售一部的传真机转移到采购部。
(3) 2月28日，经核查，对2019年购入的笔记本电脑计提1000元的减值准备。

【实验指导】

1. 启用固定资产管理系统(视频：操作演示\sy8\8-1.mp4)

① 执行"开始"|"程序"|"T3系列管理软件"|"T3"|"系统管理"命令，以账套主管身份登录系统管理。(用户名：01；密码：1；账套：202；会计年度：2021)

② 启用固定资产系统，启用日期为"2021年1月1日"。

2. 建立固定资产账套(视频：操作演示\sy8\8-21.mp4、8-22.mp4)

以"贺敏"的身份注册进入T3软件，进行固定资产初始设置。

用户名：02；密码:(空)；账套：202；会计年度：2021；操作日期：2021-01-01。

① 单击【固定资产】菜单，弹出"这是第一次打开此账套，还未进行过初始化，是否进行初始化？"信息提示框，单击【是】按钮，打开"固定资产初始化向导"对话框。

② 在"固定资产初始化向导——约定及说明"对话框中，仔细阅读相关条款，选中【我同意】单选按钮。

③ 单击【下一步】按钮，打开"固定资产初始化向导——启用月份"对话框，选择账套启用月份"2021.01"。

④ 单击【下一步】按钮，打开"固定资产初始化向导——折旧信息"对话框。选中"本账套计提折旧"复选框；选择主要折旧方法"平均年限法(一)"，折旧汇总分配周期为"1个月"；选中"当(月初已计提月份=可使用月份-1)时将剩余折旧全部提足(工作量法除外)"复选框，如图7-2所示。

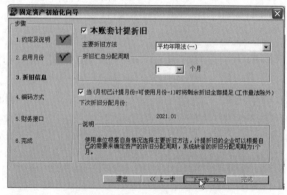

图7-2 "固定资产初始化向导——折旧信息"对话框

提示

- 如果是行政事业单位,若不选择"本账套计提折旧"复选框,则账套内所有与折旧有关的功能将被屏蔽,该选项在初始化设置完成后不能修改。
- 本操作选择的折旧方法可以在设置资产类别或定义具体固定资产时进行更改。
- 输入固定资产名称时请勿选用紫光拼音输入法。

⑤ 单击【下一步】按钮,打开"固定资产初始化向导——编码方式"对话框。确定资产类别编码长度为"2112";选中"自动编码"单选按钮,选择固定资产编码方式为"类别编号+部门编号+序号",选择序号长度为"3",如图7-3所示。

⑥ 单击【下一步】按钮,打开"固定资产初始化向导——财务接口"对话框。选中"与账务系统进行对账"复选框;选择固定资产对账科目为"1601,固定资产",累计折旧对账科目为"1602,累计折旧",如图7-4所示。

图7-3 "固定资产初始化向导——编码方式"对话框　　图7-4 "固定资产初始化向导——财务接口"对话框

⑦ 单击【下一步】按钮,打开"固定资产初始化向导——完成"对话框。单击【完成】按钮,完成本账套的初始化,系统弹出"是否确定所设置的信息完全正确并保存对新账套的所有设置"提示框。

⑧ 单击【是】按钮,弹出"已成功初始化本固定资产账套"提示框,单击【确定】按钮。

注意

- 初始化设置完成后,有些参数不能修改,所以要慎重。
- 如果发现参数有错,则必须改正;否则,将只能通过固定资产系统"维护"|"重新初始化账套"命令实现,该操作将清空我们对该子账套所做的一切工作。

补充参数设置:

① 执行"固定资产"|"设置"|"选项"命令,打开"选项"对话框。

② 选择"与账务系统接口"选项卡。选中"业务发生后立即制单""月末结账前一定

要完成制单登账业务"复选框;选择默认入账科目为"1601,固定资产""1602,累计折旧",可纳税调整的增加方式为"直接购入",可抵扣税额入账科目为"22210101,进项税额",如图7-5所示,单击【确定】按钮。

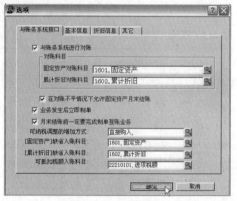

图7-5 "选项——与账务系统接口"对话框

3. 设置基础数据

1) 设置资产类别(视频:操作演示\sy8\8-31.mp4)

① 执行"固定资产"|"设置"|"资产类别"命令,进入"类别编码表"窗口。

② 单击【增加】按钮,输入类别名称"交通运输设备",净残值率"4%";选择计提属性"正常计提",折旧方法"平均年限法(一)",卡片样式"通用样式",如图7-6所示,单击【保存】按钮。

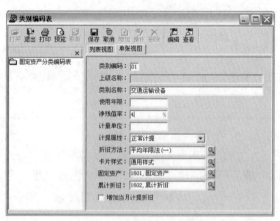

图7-6 "类别编码表"对话框

③ 同样,完成其他资产类别的设置。

注意
- 资产类别编码不能重复，同一级的类别名称不能相同。
- 类别编码、名称、计提属性、卡片样式不能为空。
- 已使用过的类别不能设置其下级类别。

2) 设置部门对应折旧科目(视频：操作演示\sy8\8-32.mp4)

① 执行"固定资产"|"设置"|"部门对应折旧科目设置"命令，进入"部门编码表"窗口。

② 选择部门"企管办"，单击【操作】按钮。

③ 选择折旧科目"660205，折旧费"，如图7-7所示，单击【保存】按钮。

图7-7 "部门编码表"对话框

④ 同样，完成其他部门折旧科目的设置。

 注意
- 如果销售一部和销售二部对应的折旧科目相同，则可以将折旧科目设置在销售部，保存后，单击【刷新】按钮，其下属部门自动继承。

3) 设置增减方式的对应入账科目(视频：操作演示\sy8\8-33.mp4)

① 执行"固定资产"|"设置"|"增减方式"命令，进入"增减方式"窗口。

② 在左边列表框中，单击增加方式"直接购入"，单击【操作】按钮。

③ 输入对应入账科目"100201，人民币户"，如图7-8所示，单击【保存】按钮。

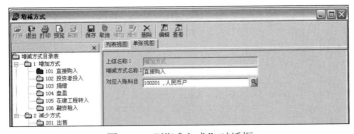

图7-8 "增减方式"对话框

④ 同样，输入减少方式"毁损"的对应入账科目"1606，固定资产清理"。

> **注意**
> ● 当固定资产发生增减变动时，系统生成凭证时会默认采用这些科目。

4. 原始卡片录入(视频：操作演示\sy8\8-4.mp4)

① 执行"固定资产"|"卡片"|"录入原始卡片"命令，进入"资产类别参照"窗口。

② 选择固定资产类别"01 交通运输设备"，单击【确认】按钮，进入"固定资产卡片"录入窗口。

③ 输入固定资产名称"轿车"；双击部门名称选择"企管办"，双击增加方式选择"直接购入"，双击使用状况选择"在用"；输入开始使用日期"2019-11-01"；输入原值"215 470"，累计折旧"37 255"；输入可使用年限"10年0月"；其他信息自动算出，如图7-9所示。

④ 单击【保存】按钮，弹出"数据成功保存！"信息提示框，单击【确定】按钮。

⑤ 同样，完成其他固定资产卡片的录入。

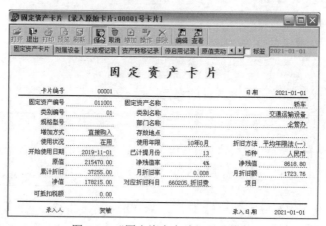

图7-9 "固定资产卡片"录入窗口

> **注意**
> ● 卡片编号由系统根据初始化时定义的编码方案自动设定，不能修改。如果删除的卡片不是最后一张，则系统将保留空号。
> ● 已计提月份由系统根据开始使用日期自动算出，可以修改，并能将使用期间停用等不计提折旧的月份扣除。
> ● 在完成与计算折旧有关的项目录入后，系统会按照输入的内容自动算出月折旧率和月折旧额并显示在相应项目内，可与手工计算的值比较，核对是否有错误。

5. 日常及期末处理

以"贺敏"的身份注册进入T3软件，进行固定资产日常及期末设置。

第 7 章　固定资产管理

用户名：02；密码：(空)；账套：202；会计年度：2021；操作日期：2021-01-31。

1) 资产增加(业务 1) (视频：操作演示\sy8\8-51.mp4)

① 执行"固定资产"|"卡片"|"资产增加"命令，进入"资产类别参照"窗口。

② 选择资产类别："02 电子设备及其他通信设备"，单击【确认】按钮，进入"固定资产卡片"新增窗口。

③ 输入固定资产名称"扫描仪"；双击使用部门选择"采购部"，双击增加方式选择"直接购入"，双击使用状况选择"在用"；输入原值"1500"，可抵扣税额"195"，可使用年限"5 年 0 月"，开始使用日期"2021-01-21"，如图 7-10 所示。

④ 单击【保存】按钮，进入"填制凭证"窗口。

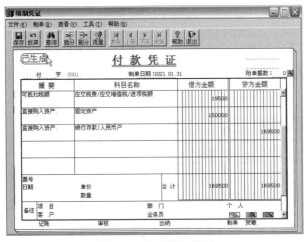

图 7-10　"固定资产卡片"新增窗口

⑤ 选择凭证类型"付款凭证"，修改制单日期、附件数，单击【保存】按钮生成凭证(现金流量：投资活动/现金流出/13 购建固定资产、无形资产和其他长期资产支付的现金)，如图 7-11 所示。

图 7-11　资产增加凭证

注意

- 固定资产原值一定要输入卡片录入月月初的价值，否则会出现计算错误。
- 新卡片第一个月不提折旧，累计折旧为空或为零。
- 卡片输入完后，也可以不立即制单，到月末采用批量制单生成凭证。生成的记账凭证需要在总账中审核记账。

2) 资产评估(业务 2) (视频：操作演示\sy8\8-52.mp4)

① 执行"固定资产"|"卡片"|"资产评估"命令，进入"资产评估管理"窗口。

② 单击【增加】按钮，进入"资产评估"窗口。

③ 选择要评估的项目"原值"和"累计折旧"，单击【确定】按钮。

④ 在"资产评估"窗口中选择要评估资产"轿车"的卡片编号，输入评估后的数据，(A)原值 200 000，(A)累计折旧 45 000，如图 7-12 所示。

图 7-12　"资产评估"窗口

⑤ 单击【保存】按钮，系统弹出"是否确认要进行资产评估？"提示框，单击【是】按钮，弹出"填制凭证"窗口。

⑥ 在"填制凭证"窗口中，选择凭证类型"转账凭证"，空白科目选择"660206 管理费用/其他"。

⑦ 单击【保存】按钮，如图 7-13 所示。

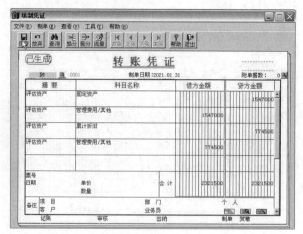

图 7-13　"填制凭证"窗口

注意

- 评估后数据输入在"(A)原值"和"(A)累计折旧"中。

3) 折旧处理(业务3) (视频：操作演示\sy8\8-53.mp4)

① 执行"固定资产"|"处理"|"计提本月折旧"命令，弹出"本操作将计提本月折旧，并花费一定时间，是否要继续？"提示框，单击【是】按钮，弹出"是否要查看折旧清单？"提示框，单击【是】按钮，如图7-14所示，单击【退出】按钮。

图7-14 "折旧清单"窗口

② 系统计提折旧完成后进入"折旧分配表"窗口，如图7-15所示。

③ 单击【凭证】按钮，进入"填制凭证"窗口。选择"转账凭证"，单击【保存】按钮，如图7-16所示。

图7-15 "折旧分配表"窗口

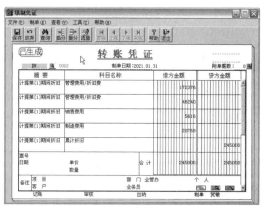

图7-16 计提折旧凭证

　注意

- 如果上次计提折旧已通过记账凭证把数据传递到总账系统，则必须删除该凭证才能重新计提折旧。
- 计提折旧后又对账套进行了影响折旧计算或分配的操作，必须重新计提折旧，否则系统不允许结账。

4) 资产减少(业务 4) (视频:操作演示\sy8\8-54.mp4)

① 执行"固定资产"|"卡片"|"资产减少"命令,进入"资产减少"窗口。

② 选择卡片编号"00004",单击【增加】按钮。

③ 选择减少方式"毁损",如图 7-17 所示,单击【确定】按钮,进入"填制凭证"窗口。

图 7-17 "资产减少"窗口

④ 选择"转账凭证",单击【保存】按钮,如图 7-18 所示。

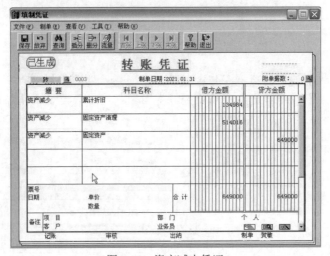

图 7-18 资产减少凭证

注意
- 本账套需要进行计提折旧后,才能减少资产。
- 如果要减少的资产较少或没有共同点,则通过输入资产编号或卡片号,单击【增加】按钮,将资产添加到资产减少表中。
- 如果要减少的资产较多并且有共同点,则通过单击【条件】按钮,输入查询条件,将符合该条件的资产挑选出来进行批量减少操作。

5) 账表管理(视频:操作演示\sy8\8-55.mp4)

① 执行"固定资产"|"账表"|"我的账表"命令,进入"报表"窗口。

② 单击"折旧表",选择"(部门)折旧计提汇总表"。

③ 单击【打开】按钮,打开"条件"对话框。

④ 选择期间"2021.01",汇总部门"1—2",单击【确定】按钮,显示汇总表。

6) 对账(视频:操作演示\sy8\8-56.mp4)

固定资产管理系统生成的凭证自动传递到总账系统。在总账系统中,由"孙娟"对出纳凭证进行签字,由"郑通"对传递过来的凭证进行审核和记账。

注意

- 只有总账系统记账完毕,固定资产管理系统期末才能和总账系统进行对账工作。

① 在固定资产管理系统执行"固定资产"|"处理"|"对账"命令,弹出"与财务对账结果"提示框。

② 单击【确定】按钮。

注意

- 当总账系统记账完毕,固定资产管理系统才可以进行对账。对账平衡后开始月末结账。
- 如果在初始设置时选择了"与账务系统对账"功能,则对账的操作不限制执行时间,任何时候都可以进行对账。
- 若在财务接口中选中"在对账不平情况下允许固定资产月末结账"复选框,则可以直接进行月末结账。

7) 结账(视频:操作演示\sy8\8-57.mp4)

① 执行"固定资产"|"处理"|"月末结账"命令,打开"月末结账"对话框。

② 单击【开始结账】按钮,系统自动检查与总账系统的对账结果,单击【确定】按钮后,弹出"月末结账成功完成!"提示框。

③ 单击【确定】按钮。

注意

- 本会计期间做完月末结账工作后,所有数据资料将不能再进行修改。
- 本会计期间不做完月末结账工作,系统将不允许处理下一个会计期间的数据。
- 月末结账前一定要进行数据备份,一旦数据丢失将造成无法挽回的后果。
- 执行"处理"|"恢复月末结账前状态"命令,可取消月末结账。

6. 下月业务

以"贺敏"的身份注册进入 T3 软件,进行固定资产下月日常业务。

用户名:02;密码:(空);账套:202;会计年度:2021;操作日期:2021-01-28。

1) 原值增加(业务 5) (视频：操作演示\sy8\8-61.mp4)

① 执行"固定资产"|"卡片"|"变动单"|"原值增加"命令，进入"固定资产变动单"窗口。

② 选择输入卡片编号"00001"，输入增加金额"10 000"，输入变动原因"增加配件"，如图 7-19 所示。

图 7-19　固定资产变动单——原值增加

③ 单击【保存】按钮，进入"填制凭证"窗口。

④ 选择凭证类型"付款凭证"，贷方科目 100201，现金流量"投资活动/现金流出/13 购建固定资产、无形资产和其他长期资产支付的现金"，单击【保存】按钮，如图 7-20 所示。

图 7-20　原值增加凭证

> **注意**
> - 资产变动主要包括原值变动、部门转移、使用状况变动、使用年限调整、折旧方法调整、净残值(率)调整、工作总量调整、累计折旧调整、资产类别调整等。系统对已做出变动的资产，要求输入相应的变动单来记录资产调整结果。
> - 由于变动单不能修改，只有当月可删除重做，所以必须仔细检查后再保存。
> - 必须保证变动后的净值大于变动后的净残值。

2) 资产部门转移(业务 6) (视频：操作演示\sy8\8-62.mp4)

① 执行"固定资产"|"卡片"|"变动单"|"部门转移"命令，进入"固定资产变动单"窗口。

② 输入卡片编号"00003"，双击变动后部门选择"采购部"，输入变动原因"调拨"，如图 7-21 所示。

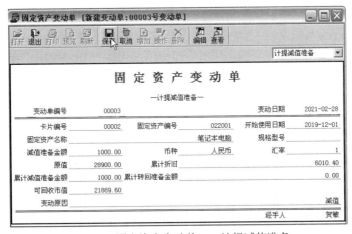

图 7-21　固定资产变动单——部门转移

③ 单击【保存】按钮。

3) 计提减值准备(业务 7) (视频：操作演示\sy8\8-63.mp4)

① 执行"固定资产"|"卡片"|"变动单"|"计提减值准备"命令，进入"固定资产变动单"窗口。

② 输入卡片编号"00002"，减值准备金额"1000"，变动原因"减值"，如图 7-22 所示。

图 7-22　固定资产变动单——计提减值准备

③ 单击【保存】按钮，进入"填制凭证"窗口。选择凭证类型"转账凭证"，输入贷方科目，单击【保存】按钮，如图 7-23 所示。

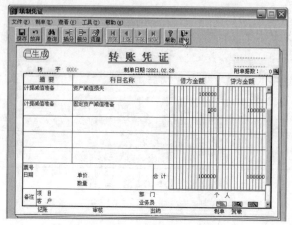

图 7-23　计提减值准备凭证

巩固提高

一、单选题

1. 下列固定资产业务中不生成凭证的是(　　)。
　　A. 资产增加　　B. 计提折旧　　C. 资产评估　　D. 部门转移
2. 设置部门对应折旧科目的主要目的是为(　　)提供方便。
　　A. 资产增加　　B. 资产评估　　C. 部门转移　　D. 生成折旧费用凭证
3. 下列参数不能在初始化过程中设置的是(　　)。
　　A. 主要折旧方法　　　　　　B. 使用年限
　　C. 固定资产编码方式　　　　D. 折旧汇总分配周期
4. 在固定资产管理系统初始化过程中的折旧信息中,使用单位可以根据自己的需要来确定资产的折旧分配周期,系统默认的折旧分配周期为(　　)。
　　A. 1个月　　B. 1个季度　　C. 半年　　D. 1年

二、多选题

1. 建立固定资产账套需要设置的内容主要包括(　　)。
　　A. 启用月份　　　　　　B. 折旧信息
　　C. 编码方式　　　　　　D. 账务接口
2. 固定资产管理系统的作用有(　　)。
　　A. 完成企业固定资产日常业务的核算和管理
　　B. 反映固定资产的增加、减少、原值变化及其他变动
　　C. 生成固定资产卡片
　　D. 自动计提折旧

3. 在定义固定资产类别时，下列项目不能为空的有( )。
   A. 类别编码　　　B. 名称　　　C. 计提属性　　　D. 计量单位

三、判断题

1. 设置上级部门的折旧科目，下级部门自动继承，不能选择不同的科目。( )
2. 本月增加的固定资产，本月可进行部门转移。( )
3. 首次使用固定资产管理系统时，应先选择对账套进行初始化。( )
4. 行政事业单位的固定资产不提折旧，故用友T6固定资产管理系统不适用。( )
5. 折旧分配表是计提折旧的依据。( )

四、简答题

1. 固定资产管理系统的主要功能包括哪些？
2. 固定资产管理系统的业务流程是怎样的？
3. 在固定资产管理系统中需要设置哪些基础数据？
4. 固定资产日常业务处理主要包括哪些内容？
5. 计提折旧的基本原则是什么？
6. 归纳整理哪些业务可以在固定资产管理系统生成凭证？生成的凭证分录是什么？

第8章

购销存系统初始设置

本章学习目标

通过本章内容的学习,你将能够:
1. 了解购销存系统包括哪些模块及各模块的主要功能。
2. 掌握购销存系统集成应用的业务流程。
3. 了解购销存系统初始化的工作内容。
4. 理解购销存系统各模块参数的含义。
5. 掌握购销存期初数据录入的主要内容。

第8章 购销存系统初始设置

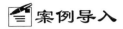
案例导入

北京海达科技有限公司(简称海达科技)准备于2021年1月1日启用购销存与核算系统,进行购销存核算。

1. 业务分工

账套主管郑通进行购销存初始设置工作。

2. 整理基础档案

1) 存货档案(见表8-1)

表8-1 存货档案

存货编号	存货名称	计量单位	存货属性	参考成本
1001	光盘	张	外购、生产耗用	2
1002	包装纸	包	外购、生产耗用	30
2001	杀毒软件	套	外购、销售	150
3001	百问ERP多媒体课件	套	自制、销售	40
3002	ERP模拟体验光盘	套	自制、销售	50
9001	运费	千米	外购、劳务费用	

2) 其他档案:仓库档案、收发类别、采购销售类型

3. 整理期初数据

1) 采购模块期初数据

2020年12月24日,采购部收到大众印刷厂提供的包装纸50包,暂估价为30元,商品已验收入材料库,至今尚未收到发票。

2020年12月26日,采购部收到大众印刷厂开具的专用发票一张,发票号为A456,商品为包装纸,数量100套,每包售价30元,由于天气变化影响运输,该货物尚在运输途中。

2) 库存和存货系统期初数据

2020年12月31日,对各个仓库进行了盘点,结果如表8-2所示。

表8-2 库存和存货系统期初数据

仓库名称	存货编码	存货名称	数量	单价	金额
材料库	1001	光盘	2200	2	4400
材料库	1002	包装纸	500	30	15 000
				小计	19 400
产品一库	2001	杀毒软件	60	150	9000
				小计	9000

(续表)

仓库名称	存货编码	存货名称	数量	单价	金额
产品二库	3001	百问 ERP 多媒体课件	1000	40	40 000
产品二库	3002	ERP 模拟体验光盘	2000	50	100 000
				小计	140 000
		总　　计			168 400

3) 客户往来期初数据(见表 8-3)

表8-3　客户往来期初数据

日期	发票号	客户	销售部门	科目	货物代码	数量	单价
2020-12-25	B123	北方管理软件学院	销售一部	1122	2001	50	300

4) 供应商往来期初数据(见表 8-4)

表8-4　供应商往来期初数据

日期	发票号	供应商	部门	科目	货物代码	数量	单价
2020-12-26	A4566	大众印刷厂	采购部	2202	1002	100	30

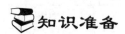

8.1 购销存系统概述

购销存系统是用友通管理软件的重要组成部分,它突破了会计核算软件单一财务管理的局限,实现了从财务管理到企业财务业务一体化全面管理,实现了物流、资金流管理的统一。

8.1.1 购销存系统应用方案

购销存系统包括采购、销售、库存、核算 4 个模块。

采购模块主要功能包括：输入采购发票与其相对应的采购入库单,实现采购报账(结算)工作；输入付款单,实现采购付款业务。采购模块相关操作人员为采购核算员和库房管理员。

销售模块主要功能包括：输入销货发票和发货单,实现库存商品的对外销售业务；输入收款单,实现销售收款业务。相关操作人员为销售核算员和库房管理员。

库存模块功能包括：根据采购和销售的情况进行出入库业务的管理工作；其他出入库业务的管理工作。相关操作人员为库房管理员。

核算模块功能包括：对各种出入库业务进行入库成本及出库成本的核算；对各种收付款业务生成一系列的相关凭证并传递到总账中。相关操作人员为财务人员和材料会计。

8.1.2 购销存系统业务处理流程

在企业的日常工作中，采购供应部门、仓库、销售部门、财务部门等都涉及购销存业务及其核算的处理。各个部门的管理内容是不同的，工作间的延续性通过单据在不同部门间传递完成。计算机环境下的业务处理流程与手工环境下的业务处理流程存在一定的差异，如果缺乏对购销存系统业务流程的了解，那么就无法实现部门间的协调配合，影响系统的效率。

购销存业务流程如图 8-1 所示。

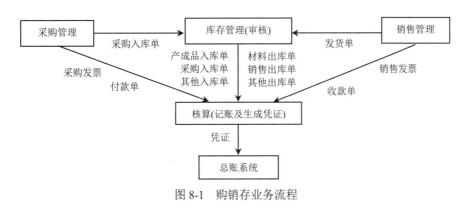

图 8-1　购销存业务流程

8.2　购销存系统初始化

购销存系统初始化包括购销存系统业务参数设置、基础档案信息设置及期初数据录入工作。

8.2.1　购销存系统业务参数设置

购销存系统各个模块间的关系密切，各模块在使用前需进行相应的参数设置。本节对购销存系统的采购、销售、库存、核算 4 个模块中涉及的主要参数进行介绍。

1．采购模块

采购业务主要控制参数如下。
1) 入库单是否自动编号
若选择此项，则在生成入库单时系统自动编号，否则需人工输入编号。
2) 存货使用辅计量单位
对同一种存货，如果财务核算所用的计量单位与业务活动所用的统计单位不相同时，则要设置辅计量单位，这样，存货成本就可以按主计量单位核算，按辅计量单位统计。例如，衬衣可按"件"计量，也可按"箱"计量，那么可以把"件"作为衬衣的主计量单位，把"箱"作为衬衣的辅计量单位。

应付业务控制参数如下。

1) 应付款核销方式

系统提供了两种应付款的核销方式，即按单据核销应付款和按产品核销应付款。选择不同的核销方式，将影响付款分析的精确性。

2) 汇兑损益结算方式

系统提供了两种计算汇兑损益的方式，即外币余额结清时计算和月末计算两种方式。

3) 应付确认日期依据

系统提供了两种应付确认日期的依据，即以业务日期或以单据日期确认。

4) 现金折扣是否显示

为了鼓励客户在信用期间内提前付款，企业经常会采用现金折扣政策。选择显示现金折扣，系统会在"单据结算"中显示"可享受折扣"和"本次折扣"，并计算可享受的折扣。若选择了"不显示现金折扣"，则系统既不计算也不显示现金折扣。

2. 销售模块

销售业务主要控制参数如下。

1) 有无外币业务

若有外币业务，则可以将币种项选入可处理外币业务单据的格式，相关账表查询的参照条件中包含币种，输出内容中包含外币业务的业务信息；否则，系统不能处理外币业务。

2) 是否固定换算率

此选项在存货有辅计量单位时才有效。若是固定换算率，在录入或修改单据时，对于有辅计量单位的存货，如果数量改变，则系统自动重新计算件数，换算率不变(但换算率本身在录入或修改单据时是可以修改的)；若不是固定换算率，如果数量改变，则系统自动重新计算换算率，件数不变。

3) 是否由销售系统生成销售出库单

如果由销售系统生成销售出库单，则销售系统的发货单、销售发票在复核时，自动生成销售出库单，并传递到库存系统和存货核算系统；否则，销售出库单由库存系统参照上述单据生成。

4) 销售是否必填批号

如果选择是，则批次管理的存货在销售系统开具发货单、销售发票时，批号为必填项；如果选择否，则批号在销售系统可指定可不指定，销售系统指定后库存不能修改，未指定的由库存系统指定。

5) 销售报价是否含税

销售报价指填制销售单据时货物的本位币的参考售价。若选择是，则报价作为单据的含税单价栏的默认值；若选择否，则报价作为单据的无税单价栏的默认值。

6) 是否有信用额度控制

若选择是，则在增加、修改和审核销售订单、发货单、销售发票时，如果当前客户的应收账款余额超过了该客户档案中设定的信用额度值，或者当前客户的信用期间超过了该客户档案中设定的信用期间值，则需要输入口令方可确认相应操作；否则，在做以上操作时系统不做客户信用检查。当发货单、发票都被选中时，表示对两者都控制；当发货单被选中而发票未被选中时，表示对所有发货单控制，并且对先开票的发票控制；当发货单未被选中而发票被选中时，表示只对发票控制(包括参照发货单生成的发票和先开票的发票)。

7) 是否有最低售价控制

若选择是，则在增加、修改和审核销售订单、发货单、销售发票时，如果货物的实际销售价格超过了存货档案中设定的最低售价(实际销售价格是含税单价还是无税单价由"报价是否含税"参数决定)，则需要输入口令方可确认相应操作；否则，在进行以上操作时系统不做存货最低售价的检查。

应收业务主要控制参数如下。

1) 应收款核销方式

系统提供了两种应收款的核销方式，即按单据核销应收款和按产品核销应收款。选择不同的核销方式，将影响收款分析的精确性。

2) 汇兑损益结算方式

系统提供了两种计算汇兑损益的方式，即外币余额结清时计算和月末计算两种方式。

3) 应收确认日期依据

系统提供了两种应收确认日期的依据，即以业务日期或以单据日期确认。

4) 现金折扣是否显示

参见采购模块"现金折扣是否显示"的参数说明。

3. 库存模块

库存业务主要控制参数如下。

1) 有无组装拆卸业务

某些企业的某些存货既可单独出售，又可与其他存货组装在一起销售。例如，计算机销售公司既可将显示器、主机、键盘等单独出售，又可按客户的要求将显示器、主机、键盘等组装成计算机销售，这时就需要对计算机进行组装。如果企业库存中只存有组装好的计算机，但客户只需要买显示器，则需将计算机进行拆卸，然后将显示器卖给客户。

2) 有无批次管理

批次管理指对存货的收发存进行批次跟踪，可统计某一批次所有存货的收发存情况或某一存货所有批次的收发存情况。如果用户需要管理存货的保质期或对供货单位跟踪，即查询该存货每个供应商供了多少货、销售了多少、退货多少、库中结存多少等信息，以便考核供应商的供货质量或商品的畅销情况，则可通过批次管理实现。

3) 有无保质期管理

保质期管理指对存货的失效日期进行监控，对过期、到期的存货进行报警，并对即将过期的存货进行预警。

4) 有无成套件管理

有些存货既是单独的商品可单独销售,又是其他商品的组成件,可随同其他商品一起销售。例如,用友公司的"ZW+UFO 普及版"就是一个成套件,它是由账务(ZW)和报表(UFO)组成的,也就是说,ZW 和 UFO 是它的组成件,一套账表由一个 ZW 和一个 UFO 构成。ZW 和 UFO 分别是独立的存货可单独销售,又是"ZW+UFO 普及版"的组成件,两个存货必须组合起来才能构成"ZW+UFO 普及版"。

5) 存货有无辅助计量单位

参见采购模块"存货使用辅计量单位"的参数说明。存货成本按计量单位核算,辅助计量单位只参与统计,不参与核算。

6) 是否允许零出库

零出库指出库数量大于存货的结存数量时仍然出库,即超现存量出库。

7) 是否需要最高最低库存报警

最高最低库存报警指单据录入时,如果存货当前现存量小于最低库存量或大于最高库存量,是否需要系统报警。

8) 是否允许超限额领料

超限额领料指限额领料单的累计出库数是否可以超过出库计划数。如果允许,则分单出库对超过计划的材料不进行报警;如果不允许,则报警系统提示超过计划领料数,应修改出库数量。

9) 是否库存系统生成销售出库单

该选项主要影响库存系统与销售系统集成使用的情况。如果选择库存系统生成销售出库单,则销售发货单或销售发票在销售系统审核时不自动生成销售出库单到库存系统,而是在库存系统根据销售发货单或销售发票生成销售出库单;如果不选择该选项,则销售发货单或销售发票在销售系统审核时自动生成销售出库单传到库存系统。

10) 销售出库业务是否由销售系统指定批号

该选项主要影响库存系统与销售系统集成使用的情况。如果选择由销售系统指定批号,则销售系统开具发货单或发票时就必须指定批号,而且库存系统根据发货单或发票生成销售出库单时,不能修改此批号;如果不选择由销售系统指定批号,则销售系统开具发货单或发票时批号可输可不输,如果不输批号则在库存系统根据发货单或发票生成销售出库单时指定批号。

4. 核算模块

核算业务主要控制参数如下。

1) 零出库成本选择

零出库成本选择指在先进先出或后进先出方式下核算的出库单据登记明细账时,如果出现账中为零成本或负成本,则会造成出库成本不可计算,为避免出现此情况,需要从系统提供的选项中进行选择。

上次出库成本是指取明细账中此存货的上一次出库单价作为本次出库单价；参考成本价是指取存货目录中此存货的参考成本作为本次出库单价；结存成本价是指取明细账中此存货的结存单价作为本次出库单价；上次入库成本是指取明细账中此存货的上一次入库单价作为本次出库单价；手工输入是由使用者手工输入单价。

2) 暂估处理方式

对存货的暂估处理，系统提供了以下3种方式：①月初回冲，是指月初时系统自动生成红字回冲单；②单到回冲，是指发票报销处理时系统生成红字回冲单，并生成蓝字报销单；③单到补差，是指报销处理时系统自动生成一张调整单，调整金额为实际金额与暂估金额的差额。

3) 最大/最小单价控制

为了解决移动平均、全月平均计价法下由于零出库或暂估成本与结算成本不一致，造成的出库单价极大或极小甚至出现负单价等情况的问题，系统提供了最高/最低单价控制功能，用户只有在系统选项中选择"移动平均、全月平均单价最高最低控制"时系统才予以控制。当设置每一存货的最高/最低单价或由系统根据各存货的入库记录自动获取最高/最低单价后，记账或期末处理时，如果系统计算的单价超过最高/最低单价，系统则按"最大、最小单价"选择的方法取单价，如取上次出库成本、参考成本、上次入库成本或手工输入、结存成本、最大/最小单价、出库单价等。

为了解决计划价或售价计价法下，由于零出库或暂估成本与结算成本不一致造成的差异率(或差价率)极大或极小等情况的问题，系统提供差异/差价率最高最低控制功能。只有在最高最低控制选项中选择差价/差异最高最低控制，系统才予以控制。当设置了一个标准的差价率(或差异率)允许的上下幅度后，如果系统计算出的差异率(或差价率)超过此范围，系统则按"最大、最小差价率"选择按标准差异率(或差价率)、当月入库差异率(或差价率)、上月出库差异率(或差价率)等方法计算。

最高/最低单价由系统根据入库单的单价进行维护，也可手工输入最高/最低单价。

8.2.2 设置基础档案

本章之前设计的实验中都有基础信息的设置，但基本限于与财务相关的信息。除此以外，购销存系统还需要增设与业务处理、查询统计、财务连接相关的基础信息。

1. 基础档案信息

使用购销存系统之前，应做好手工基础数据的准备工作，如对存货合理分类、准备存货的详细档案、进行库存数据的整理及与账面数据的核对等。购销存部分需要增设的基础档案信息包括存货分类、存货档案、仓库档案、采购类型、销售类型、收发类别、产品结构和费用项目等。

1) 存货分类

伴随采购业务的是采购费用的发生。如果需要将该费用计入采购成本，则在系统中需要将劳务费用也视为一种存货，但为了与企业正常存货分开管理、统计，通常将其单独列为一类，如"应税劳务"。

2) 存货档案

在"存货档案"窗口中包括4个选项卡：基本、成本、控制和其他。

在"基本"选项卡中，有6个复选框，用于设置存货属性，具体介绍如下。

- 销售：用于发货单、销售发票、销售出库单等与销售有关的单据参照使用，表示该存货可用于销售。
- 外购：用于购货所填制的采购入库单、采购发票等与采购有关的单据参照使用，在采购发票、运费发票上一起开具的采购费用，也应设置为外购属性。
- 生产耗用：存货可在生产过程被领用、消耗。生产产品耗用的原材料、辅助材料等在开具材料出库单时参照。
- 自制：由企业生产自制的存货，如产成品、半成品等，主要用在开具产成品入库单时参照。
- 在制：指尚在制造加工中的存货。
- 劳务费用：指在采购发票上开具的运输费、包装费等采购费用及开具在销售发票或发货单上的应税劳务、非应税劳务等。

在"控制"选项卡中，主要有两个选项，具体介绍如下。

- 是否批次管理：对存货是否按批次进行出入库管理。该项必须在库存系统账套参数中选中"有批次管理"后方可设定。
- 是否保质期管理：有保质期管理的存货必须有批次管理。因此，该项也必须在库存系统账套参数中选中"有批次管理"后方可设定。

3) 仓库档案

存货一般是存放在仓库保管的。对存货进行核算管理，就必须建立仓库档案。

4) 采购类型和销售类型

定义采购类型和销售类型，能够按采购、销售类型对采购、销售业务数据进行统计和分析。采购类型和销售类型均不分级次，根据实际需要设立。

5) 收发类别

收发类别用来表示存货的出入库类型，便于对存货的出入库情况进行分类汇总统计。

6) 产品结构

产品结构用来定义产品的组成，包括组成成分和数量关系，以便用于配比出库、组装拆卸、消耗定额、产品材料成本等引用。产品结构中引用的物料必须首先在存货档案中定义。

7) 费用项目

销售过程中有很多不同的费用发生，如代垫费用、销售支出等，在系统中将其设为费用项目，以方便记录和统计。

2．设置客户往来/供应商往来业务科目

如果企业应收/应付业务类型较固定，生成的凭证类型也较固定，为了简化凭证生成操作，则可在此处将各业务类型凭证中的常用科目预先设置好，包括基本科目设置、控制科目设置、产品科目设置、结算方式科目设置等。

3．设置存货业务科目

核算系统是购销存系统与财务系统联系的"桥梁"，各种存货的购进、销售及其他出入库业务，均在核算系统中生成凭证并传递到总账。为了快速、准确地完成制单操作，应事先设置凭证上的相关科目。

1) 设置存货科目

存货科目是设置生成凭证所需要的各种存货科目和差异科目。存货科目既可以按仓库也可以按存货分类分别进行设置。

2) 设置对方科目

对方科目是设置生成凭证所需要的存货对方科目，可以按收发类别设置。

8.2.3 客户往来期初数据和供应商往来期初数据

客户往来期初数据和供应商往来期初数据主要是指往来期初发票，需分别在销售模块和采购模块中输入。

8.2.4 购销存系统期初数据

在购销存业务系统中，期初数据录入是一个非常关键的环节。期初数据的录入内容及说明如表 8-5 所示。

表8-5 购销存系统期初数据的录入内容及说明

系统名称	操作	内容	说明
采购	录入	暂估入库期初余额	暂估入库是指货到票未到
		在途存货期初余额	在途存货是指票到货未到
	记账	采购期初数据	没有期初数据也要执行期初记账，否则不能开始日常业务
库存、核算	录入并记账	存货期初余额及差异	库存和存货共用期初数据

采购系统有可能存在两类期初数据：一类是货到票未到即暂估入库业务，对于这类业务应调用期初采购入库单录入；另一类是票到货未到即在途业务，对于这类业务应调用期

初采购发票功能录入。

需要说明的是，对于同一笔采购期初发票，需要在两个地方录入，一是在采购中录入期初采购发票，当货物到达后，填制采购入库单，期初采购发票与入库单进行采购结算；二是在供应商往来期初中录入期初采购发票，此期初采购发票可参与供应商往来账龄分析，当对此发票付款时，可与付款单进行付款核销。

各个仓库存货的期初余额既可以在库存模块中录入，也可以在核算模块中录入，只要在其中一个模块输入，另一模块则自动获得期初库存数据。

 实训练习

实验九　购销存系统初始设置

【实验目的】

1. 掌握 T3 会计信息化软件中购销存初始设置的相关内容。
2. 理解购销存系统业务处理流程。
3. 掌握购销存系统基础信息设置、期初余额录入的操作方法。

【实验准备】

1. 将计算机当前日期调整为 2021 年 1 月 31 日。
2. 引入实验三账套数据。

【实验内容】

1. 启用购销存模块、核算模块。
2. 设置基础信息。
3. 设置基础科目。
4. 输入期初数据。

【实验要求】

以"郑通"的身份进行购销存初始设置。

【实验资料】

1. 基础信息

1) 存货分类(见表 8-6)

表8-6 存货分类

存货类别编码	存货类别名称
01	原材料
02	产成品
03	其他

2) 存货档案(见表8-7)

表8-7 存货档案

存货编号	存货名称	计量单位	所属分类	税率	存货属性	参考成本
1001	光盘	张	01	13%	外购、生产耗用	2
1002	包装纸	包	01	13%	外购、生产耗用	30
2001	杀毒软件	套	02	13%	外购、销售	150
3001	百问ERP多媒体课件	套	02	13%	自制、销售	40
3002	ERP模拟体验光盘	套	02	13%	自制、销售	50
9001	运费	次	03	9%	外购、劳务费用	

3) 仓库档案(见表8-8)

表8-8 仓库档案

仓库编码	仓库名称	所属部门	负责人	计价方式
1	材料库	采购部	魏大鹏	先进先出法
2	产品一库	销售一部	田晓宾	先进先出法
3	产品二库	销售一部	田晓宾	先进先出法

4) 收发类别(系统预置)(见表8-9)

表8-9 收发类别

收发类别编码	收发类别名称	收发标志	收发类别编码	收发类别名称	收发标志
1	入库类别	收	2	出库类别	发
11	采购入库	收	21	销售出库	发
12	产成品入库	收	22	材料领用出库	发
15	其他入库	收	25	其他出库	发

5) 采购类型(见表 8-10)

表8-10 采购类型

采购类型编码	采购类型名称	入库类别	是否默认值
01	材料采购	采购入库	是
02	商品采购	采购入库	否

6) 销售类型(见表 8-11)

表8-11 销售类型

销售类型编码	销售类型名称	出库类别	是否默认值
01	批发	销售出库	是
02	零售	销售出库	否

2. 基础科目

1) 存货科目(见表 8-12)

表8-12 存货科目

仓库编码	仓库名称	存货科目
1	材料库	光盘(140301)
2	产品一库	杀毒软件(140501)
3	产品二库	ERP模拟体验光盘(140503)

2) 存货对方科目(见表 8-13)

表8-13 存货对方科目

收发类别	对方科目
采购入库	在途物资(1402)
产成品入库	生产成本/直接材料(500101)
材料领用出库	生产成本/直接材料(500101)
销售出库	主营业务成本/杀毒软件(640101)

3) 客户往来科目

基本科目设置：应收科目1122，销售收入科目600101，应交增值税科目22210102。
结算方式科目设置：现金结算对应1001,转账支票对应100201,现金支票对应100201。

4) 供应商往来科目

基本科目设置：应付科目2202，采购科目1402，采购税金科目22210101。
结算方式科目设置：现金结算对应1001,转账支票对应100201,现金支票对应100201。

3. 期初数据

1) 采购模块期初数据

2020年12月24日，采购部收到大众印刷厂提供的包装纸50包，暂估价为30元，商品已验收入材料库,至今尚未收到发票。

2020年12月26日,采购部收到大众印刷厂开具的专用发票一张,发票号为A456,商品为包装纸,数量100包,每包售价30元,由于天气变化影响运输,该货物尚在运输途中。

2) 库存和存货系统期初数据

2020年12月31日,对各个仓库进行了盘点,结果如表8-14所示。

表8-14 仓库盘点

仓库名称	存货编码	存货名称	数量	单价(元)	金额(元)
材料库	1001	光盘	2200	2	4400
材料库	1002	包装纸	500	30	15 000
				小计	19 400
产品一库	2001	杀毒软件	60	150	9000
				小计	9000
产品二库	3001	百问ERP多媒体课件	1000	40	40 000
产品二库	3002	ERP模拟体验光盘	2000	50	100 000
				小计	140 000
				总计	168 400

3) 客户往来期初数据

应收账款科目的期初余额为16 950元,以销售专用发票形式输入,如表8-15所示。

表8-15 客户往来期初数据

日期	发票号	客户	销售部门	科目	货物代码	数量	单价(元)
2020-12-25	B123	北方管理软件学院	销售一部	1122	2001	50	300

4) 供应商往来期初数据

应付账款科目的期初余额为3390元,以采购专用发票输入,如表8-16所示。

表8-16 供应商往来期初数据

日期	发票号	供应商	部门	科目	货物代码	数量	单价(元)
2020-12-26	A4566	大众印刷厂	采购部	2202	1002	100	30

【操作指导】

1. 启用购销存模块、核算模块(视频:操作演示\sy9\9-1.mp4)

① 启动系统管理,并以账套主管"郑通"的身份注册系统管理。
② 执行"账套"|"启用"命令,弹出"系统启用"对话框。
③ 选中"GX-购销存管理"复选框,弹出"日历"对话框。
④ 选择日期"2021年1月1日",如图8-2所示。

图 8-2 购销存系统启用

⑤ 单击【确定】按钮，单击【是】按钮。

⑥ 同理，启用"IA-核算"子系统。

2．设置基础信息

以账套主管郑通身份注册 T3 软件，进行总账初始设置。

用户名：01；密码：1；账套：202；会计年度：2021；操作日期：2021-01-01。

1) 设置存货分类(视频：操作演示\sy9\9-21.mp4)

执行"基础设置"|"存货"|"存货分类"命令，按资料输入存货分类信息，如图 8-3 所示。

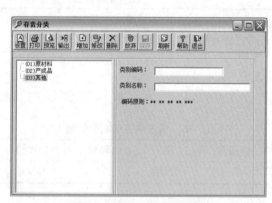

图 8-3 输入存货分类信息

2) 设置存货档案(视频：操作演示\sy9\9-22.mp4)

执行"基础设置"|"存货"|"存货档案"命令，按资料输入存货档案信息，如图 8-4 所示。

第 8 章 购销存系统初始设置

图 8-4 输入存货档案信息

3) 设置仓库档案(视频：操作演示\sy9\9-23.mp4)

执行"基础设置"|"购销存"|"仓库档案"命令，按资料输入仓库档案信息，如图 8-5 所示。

图 8-5 输入仓库档案信息

4) 设置收发类别(视频：操作演示\sy9\9-24.mp4)

执行"基础设置"|"购销存"|"收发类别"命令，按资料输入收发类别信息(收入类别系统已经预置)，如图 8-6 所示。

图 8-6 输入收发类别信息

5) 设置采购类型(视频：操作演示\sy9\9-25.mp4)

执行"基础设置"|"购销存"|"采购类型"命令，按资料输入采购类型信息，如图 8-7 所示。

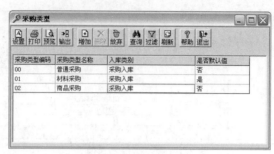

图 8-7 输入采购类型信息

6) 设置销售类型(视频：操作演示\sy9\9-26.mp4)

执行"基础设置"|"购销存"|"销售类型"命令，按资料输入销售类型信息，如图 8-8 所示。

图 8-8 输入销售类型信息

3. 设置基础科目

1) 设置存货科目(视频：操作演示\sy9\9-31.mp4)

执行"核算"|"科目设置"|"存货科目"命令，按资料输入存货对应科目信息，如图 8-9 所示。

图 8-9 输入存货科目信息

2) 设置存货对方科目(视频：操作演示\sy9\9-32.mp4)

执行"核算"|"科目设置"|"存货对方科目"命令，按资料输入存货对

方科目信息,如图 8-10 所示。

图 8-10　输入存货对方科目信息

3) 设置客户往来科目(视频：操作演示\sy9\9-33.mp4)

执行"核算"|"科目设置"|"客户往来科目"命令,按资料输入客户往来科目信息,如图 8-11 所示。

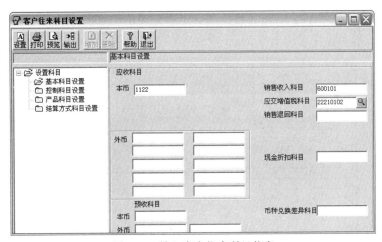

图 8-11　输入客户往来科目信息

4) 设置供应商往来科目(视频：操作演示\sy9\9-34.mp4)

执行"核算"|"科目设置"|"供应商往来科目"命令,按资料输入供应商往来科目信息,如图 8-12 所示。

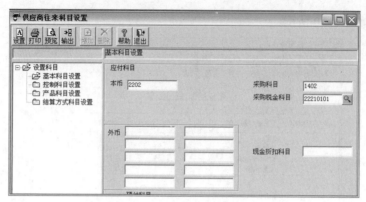

图 8-12 输入供应商往来科目信息

4. 输入采购模块期初数据

1) 货到票未到业务的处理(视频：操作演示\sy9\9-41.mp4)

① 执行"采购"|"采购入库单"命令，进入"期初采购入库单"窗口。

② 单击【增加】按钮，输入入库日期"2020-12-24"，选择仓库"材料库"，供货单位"大众印刷厂"，部门"采购部"，入库类别"采购入库"，采购类型"材料采购"。

③ 选择存货编码"1002"，输入数量"50"，暂估单价"30"，如图 8-13 所示，单击【保存】按钮，完成后单击【退出】按钮。

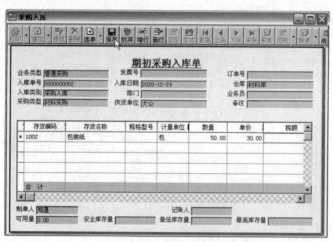

图 8-13 录入"期初采购入库单"

2) 票到货未到业务的处理(视频：操作演示\sy9\9-42.mp4)

① 执行"采购"|"采购发票"命令，打开"采购发票"窗口。

② 单击【增加】按钮右侧下箭头，选择"专用发票"。

③ 输入发票号"A456"，开票日期"2020-12-26"，选择部门"采购部"，供货单位"大众"，采购类型"材料采购"。

④ 选择存货编码"1002",输入数量"100",单价"30",如图 8-14 所示,单击【保存】按钮,完成后单击【退出】按钮。

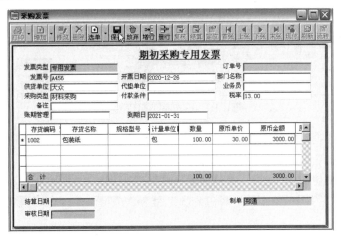

图 8-14　录入期初采购专用发票

3) 采购管理系统期初记账(视频：操作演示\sy9\9-43.mp4)
① 执行"采购"|"期初记账"命令,弹出"期初记账"提示框。
② 单击【记账】按钮,稍候片刻,系统提示"期初记账完毕"。
③ 单击【确定】按钮返回。

> **注意**
> - 采购管理系统如果不执行期初记账,则无法开始日常业务处理,因此,如果没有期初数据,也要执行期初记账。
> - 采购管理系统如果不执行期初记账,库存管理系统和存货核算系统不能记账。
> - 采购管理若要取消期初记账,则执行"采购"|"期初记账"命令,在打开的对话框中单击【取消记账】按钮即可。

5. 输入库存/存货期初数据

1) 录入库存期初数据并记账(视频：操作演示\sy9\9-51.mp4)
① 执行"库存"|"期初数据"|"库存期初"命令,进入"期初余额"窗口。
② 选择仓库后,单击【增加】按钮,根据实验资料输入库存期初数据,单击【保存】按钮,如图 8-15 所示。

图 8-15　录入库存期初数据

③ 所有仓库数据输入完毕后,单击【记账】按钮,系统对所有仓库进行记账,系统提示"期初记账成功!",单击【确定】按钮。

2) 查看存货期初数据(视频:操作演示\sy9\9-52.mp4)

执行"核算"|"期初数据"|"期初余额"命令,选择仓库,可查看各仓库期初数据。

6. 输入客户往来期初数据(视频:操作演示\sy9\9-6.mp4)

① 执行"销售"|"客户往来"|"客户往来期初"命令,打开"期初余额—查询"对话框,单击【确认】按钮,进入"期初余额明细表"窗口。

② 单击工具栏上的【增加】按钮,打开"单据类别"对话框,单据类型选择"专用发票",单击【确认】按钮,进入"销售专用发票"窗口。

③ 按实验资料要求输入客户往来期初数据,如图 8-16 所示,单击【保存】按钮,再单击【退出】按钮。

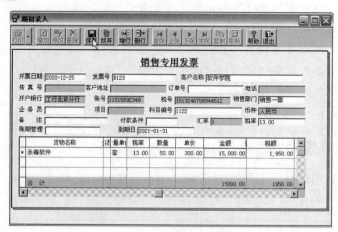

图 8-16　录入销售专用发票

④ 进入"期初余额明细表"窗口,单击【对账】按钮,与总账系统进行对账,如图 8-17 所示。

图 8-17 应收与总账期初对账

7. 输入供应商往来期初数据(视频: 操作演示\sy9\9-7.mp4)

执行"采购"|"供应商往来"|"供应商往来期初"命令,打开"期初余额—查询"对话框,与客户往来期初数据录入一样,录入后与总账对账,如图 8-18 所示。

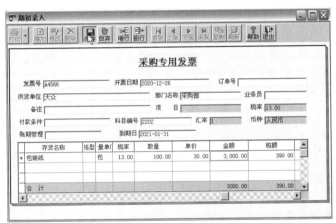

图 8-18 录入供应商往来期初发票

巩固提高

一、单选题

1. 在销售系统中,如果需要开具( ),则需要设置开户银行信息。
   A. 普通发票   B. 运费发票
   C. 商业统一发票   D. 增值税专用发票
2. 库存系统期初数据也可以在( )系统中录入。
   A. 采购   B. 销售   C. 核算   D. 应收
3. 收发类别设置,是为了用户对存货的( )进行分类汇总统计而设置的。
   A. 出入库情况   B. 库存情况
   C. 摆放情况   D. 完好情况

二、多选题

1. 下列属于购销存基础档案设置的内容有(　　)。
   A. 仓库档案　　　　　　B. 部门档案
   C. 存货档案　　　　　　D. 收发类别
2. 下列属于存货属性的是(　　)。
   A. 销售　　B. 外购　　C. 自制　　D. 生产耗用
3. 下列属于购销存科目设置的有(　　)。
   A. 存货科目　　　　　　B. 存货对方科目
   C. 客户往来科目　　　　D. 供应商往来科目

三、判断题

1. 存货的"销售"属性用于发货单、销售发票、销售出库单等与销售有关的单据参照使用,表示该存货可用于销售。(　　)
2. 库存期初数据只能在库存系统录入。(　　)
3. 同一存货只能设置一个属性。(　　)
4. 客户往来期初余额,是指企业已形成的应收款项到目前为止尚未收到的余额。(　　)
5. 采购系统若没有期初余额可不必记账。(　　)

四、简答题

1. 购销存系统包括哪些模块?各模块的主要功能是怎样的?
2. 购销存系统的业务流程是怎样的?
3. 购销存系统初始化主要包括哪几项工作?
4. 简述购销存系统各模块参数的含义。
5. 购销存期初数据的主要内容是什么?

第 9 章

采购与应付管理

本章学习目标

通过本章内容的学习,你将能够:
1. 了解采购管理系统包括的主要功能。
2. 掌握采购管理系统和其他系统的主要关系。
3. 掌握采购管理系统中采购订货业务、普通采购业务、现结采购业务、采购运费处理、暂估处理、退货业务的处理方法。

案例导入

北京海达科技有限公司(简称海达科技)准备进行 2021 年 1 月的采购与应付业务核算。

1. 业务分工

采购员魏大鹏进行采购业务相关核算。

2. 采购业务

1) 采购订货业务

1 日，向联诚软件公司订货一批，商品为杀毒软件，数量为 40 套，单价为 150 元，预计本月 3 日到货。

2) 普通采购业务

3 日，向联诚软件公司所订商品到货，商品为杀毒软件，数量为 40 套，单价为 150 元，将收到的货物验收入产品一库。填制采购入库单。

当天收到该笔货物的专用发票一张，发票号 F001。填制采购发票。

4 日，财务部门根据采购发票开出转账支票一张，票号为 Z001，付清采购货款。填制付款单。

3) 采购现结业务

5 日，向大众印刷厂购买包装纸 200 包，单价为 30 元，验收入材料库。同时收到专用发票一张，票号为 F002，立即以转账支票形式(票号 Z002，银行账号 43828943234)支付货款。

4) 采购运费处理

8 日，向联诚软件公司购买光盘 4000 张，单价为 2 元，验收入材料库；同时收到专用发票一张，票号为 F003；另外，在采购过程中对方代垫一笔运输费 500 元，增值税税率为 9%，收到相应的运费发票一张，票号为 F004。

5) 暂估入库报销处理

10 日，收到大众印刷厂寄来专用发票一张，票号为 F005，商品为上月已入库的包装纸，数量为 50 包，单价为 40 元。进行暂估报销处理。

6) 采购结算前退货

12 日，收到联诚软件公司提供的杀毒软件，数量为 12 套，单价为 150 元，验收入产品一库。

14 日，发现有 2 套杀毒软件不能安装，要求退回给供应商。

15 日，收到建昌公司开具的专用发票一张，发票号为 F006，数量为 10 套，单价为 150 元，进行采购结算。

7) 采购结算后退货

16 日，从联诚软件公司收到的杀毒软件又有 1 套不能安装，要求退回 1 套，单价为 150 元，同时收到票号为 F007 的红字专用发票一张。对采购入库单和红字专用采购发票进行结算处理。

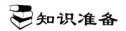

9.1 采购管理系统概述

9.1.1 功能概述

采购管理是 T3 软件中的一个模块，它的主要功能包括以下几个方面。

1．采购模块初始设置

采购系统初始设置包括设置采购管理系统业务处理所需要的采购参数、基础信息及采购期初数据。

2．采购业务处理

采购业务处理主要包括订货、入库、采购发票、采购结算等采购业务全过程的管理，可以处理普通采购业务、现结业务、采购退货业务等业务类型。企业可根据实际业务情况，对采购业务流程进行可选配置。

3．采购账簿及采购分析

采购管理系统可以提供各种明细表、统计表及供应商往来信息的查询。

9.1.2 采购管理系统与其他系统的主要关系

采购管理系统与库存、核算、销售等模块集成使用，主要关系如图 9-1 所示。

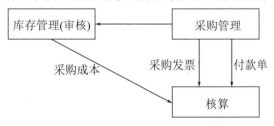

图 9-1 采购管理系统与其他系统的相互关系

在采购管理中可以填制采购入库单、采购发票、付款单，对采购发票进行复核并与采购入库单进行采购结算。采购发票和采购入库单之间可相互参照生成。

在库存管理中，对传递过来的采购入库单进行审核。

在核算系统中，对已记账的采购入库单生成入库凭证，对采购发票生成应付凭证，对付款单生成付款凭证。

9.2 采购管理系统日常业务处理

9.2.1 采购订单管理

采购订单也称为采购合同,是企业与供应商之间签订的一种购销协议,主要内容包括采购货物种类、采购数量、供货商、到货时间、到货地点、运输方式、价格、运费等。采购订单管理的内容包括订单的录入、审核、关闭、查询等。

1. 填制采购订单

当与供货单位签订采购意向协议时,可以将采购协议以订单的形式输入计算机,并打印出来报采购主管审批。已录入未审核的订单状态显示为"输入",未经审核的订单可以修改、删除。

2. 订单审核

订单输入计算机并保存后,只有经过审核才能在录入采购入库单或采购发票时参照使用。审核订单有以下 3 种含义,可以根据企业需要选择其中一种。

(1) 已由供货单位确认。

(2) 如果订单是由专职录入员输入的,则由业务员进行数据检查,确认内容正确的订单。

(3) 经过采购主管批准了的订单。

已审核的订单在订单底部显示审核人的姓名,状态显示为"审核执行"。已审核订单不能直接修改、删除,如果需要修改,则需先取消审核。采购订单审核后,可以在"订单执行明细表"和"订货统计表"中查询。

3. 订单执行

订单执行分为两种,一种是以采购的货物入库为依据,一种是以取得发票为依据。凡是根据采购订单进行的采购业务,货物到达后填制入库单、发票及拷贝订单时,必须关联订单才能执行,否则不能正确统计出订单的执行情况。

4. 订单关闭

采购订单执行完毕,也就是说,某采购订单所订货物已入库并且已付款取得采购发票后,该订单就可以关闭了。对于确实不能执行的某些采购订单,经采购主管批准后,也可以关闭该订单。订单关闭采用人工关闭。

已关闭订单状态显示为"关闭"。若订单已关闭，则不能在填制采购入库单和采购发票时用作参照。已关闭的订单可以重新进入。

9.2.2 普通采购业务

按货物和发票到达的先后，将普通采购业务划分为单货同行、货到票未到(暂估入库)、票到货未到(在途存货)3 种类型，不同的业务类型相应的处理方式有所不同。

1．普通采购业务的主要单据

1) 采购入库单

采购入库单是根据采购到货签收的实收数量填制的单据。对于工业企业，采购入库单一般指采购原材料验收入库时所填制的入库单据；对于商业企业，采购入库单一般指商品进货入库时所填制的入库单据。

采购入库单可以直接录入，也可以参照采购订单或采购发票生成。

2) 采购发票

采购发票是供应商开出的销售货物的凭证，即从供货单位取得的进项发票及发票清单。系统将根据采购发票确认采购成本，并据以登记应付账款。

采购发票按发票类型分为增值税专用发票、普通发票及运费发票；按业务性质分为蓝字发票和红字发票。

采购发票可以手工新增，也可以参照采购订单、采购入库单(普通采购)填制，还可以拷贝其他采购发票填制。

采购发票可以现付，即直接付款。

采购发票与采购入库单需进行采购结算。采购结算也称采购报账，会计上的含义是指采购核算人员根据采购入库单、采购发票核算采购入库成本。在手工业务中，采购业务员拿着经主管领导审批过的采购发票和仓库确认的入库单到财务部门，由财务人员确认采购成本。

采购结算从单据处理上分为：入库单与发票结算；蓝字入库单与红字入库单结算；蓝字发票与红字发票结算；运费发票与入库单结算，也可直接与存货结算；参照入库单生成发票时可以进行结算。

采购结算从操作处理上分为自动结算和手工结算两种方式。

(1) 自动结算。自动结算是由计算机系统自动将相同供货单位的，存货相同且数量相等的采购入库单和采购发票进行结算。结算时，可以根据需要输入结算条件，系统将根据企业输入的条件范围进行结算。

(2) 手工结算。当采购入库单和采购发票上的采购数量不一致时，就需要利用手工结算方式来结算。使用手工结算功能还可以进行正数入库单与负数入库单结算，正数发票与负数发票结算；正数入库单与正数发票结算；负数入库单与负数发票结算及费用发票单独结算等方式。

手工结算时可以结算入库单中的部分货物，未结算的货物可以在今后取得发票后再结算。可以同时对多张入库单和多张发票进行报账结算。

3) 付款单

当收到供应商提供的货物和发票之后，财务部门核对发票和入库情况无误以后，按双方约定的付款日期、付款方式和付款条件向供应商支付货款。付款结算需录入付款单据，并与应付给该供应商的应付货款进行核销。

付款单据录入，是将支付供应商款项依据供应商退回的款项，录入应付款管理系统。包括付款单与收款单(即红字付款单)的录入。

采购业务的核销，是指确定付款单与采购发票、应付单之间的对应关系的操作，核销的作用是处理付款核销应付款，建立付款与应付款的核销记录。核销时需要指明每一次付款是付的哪几笔采购业务的款项。明确核销关系后，可以进行精确的账龄分析，监督应付款及时核销，加强往来款项的管理。

核销的基本业务规则如下。

- 如果支付的货款等于应付款，则进行完全核销。
- 如果支付的货款小于应付款，则进行部分核销。
- 如果支付的货款大于应付款，则余款作为预付款处理。

核销有以下两种方法。

(1) 手工核销，通过人工确定系统内付款与应付款的对应关系，选择进行核销。通过本功能可以根据查询条件选择需要核销的单据，然后手工核销，加强了往来款项核销的灵活性。

(2) 自动核销，由系统自动确定系统内付款与应付款的对应关系，选择进行核销。通过本功能可以根据查询条件选择需要核销的单据，然后系统自动核销，加强了往来款项核销的效率性。

2．单货同行业务

当采购、库存、核算、总账集成使用时，单货同行的采购业务处理流程如图9-2所示。

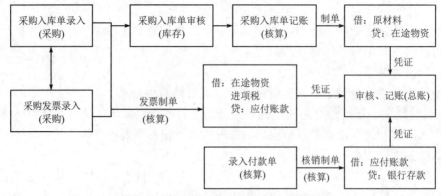

图9-2 单货同行的采购业务处理流程

1) 采购入库单流程
(1) 在采购系统填制采购入库单。
(2) 在库存系统审核采购入库单。
(3) 在核算系统对采购入库单记账、制单。
　　借：原材料
　　　　贷：在途物资
2) 采购发票流程
(1) 在采购系统填制采购发票。
(2) 在采购系统将采购发票与采购入库单进行结算。
(3) 在核算系统对采购发票制单(发票制单)。
　　借：在途物资
　　　　应交税费——应交增值税——进项税额
　　　贷：应付账款
3) 付款单流程
(1) 在采购系统填制付款单并与对应发票进行核销。
(2) 在核算系统对付款单制单(核销制单)。
　　借：应付账款
　　　贷：银行存款

3．货到票未到(暂估入库)业务

暂估是指本月存货已经入库，但采购发票尚未收到，不能确定存货的入库成本。月底时为了正确核算企业的库存成本，需要将这部分存货暂估入账，形成暂估凭证。对暂估业务，系统提供了以下3种不同的处理方法。

1) 月初回冲

进入下月后，核算模块在存货明细账自动生成与暂估入库单完全相同的"红字回冲单"，冲回存货明细账中上月的暂估入库；对"红字回冲单"制单，冲回上月的暂估凭证。收到采购发票后，录入采购发票，对采购入库单和采购发票做采购结算。结算完毕后，进入核算模块，执行"暂估处理"功能，进行暂估处理后，系统根据发票自动生成一张"蓝字回冲单"，其上的金额为发票上的报销金额；同时登记存货明细账，使库存增加。对"蓝字回冲单"制单，生成采购入库凭证。

2) 单到回冲

下月初不做处理，采购发票收到后，在采购模块中录入并进行采购结算；再到核算模块中进行"暂估处理"，系统自动生成红字回冲单、蓝字回冲单，同时据以登记存货明细账。红字回冲单的入库金额为上月暂估金额，蓝字回冲单的入库金额为结算单上的报销金额。

3) 单到补差

下月初不做处理，采购发票收到后，在采购模块中录入并进行采购结算；再到核算模块中进行"暂估处理"，在存货明细账中根据报销金额与暂估金额的差额产生调整单，自动记入存货明细账；最后对"调整单"制单，生成凭证，传递到总账。

以单到回冲为例，暂估处理的业务流程如图 9-3 所示。

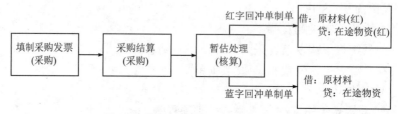

图 9-3　单到回冲暂估处理的业务流程

注意，暂估业务要在月末暂估入库单记账前对所有没有结算的入库单填入暂估单价后，才能记账。

4．票到货未到(在途存货)业务

如果先收到了供货单位的发票，而没有收到供货单位的货物，则可以对发票进行压单处理，待货物到达后，再一并输入计算机做报账结算处理。但如果需要实时统计在途货物的情况，就必须将发票输入计算机，待货物到达后，再填制入库单并做采购结算。

9.2.3　采购退货业务

由于材料质量不合格、企业转产等原因，企业可能发生退货业务，针对退货业务发生的不同时机，系统采用了不同的解决方法。

1．货虽收到，但未做入库手续

如果尚未录入采购入库单，则只要把货退还给供应商即可，系统中不用做任何处理。

2．从入库单角度来看，分为两种情况

1) 入库单未记账

入库单未记账即已经录入"采购入库单"但尚未记入存货明细账。此时又分以下 3 种情况。

(1) 未录入"采购发票"。

如果是全部退货，则可删除"采购入库单"；如果是部分退货，则可直接修改"采购入库单"。

(2) 已录入"采购发票"但未结算。

如果是全部退货,则可删除"采购入库单"和"采购发票";如果是部分退货,则可直接修改"采购入库单"和"采购发票"。

(3) 已经录入"采购发票"并执行了采购结算。

若结算后的发票没有付款,则可取消采购结算,再删除或修改"采购入库单"和"采购发票";若结算后的发票已付款,则必须录入退货单。

2) 入库单已记账

若入库单已记账,则无论是否录入"采购发票"、"采购发票"是否结算、结算后的"采购发票"是否付款都需要录入退货单。

3. 从采购发票角度来看,分为两种情况

1) 采购发票未付款

当入库单尚未记账时,直接删除"采购入库单"和"采购发票",已结算的"采购发票"需先取消结算再删除。当入库单已经记账时,必须录入退货单。

2) 采购发票已付款

若采购发票已付款,则无论入库单是否记账,都必须录入退货单。

4. 退货处理

退货业务处理流程如图 9-4 所示。

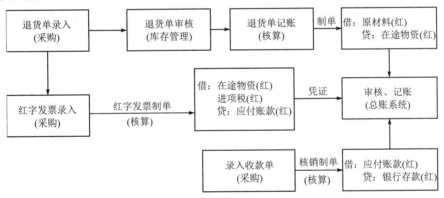

图 9-4 退货业务处理流程

9.2.4 现付业务

现付业务是当采购业务发生时立即付款并由供货单位开具发票。现付业务处理流程如图 9-5 所示。

```
填制采购发票  →  现付处理  →  现结制单     借：在途物资
  (采购)          (采购)       (核算)         贷：银行存款
```

图 9-5 现付业务处理流程

9.2.5 综合查询

灵活运用采购管理系统提供的各种查询功能，可以有效提高信息利用和采购管理水平。

1．单据查询

通过"入库单明细列表""发票明细列表""结算单明细列表""凭证列表查询"可以分别对入库单、发票、结算单、凭证进行查询。

2．账表查询

通过采购管理系统提供的采购明细表、采购统计表、余额表，可以掌握采购环节业务情况，为事中控制、事后分析提供依据。

9.2.6 月末结账

月末结账是将当月的单据数据封存，结账后不允许再对该会计期的采购单据进行增加、修改、删除处理。

实训练习

实验十 采购与应付管理

【实验目的】

1. 掌握 T3 软件中有关采购管理的相关内容。
2. 掌握企业日常采购业务处理方法。
3. 理解采购管理系统各项参数设置的意义。
4. 理解采购模块与其他模块之间的数据传递关系。

【实验准备】

1. 将计算机当前日期调整为 2021 年 1 月 31 日。

2. 引入实验九账套数据。

【实验内容】

1. 采购订货业务。
2. 普通采购业务。
3. 现结采购业务。
4. 采购运费处理。
5. 暂估处理。
6. 退货业务。
7. 月末结账。

【实验要求】

以操作员"05 魏大鹏"的身份进行采购相关业务核算操作。

【实验资料】

1. 采购订货业务

1 日,向联诚软件公司订货一批,商品为杀毒软件,数量为 40 套,单价为 150 元,预计本月 3 日到货。

2. 普通采购业务

(1) 3 日,向联诚软件公司所订商品到货,商品为杀毒软件,数量为 40 套,单价为 150 元,将收到的货物验收入产品一库。填制采购入库单。

(2) 当天收到该笔货物的专用发票一张,发票号 F001。填制采购发票。

(3) 4 日,财务部门根据采购发票开出转账支票一张,票号为 Z001,付清采购货款。填制付款单。

3. 采购现结业务

5 日,向大众印刷厂购买包装纸 200 包,单价为 30 元,验收入材料库。同时收到专用发票一张,票号为 F002,立即以转账支票形式(票号 Z002,银行账号 43828943234)支付货款。

4. 采购运费处理

8 日,向联诚软件公司购买光盘 4000 张,单价为 2 元,验收入材料库;同时收到专用发票一张,票号为 F003;另外,在采购过程中对方代垫一笔运输费 500 元,增值税税率为 9%,收到相应的运费发票一张,票号为 F004。

5. 暂估入库报销处理

10 日,收到大众印刷厂寄来专用发票一张,票号为 F005,商品为上月已入库的包装纸，数量为50包，单价为40元。进行暂估报销处理。

6．采购结算前退货

(1) 12日，收到联诚软件公司提供的杀毒软件，数量为12套，单价为150元，验收入产品一库。

(2) 14日，发现有2套杀毒软件不能安装，要求退回给供应商。

(3) 15日，收到联诚公司开具的专用发票一张，发票号为F006，数量为10套，单价为150元，进行采购结算。

7．采购结算后退货

16日，从联诚软件公司收到的杀毒软件又有1套不能安装，要求退回1套，单价为150元，同时收到票号为F007的红字专用发票一张。对采购入库单和红字专用采购发票进行结算处理。

【操作指导】

以采购员魏大鹏身份注册T3软件，进行采购相关业务操作。

用户名：05；密码：(空)；账套：202；会计年度：2021；操作日期：2021-01-31。

1．采购业务1(视频：操作演示\sy10\10-1.mp4)

业务类型：采购订货业务

① 执行"采购"|"采购订单"命令，进入"采购订单"窗口。

② 单击"增加"按钮，输入日期"2021-01-01"，选择供货单位"联诚"。

③ 选择存货编号为"2001"，输入数量"40"、单价"150"、计划到货日期"2021-01-03"。

④ 单击【保存】按钮，再单击【审核】按钮，如图9-6所示。

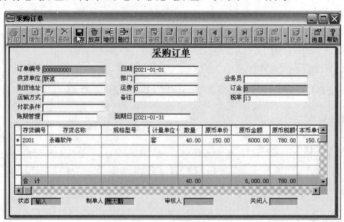

图9-6 "采购订单"窗口

⑤ 单击【退出】按钮，退出"采购订单"窗口。

> **注意**
> - 在填制采购订单时,右击可查看存货现存量。
> - 如果在存货档案中设置了最高进价,那么当采购订单中货物的进价高于最高进价时,系统会自动报警。
> - 系统自动生成"订单编号",可以手工修改,订单编号不能重复。
> - 如果企业要按部门或业务员进行考核,则必须输入相关"部门"和"业务员"信息。
> - 采购订单保存后,可在"订单明细列表"中查询。

2. 采购业务 2

业务类型:普通采购业务

1) 采购入库单处理

(1) 在采购模块中填制采购入库单。(视频:操作演示\sy10\10-211.mp4)

① 执行"采购"|"采购入库单"命令,进入"采购入库单"窗口。

② 单击【增加】按钮,根据资料输入采购入库单内容,如图 9-7 所示。

③ 单击【保存】按钮。单击【退出】按钮,退出"采购入库单"窗口。

图 9-7 "采购入库单"窗口

> **注意**
> - 填制采购入库单时,右击,参照已审核的采购订单。

(2) 在库存模块中审核采购入库单。(视频:操作演示\sy10\10-212.mp4)

① 执行"库存"|"采购入库单审核"命令,进入"采购入库单"窗口。

② 单击【审核】按钮,再单击【退出】按钮,返回。

> **特别注意**
>
> ● 采购入库单第(3)(4)步的处理需在采购发票第(2)步处理完毕后进行。

(3) 在核算模块中对入库单记账并生成入库凭证。(视频：操作演示\sy10\10-213.mp4、10-214.mp4)

① 执行"核算"|"核算"|"正常单据记账"命令，打开"正常单据记账条件"对话框。

② 单击【确定】按钮，进入"正常单据记账"窗口。

③ 选择要记账的单据，如图9-8所示，单击【记账】按钮，退出。

图9-8 "正常单据记账"窗口

④ 执行"核算"|"凭证"|"购销单据制单"命令，进入"生成凭证"窗口。

⑤ 单击工具栏上的【选择】按钮，打开"查询条件"对话框。

⑥ 选择"采购入库单(报销记账)"，单击【确认】按钮，进入"未生成凭证一览表"窗口。

⑦ 双击选择要制单的记录行，单击【确定】按钮，进入"生成凭证"窗口。

⑧ 选择凭证类别为"转账凭证"，输入存货科目"140501"、对方科目"1402"，单击【生成】按钮，进入"填制凭证"窗口。

⑨ 单击【保存】按钮，凭证左上角出现"已生成"标志，表示凭证已传递到总账，如图9-9所示。

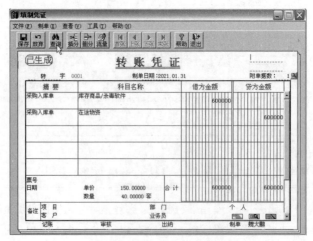

图9-9 采购入库单生成凭证

> **注意**
> - 为处理方便，本实验所有记账凭证日期都默认为系统登录日期 2021-01-31。

2）采购发票处理

(1) 在采购模块中填制采购发票。(视频：操作演示\sy10\10-221.mp4)

① 执行"采购"|"采购发票"命令，进入"采购专用发票"窗口。

② 单击【增加】按钮，进入"采购专用发票"窗口。

③ 根据资料，输入采购专用发票信息。单击【保存】按钮，如图 9-10 所示。

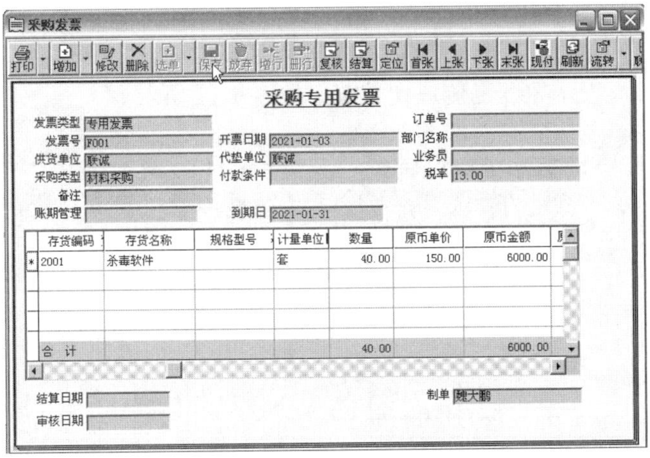

图 9-10　录入采购专用发票

> **注意**
> - 在采购发票界面，右击，可选择拷贝订单或拷贝采购入库单，快速生成采购发票信息。

(2) 在采购模块中对采购发票进行复核并与入库单进行采购结算。(视频：操作演示\sy10\10-222.mp4)

① 在采购发票录入界面，单击【复核】按钮。

② 单击【结算】按钮，结算模式选择"入库单和发票"，单击【确认】按钮，进行采购结算。结算完毕，单击【退出】按钮，返回。

> **特别注意**
> - 采购发票第(2)步处理完毕后，可继续处理采购发票后续步骤，也可处理采购入库单第(3)(4)步。

> **注意**
> - 采购结算也可通过执行"采购"|"采购结算"命令完成,有手工结算和自动结算两种方式。
> - 由于某种原因需要修改或删除入库单、采购发票时,需先取消采购结算。

(3) 在核算模块中对采购发票生成应付凭证。(视频:操作演示\sy10\10-223.mp4)

① 执行"核算"|"凭证"|"供应商往来制单"命令,打开"供应商制单查询"对话框。

② 选择"发票制单",单击【确认】按钮,进入"单据处理"窗口。

③ 双击选择需要审核的单据,选择"转账凭证"。

④ 单击【制单】按钮,进入"填制凭证"窗口。单击【保存】按钮,凭证左上角出现"已生成"标志,表示凭证已传递到总账,如图9-11所示。

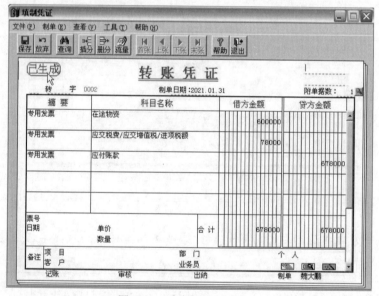

图9-11 采购发票生成凭证

3) 付款单处理

(1) 在采购模块中填制付款单并核销。(视频:操作演示\sy10\10-231.mp4)

① 执行"采购"|"供应商往来"|"付款结算"命令,进入"付款单"窗口。

② 选择供应商"联诚"。

③ 单击【增加】按钮,输入日期"2021-01-04",结算方式"转账支票",金额"6780",票号"Z001",单击【保存】按钮。

④ 单击【核销】按钮,系统调出要核算的单据,在本次结算栏输入结算金额"6780",

如图 9-12 所示，单击【保存】按钮。

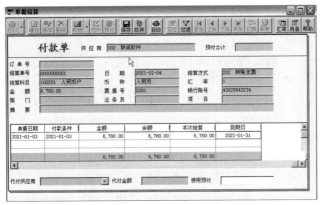

图 9-12　录入付款单并核销

(2) 在核算模块中对付款单生成付款凭证。(视频：操作演示\sy10\10-232.mp4)

① 执行"核算"|"凭证"|"供应商往来制单"命令，打开"供应商制单查询"对话框。

② 选择"核销制单"，单击【确认】按钮，进入"单据处理"窗口。

③ 双击选择需要审核的单据，选择"付款凭证"。

④ 单击【制单】按钮，进入"填制凭证"窗口。

⑤ 单击【保存】按钮，凭证左上角出现"已生成"标志，如图 9-13 所示，表示凭证已传递到总账。

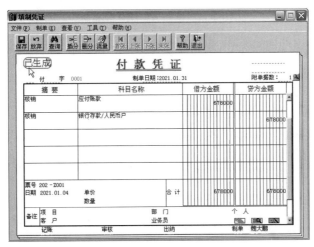

图 9-13　付款单生成凭证

 注意

● 此凭证现金流量为：经营活动/现金流出/04 购买商品、接受劳务支付的现金。

3. 采购业务 3

业务类型：现结业务

1) 采购入库单处理

(1) 在采购模块中填制采购入库单。

(2) 在库存模块中审核采购入库单。

特别注意

● 采购入库单第(3)步处理需在采购发票第(3)步处理完毕后进行。

(3) 在核算模块中对入库单记账并生成入库凭证，如图 9-14 所示。

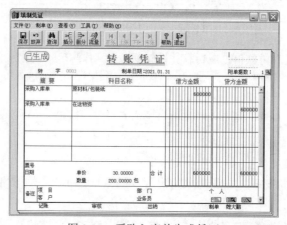

图 9-14 采购入库单生成凭证

以上操作同普通采购业务的采购入库单处理。

2) 采购发票处理

(1) 在采购模块中填制采购发票。

同普通采购业务填制采购发票操作。

(2) 在采购模块对采购发票进行现结处理。(视频：操作演示\sy10\10-322.mp4)

① 对填制的采购发票，单击【现付】按钮，进行现付操作。

② 选择结算方式"转账支票"，输入金额"6780"、票号"Z002"、银行账号"43828943234"，如图 9-15 所示，单击【确定】按钮。

图 9-15 "采购现付"窗口

③ 单击【退出】按钮，返回。

(3) 在采购模块中对采购发票复核并与采购入库单进行结算。

(4) 在核算模块中对现结采购发票生成付款凭证。(视频：操作演示\sy10\10-324.mp4)

① 执行"核算"|"凭证"|"供应商往来制单"命令，打开"供应商制单查询"对话框。

② 选择"现结制单"，单击【确认】按钮，进入"单据处理"窗口。

③ 双击选择需要审核的单据，选择"付款凭证"。

④ 单击【制单】按钮，进入"填制凭证"窗口。

⑤ 单击【保存】按钮，凭证左上角出现"已生成"标志，表示凭证已传递到总账，如图 9-16 所示。

图 9-16 现结采购发票生成凭证

4．采购业务 4

业务类型：采购运费处理

1) 在采购模块中填制采购入库单

在采购模块中填制采购入库单(不填单价)，操作同普通采购业务的采购入库单填制。

2) 在采购模块中填制采购发票并复核

同普通采购业务填制采购发票操作。

3) 在采购模块中填制运费发票并复核(视频：操作演示\sy10\10-43.mp4)

① 执行"采购"|"采购发票"命令，进入"采购发票"窗口。

② 单击【增加】按钮右箭头下的专用发票，输入发票号"F004"，供货单位"联诚"，存货名称"运费"，数量"1"，原币金额"500"。

③ 单击【保存】按钮。单击【复核】按钮，对已填好的运费发票进行审核，如图 9-17 所示。

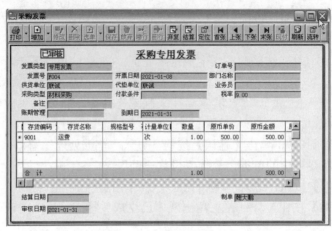

图 9-17 采购运费发票

 注意

● 费用发票上的存货必须具有"应税劳务"属性。

4)在采购模块中进行采购结算(手工结算)(视频：操作演示\sy10\10-44.mp4)

① 执行"采购"|"采购结算"|"手工结算"命令，单击【确认】按钮。

② 单击【全选】按钮，选择采购入库单、采购专用发票、采购运费发票 3 张单据。

③ 选择费用分摊方式"按数量"，如图 9-18 所示。单击【分摊】按钮，系统弹出信息提示框，单击【是】按钮。

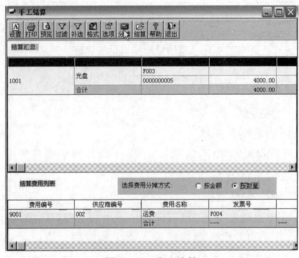

图 9-18 手工结算

④ 单击【结算】按钮，系统进行结算处理，完成后弹出"完成结算！"信息提示框。单击【确定】按钮，返回。

> **注意**
> - 不管采购入库单上有无单价，采购结算后，其单价都被自动修改为发票上的存货单价。

5) 在核算模块中采购发票和运费发票合并进行应付制单(视频：操作演示\sy10\10-45.mp4)

① 执行"核算"|"凭证"|"供应商往来制单"命令，打开"供应商制单查询"对话框。

② 选择"发票制单"，单击【确认】按钮，进入"单据处理"窗口。

③ 单击【全选】按钮，再单击【合并】按钮，选择"转账凭证"。

④ 单击【制单】按钮，进入"填制凭证"窗口。

⑤ 单击【保存】按钮，凭证左上角出现"已生成"标志，表示凭证已传递到总账，如图 9-19 所示。

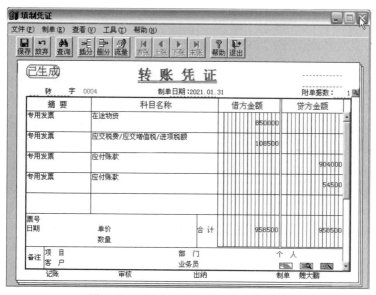

图 9-19 采购发票和运费发票合并制单

6) 在库存模块中审核采购入库单(注意观察采购入库单单价，采购结算后入库单单价已更新为 2.12 元)(视频：操作演示\sy10\10-46.mp4)

7) 在核算模块中对入库单记账并生成入库凭证，如图 9-20 所示(视频：操作演示\sy10\10-47.mp4)

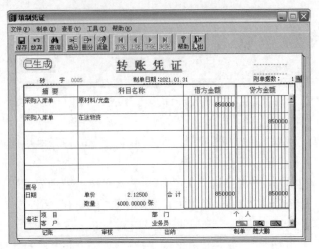

图 9-20 采购入库单生成凭证

5. 采购业务 5

业务类型：上月暂估业务，本月发票已到

(1) 在采购模块中填制采购发票并复核。

同普通采购业务填制采购发票操作。

(2) 在采购模块中进行采购结算(手工结算)。

① 执行"采购"|"采购结算"|"手工结算"命令，修改过滤日期从"2020-12-01"到"2021-01-31"，单击【确认】按钮。

② 选择货物为包装纸，数量为 50 的入库单和发票，单击【确认】按钮。

③ 单击【结算】按钮，系统进行结算处理，完成后弹出"完成结算！"信息提示框，单击【确定】按钮，返回。

(3) 在核算模块中对采购发票进行供应商往来制单，如图 9-21 所示。

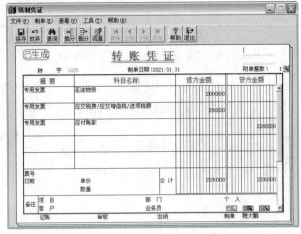

图 9-21 采购发票生成凭证

(4) 在核算模块中进行暂估处理。(视频：操作演示\sy10\10-54.mp4)

① 执行"核算"|"核算"|"暂估入库成本处理"命令，选择"材料库"，单击【确认】按钮，进入"暂估结算表"窗口。

② 选择入库日期为 2020-12-24 的单据，单击【暂估】按钮，完成暂估入库成本处理。

(5) 在核算模块中对红字回冲单和蓝字回冲单(报销)生成入库凭证。(视频：操作演示\sy10\10-55.mp4)

① 执行"核算"|"凭证"|"购销单据制单"命令，进入"生成凭证"窗口。

② 单击工具栏上的【选择】按钮，打开"查询条件"对话框。

③ 选择"红字回冲单和蓝字回冲单(报销)"，单击【确认】按钮，进入"未生成凭证单据一览表"窗口。

④ 双击选择要制单的两个记录行，单击【确定】按钮，进入"生成凭证"窗口。

⑤ 选择凭证类别为"转账凭证"，调整会计科目，单击【生成】按钮，进入"填制凭证"窗口。

⑥ 单击【保存】按钮，红字回冲单生成的凭证如图 9-22 所示，蓝字回冲单生成的凭证如图 9-23 所示。

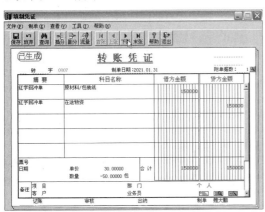

图 9-22　红字回冲单生成的凭证

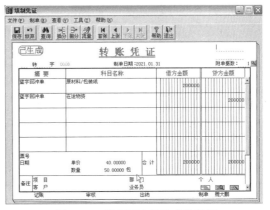

图 9-23　蓝字回冲单生成的凭证

6. 采购业务 6

业务类型：结算前部分退货

(1) 在采购模块中填制采购入库单(数量 12)并在库存模块中审核。

(2) 在采购模块中填制红字采购入库单(数量-2)并在库存模块中审核。(视频：操作演示\sy10\10-62.mp4)

(3) 在采购模块中填制采购专用发票(数量 10)并复核。

(4) 在采购模块中，对采购入库单、红字采购入库单、采购专用发票进行采购结算处理。(视频：操作演示\sy10\10-622.mp4)

(5) 在核算模块中,对采购发票制单,如图 9-24 所示。

(6) 在核算模块中对数量为 12 和-2 的采购入库单记账并合并制单,如图 9-25 所示。(入库成本= (12-2)×150=1500)(视频:操作演示\sy10\10-63.mp4)

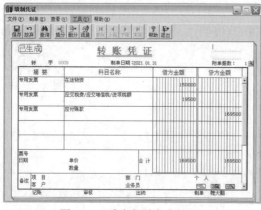

图 9-24 采购发票生成凭证　　　　图 9-25 红蓝入库单合并生成凭证

7. 采购业务 7

业务类型:采购结算后退货

(1) 在采购模块中填制红字采购入库单(数量-1)。

(2) 在采购模块中填制红字采购专用发票(数量-1)并复核。

(3) 在采购模块中对红字采购入库单、红字采购专用发票进行采购结算处理。(视频:操作演示\sy10\10-73.mp4)

(4) 在库存模块中审核采购入库单。

(5) 在核算模块中对红字采购发票生成凭证,如图 9-26 所示。(视频:操作演示\sy10\10-75.mp4)

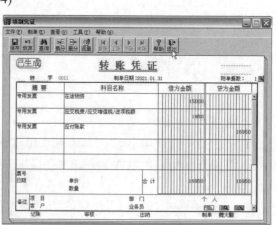

图 9-26 红字采购发票生成凭证

(6) 在核算模块中对红字采购入库单记账并生成凭证,如图9-27所示。(视频：操作演示\sy10\10-76.mp4)

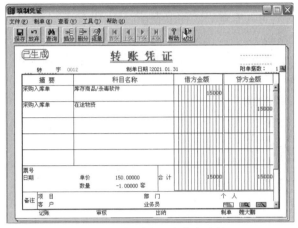

图 9-27　红字采购入库单生成凭证

8. 月末处理

(1) 账表查询。(视频：操作演示\sy10\10-81.mp4)

① 在采购模块中查询"入库明细表""采购明细表"等。

② 在库存模块中查询"库存台账"。

③ 在核算模块中查询"收发存汇总表""购销单据凭证列表""供应商往来凭证列表"。

(2) 月末结账。(视频：操作演示\sy10\10-82.mp4)

① 执行"采购"|"月末结账"命令,打开"月末结账"对话框。

② 单击"选择标记"栏,出现"选中"标记。

③ 单击【结账】按钮,系统提示"月末结账完毕",单击【确定】按钮,返回。

注意

● 月末结账后,也可取消结账。

巩固提高

一、单选题

1. 采购结算是指(　　)之间的结算。

　　A．采购发票与采购订单　　　　B．采购发票与采购到货单

C. 采购发票与采购入库单　　　D. 采购发票与付款单
2. 采购业务的核销是指确定(　　)之间的对应关系的操作。
　　　A. 付款单与收款单　　　　　B. 付款单与采购发票
　　　C. 付款单与入库单　　　　　D. 付款单与采购订单
3. 采购系统填制采购入库单后,需要在(　　)中审核后才能记账。
　　　A. 销售管理系统　　　　　　B. 总账管理系统
　　　C. 采购管理系统　　　　　　D. 库存管理系统
4. 根据采购入库单自动生成的凭证是(　　)。
　　A. 借：原材料(或库存商品)
　　　　　贷：材料采购(或在途物资)
　　B. 借：生产成本
　　　　　贷：原材料
　　C. 借：材料采购
　　　　　　应交税费——应交增值税——进项税额
　　　　　贷：应付账款
　　D. 借：原材料
　　　　　贷：生产成本

二、多选题

1. 采购与应付系统填制的单据包括(　　)。
　　　A. 采购发票　　　　　　　　B. 采购入库单
　　　C. 付款单　　　　　　　　　D. 收款单
2. 对暂估业务,系统提供了(　　)处理办法。
　　　A. 月初回冲　　　　　　　　B. 单到补差
　　　C. 单到回冲　　　　　　　　D. 月末回冲

三、判断题

1. 采购结算就是确定采购发票和付款单之间的对应关系。(　　)
2. 当系统集成使用时,采购入库单在采购系统填制。(　　)

四、简答题

1. 采购管理系统包括哪些主要功能?
2. 采购管理系统和其他系统的主要关系是什么?
3. 采购管理系统日常业务处理包括哪些业务?
4. 普通采购业务的处理流程是怎样的?
5. 货到票未到(暂估入库)业务的系统处理方法有几种?分别怎样处理?
6. 采购退货业务的处理流程是怎样的?

第10章

销售与应收管理

本章学习目标

通过本章内容的学习,你将能够:
1. 了解销售管理系统包括的主要功能。
2. 掌握销售管理系统和其他系统的主要关系。
3. 掌握销售管理系统中销售订货业务、普通销售业务处理、商业折扣处理、直运销售业务、现收业务、代垫费用处理、销售退货处理业务的处理方法。

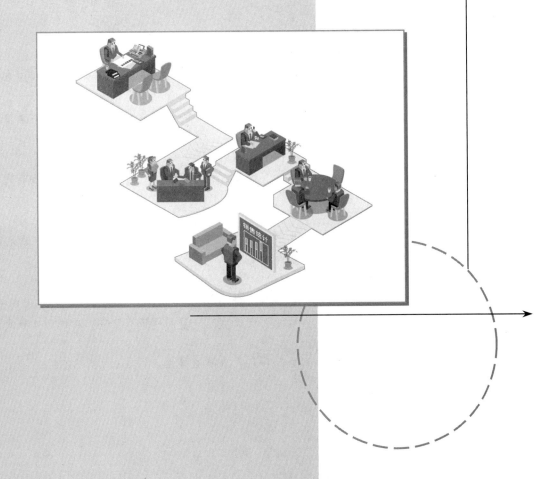

案例导入

北京海达科技有限公司(简称海达科技)准备进行 2021 年 1 月的销售与应收业务核算。

1. 业务分工

销售员田晓宾进行销售业务相关核算。

2. 销售业务

1) 销售订货业务

2 日,创远系统集成公司向销售一部订购 ERP 模拟体验光盘 80 套,单价为 200 元。

2) 普通销售业务

4 日,销售一部从产品二库向创远系统集成公司发出其所订货物 ERP 模拟体验光盘 80 套,单价为 200 元。填制销售发货单。

当天开出该笔货物的专用发票一张,发票号为 X001。填制销售发票。

5 日,财务部门收到转账支票一张,票号为 Z001,创远系统集成公司付清采购货款。填制收款单。

3) 商业折扣的处理

7 日,销售一部向北方管理软件学院出售百问 ERP 多媒体课件 40 套,报价为 150 元,成交价为报价的 90%,货物从产品一库发出。

10 日,根据上述发货单开具增值税发票一张。

4) 现结业务

12 日,销售一部向天津图书城出售 ERP 模拟体验光盘 100 套,无税单价为 200 元,货物从产品二库发出。

12 日,根据上述发货单开具销售专用发票一张。同时收到客户以转账支票所支付的全部货款,票据号为 Z188,进行现结制单处理。

5) 代垫费用处理

12 日,销售二部在向天津图书城销售商品过程中发生了一笔代垫的运输费 500 元,以现金支付。客户尚未支付该笔款项。

6) 开票直接发货

15 日,销售一部向创远公司发出 ERP 模拟体验光盘 50 套,单价为 200 元,商品从产品二库发出,并据此开具专用销售发票一张。

7) 开票前退货业务

20 日,销售一部出售给创远公司杀毒软件 10 套,单价为 400 元,从产品一库发出。

22 日,销售一部出售给创远公司的杀毒软件因质量问题退回 2 套,单价为 400 元,收回产品一库。

23 日,财务部开具相应的专用发票一张,数量为 8 套。

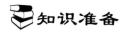

10.1 销售管理系统概述

10.1.1 功能概述

销售管理是 T3 软件购销存系统的一个模块,其主要功能包括以下几个方面。

1. 销售订单管理

销售订单管理包括销售订单的受订、确认和关闭,同时提供如订货执行汇总表、订货明细表、订货汇总表等报表。

2. 销售业务管理

销售业务管理主要处理普通销售业务、销售退回、发货折扣等,可根据审核后的发票或发货单自动生成销售出库单,处理随同货物销售所发生的各种代垫费用及在货物销售过程中发生的各种销售支出情况。

3. 销售账簿及销售分析

销售系统可以提供各种销售明细账、销售明细表及各种统计表,还提供各种销售分析及综合查询统计分析。

10.1.2 销售管理与其他系统的主要关系

销售管理与其他系统的主要关系如图 10-1 所示。

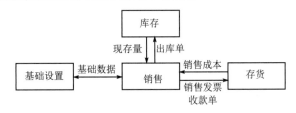

图 10-1 销售管理与其他系统的主要关系

销售管理与基础设置共享基础数据。

销售管理的发货单、销售调拨单、零售日报等单据经审核后自动生成销售出库单传递给库存管理系统和核算系统；库存管理为销售管理提供可用于销售的存货的现存量；存货核算将计算出来的存货的销售成本传递给销售管理系统。

销售管理系统为存货核算系统提供已审核的销售发票、销售调拨单、代垫费用单及付款单；存货核算系统为销售管理系统提供的各种单据生成相应的凭证。

10.2 销售管理系统日常业务处理

10.2.1 销售订货管理

销售订货是确认客户要货需求的过程。客户的订货需求通过销售订单的形式反映，企业根据销售订单组织货源，并对订单的执行进行管理、控制和追踪。

1．录入销售订单

当客户的订货需求初步确认时，可以销售订单的形式输入计算机。销售订单作为合同或协议的载体存在，主要内容包括销售发货的日期、货物明细、价格、数量等事项。

2．审核销售订单

销售订单保存后，只有经过审核，订单数据才能记入相关的统计表。在填制销售发货单或销售发票时所参照的销售订单必须是经过审核并处于进入状态的。

3．关闭销售订单

由于订单已执行完毕或其他种种原因无法继续执行该订单时，需要执行"订单关闭"功能。系统提供"手动关闭"和"自动关闭"两种方式。

4．销售订单查询统计

销售订单列表显示已输入系统中的订单的明细列表，销售订货明细表可以按单据、客户、部门、业务员、货物分析销售订货的明细受订情况，销售订货汇总表可以按单据、客户、部门、业务员、货物输出销售订货的汇总情况，销售订货执行汇总表可以按单据、客户、部门、业务员、货物、预发货日期汇总销售订货的发货执行情况。

10.2.2 普通销售业务

按销售发货的业务处理模式不同，普通销售业务分为"先发货后开票"和"开票直接发货"两种模式，企业只能选择其中一种。不同销售模式其相应的业务处理流程也不同。

1．普通销售业务的主要单据

1）销售发货单

销售发货是企业将货物交给客户的过程，是营销过程的重要环节，企业根据销售订单生成的发货单发货。发货单是确认发货的依据，是销售发货业务的执行载体，客户通过发货单取得货物所有权，仓库根据发货单办理出库。

销售发货单可以直接录入，也可以由销售订单或销售发票产生。

2）销售发票

销售发票是销售业务的重要环节，它是销售收入的确认、销售成本计算、应交销售税金确认和应收账款确认的依据。销售发票是指给客户开具的增值税专用发票、普通发票及其所附清单等原始销售票据，一般包括产品或服务的说明、客户名称地址，以及货物的名称、单价、数量、总价、税额等资料。

销售发票按发票类型分为普通发票及专用发票；按业务性质分为蓝字发票和红字发票。

3）销售出库单

销售出库单是在库存系统根据销售发货单或发票生成的，在库存系统中仅做审核。

4）收款单

当将客户购买的货物发出并开具发票后，要按收款条件向客户收取货款。此时要录入收款单据，并与应收该客户的应收款项进行核销。

(1) 填制收款单。收款单用来记录企业收到的款项，当企业收到每一笔款项时，应知道该款项是客户结算所欠货款，还是提前支付的货款，或是支付其他费用。系统用款项类型来区别不同的用途，因此在录入收款单时，需要指定其款项用途。对于同一张收款单，如果包含不同用途的款项，则应在表体记录中分行显示。

(2) 销售核销。核销指用户日常进行的收款核销应收款的工作。单据核销的作用是解决收回客户款项核销该客户应收款的处理，建立收款与应收款的核销记录，以达到监督应收款及时核销，加强往来款项管理的目的。

核销的情况分为以下几种。

- 如果收取的货款等于应收款，则进行完全核销。
- 如果收取的货款小于应收款，则进行部分核销。
- 如果收取的货款大于应收款，则余款作为预收款处理。

核销的方式有两种，手工核销和自动核销。

2．先发货后开票

当销售管理、库存管理、存货核算、总账集成使用时，先发货后开票销售业务模式的业务流程如图 10-2 所示。

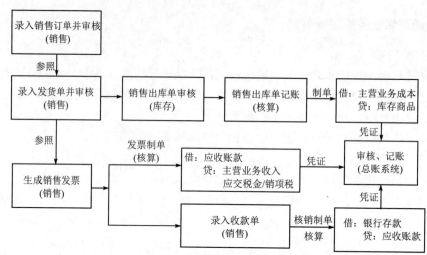

图 10-2　先发货后开票的普通销售业务流程

销售发货单流程：在销售系统填制并审核销售发货单。
销售出库单流程如下。
(1) 在库存系统生成并审核销售出库单。
(2) 在核算系统对销售出库单记账、制单。
　　借：主营业务成本
　　　　贷：库存商品
销售发票流程如下。
(1) 在销售系统填制并审核销售发票。
(2) 在核算系统对销售发票制单(发票制单)。
　　借：应收账款
　　　　贷：主营业务收入
　　　　　　应交税费——应交增值税——销项税额
收款单流程如下。
(1) 在销售系统填制收款单并与对应发票核销。
(2) 在核算系统对收款单制单(核销制单)。
　　借：银行存款
　　　　贷：应收账款

3. 开票直接发货

开票直接发货与先发货后开票销售业务模式不同，其根据销售订单填制销售发票并审核，审核后的销售发票自动生成相应的发货单、销售出库单及应收账款，并传递到库存管理模块和存货核算模块。

对于开票直接发货的销售业务模式，在销售管理模块中需要做的工作有录入销售发票、审核销售发票、根据销售发票生成发货单。

10.2.3 销售退货业务

销售退货是指客户因质量、品种、数量不符合规定要求而将已购货物退回。

1. 先发货后开票销售业务模式下的退货处理

先发货后开票销售业务模式下的退货处理流程如图 10-3 所示。

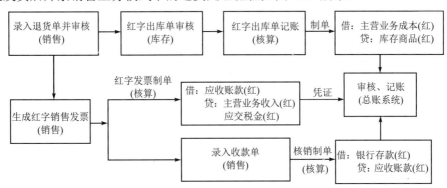

图 10-3 先发货后开票销售业务模式下的退货处理流程

2. 开票直接发货销售业务模式下的退货处理

开票直接发货销售业务模式下的退货处理，首先填制并审核红字销售发票，审核后的红字销售发票自动生成相应的退货单、红字销售出库单及红字应收账款，并传递到库存管理系统和应收款管理系统。

10.2.4 现收业务

现收业务是指在销售货物的同时向客户收取货币资金的行为。在销售发票、销售调拨单和零售日报等销售结算单据中可以直接处理现收业务并结算，业务流程如图 10-4 所示。

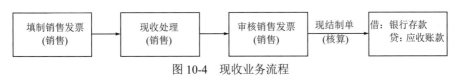

图 10-4 现收业务流程

10.2.5 代垫运费业务

在销售业务中，有的企业随货物销售有代垫费用的发生，如代垫运杂费、保险费等。代垫费用属于需要向客户收取的费用项目。对代垫费用的处理有两种方法：一种是以应税劳务的方式直接录入在销售发票中，这样做的好处是能将代垫费用和销售发票直接关联起来;另一种是随同发票的核销分摊到货物中。代垫费用如果不通过发票处理,就要通过系统中提供的代垫费用单单独录入,再到应收款系统中进行收款处理。

在销售系统中仅对代垫费用的发生情况进行登记,收款核销由应收款核算系统完成。

10.2.6 综合查询

灵活运用销售管理系统提供的各种查询功能,可以有效提高信息利用和销售管理水平。

1. 单据查询

通过"销售订单列表""发货单列表""发票列表""销售调拨单列表""零售日报列表"可以分别对销售订单、发货单、销售发票、销售调拨单、零售日报进行查询。

2. 账表查询

通过查询销售管理系统提供的销售明细表、销售统计表、余额表及销售分析表,实现对销售业务的事中控制、事后分析的管理。

10.2.7 月末处理

月末结账是将当月的单据数据封存,结账后不允许再对该会计期的销售单据进行增加、修改、删除处理。

实训练习

实验十一 销售管理

【实验目的】

1. 掌握 T3 软件中有关销售管理的相关内容。
2. 掌握企业日常销售业务处理方法。
3. 理解销售管理与其他模块之间的数据传递关系。

【实验准备】

引入实验九账套数据。

【实验内容】

1．销售订货业务。
2．普通销售业务处理。
3．商业折扣处理。
4．现收业务。
5．代垫费用处理。
6．销售退货处理。
7．销售账表查询。

【实验要求】

1．将计算机当前日期调整为 2021 年 1 月 31 日。
2．以"田晓宾"的身份进行销售管理操作。

【实验资料】

1．销售订货业务

2 日，创远系统集成公司向销售一部订购 ERP 模拟体验光盘 80 套，单价为 200 元。

2．普通销售业务

(1) 4 日，销售一部从产品二库向创远系统集成公司发出其所订货物 ERP 模拟体验光盘 80 套，单价为 200 元。填制销售发货单。

(2) 当天开出该笔货物的专用发票一张，发票号为 X001。填制销售发票。

(3) 5 日，财务部门收到转账支票一张，票号为 Z001，创远系统集成公司付清采购货款。填制收款单。

3．商业折扣的处理

(1) 7 日，销售一部向北方管理软件学院出售百问 ERP 多媒体课件 40 套，报价为 150 元，成交价为报价的 90%，货物从产品一库发出。

(2) 10 日，根据上述发货单开具增值税发票一张。

4．现结业务

(1) 12 日，销售一部向天津图书城出售 ERP 模拟体验光盘 100 套，无税单价为 200 元，货物从产品二库发出。

(2) 12 日，根据上述发货单开具销售专用发票一张，同时收到客户以转账支票所支付的全部货款，票据号为 Z188，进行现结制单处理。

5. 代垫费用处理

12 日，销售二部在向天津图书城销售商品过程中发生了一笔代垫的运输费 500 元，以现金支付。客户尚未支付该笔款项。

6. 开票直接发货

15 日，销售一部向创远公司发出 ERP 模拟体验光盘 50 套，单价为 200 元，商品从产品二库发出，并据此开具专用销售发票一张。

7. 开票前退货业务

(1) 20 日，销售一部出售给创远公司杀毒软件 10 套，单价为 400 元，从产品一库发出。

(2) 22 日，销售一部出售给创远公司的杀毒软件因质量问题退回 2 套，单价为 400 元，收回产品一库。

(3) 23 日，财务部开具相应的专用发票一张，数量为 8 套。

【操作指导】

以销售员田晓宾身份注册 T3 软件，进行销售相关业务操作。

用户名：06；密码：空；账套：202；会计年度：2021；操作日期：2021-01-31。

1. 销售业务 1(视频：操作演示\sy11\11-1.mp4)

业务类型：销售订货业务

① 执行"销售"|"销售订单"命令，进入"销售订单"窗口。

② 单击【增加】按钮，输入日期"2021-01-02"，选择销售类型"批发"，客户名称"创远公司"，销售部门"销售一部"。

③ 选择货物名称为"3002 ERP 模拟体验光盘"，输入数量"80"、报价"200"，如图 10-5 所示。

图 10-5　填制销售订单

④ 单击【保存】按钮，再单击【审核】按钮，退出。

> **注意**
> - 已保存的销售订单可以修改、删除，但不允许修改他人填制的销售订单。
> - 系统自动生成"订单编号"，可以手工修改，订单编号不能重复。
> - 如果企业要按业务员进行销售业绩考核，则必须输入"业务员"信息。

2. 销售业务2

业务类型：普通销售业务

1) 销售发货单处理

(1) 在销售管理模块填制并审核销售发货单。(视频：操作演示\sy11\11-211.mp4)

① 执行"销售"|"销售发货单"命令，进入"发货单"窗口。

② 单击【增加】按钮，打开"选择订单"对话框，单击【显示】按钮，选择销售业务中生成的销售订单，单击【确认】按钮，将销售订单信息带入发货单。

③ 输入发货日期"2021-01-04"，选择仓库"产品二库"。

④ 单击【保存】按钮，再单击【审核】按钮，如图10-6所示，保存并审核发货单，退出。

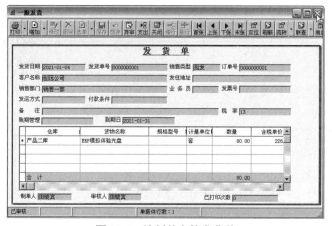

图10-6 填制并审核发货单

> **注意**
> - 销售发货单和销售发票可参照生成，也可直接输入。
> - 为操作简便处理，所有单据的到期日统一设置为2021-01-31。

(2) 在库存管理模块中生成并审核销售出库单。(视频：操作演示\sy11\11-212.mp4)

① 执行"库存"|"销售出库单生成审核"命令，进入"销售出库单"

窗口。

② 单击【生成】按钮，选择参照单据"发货单"，选择下面具体的发货单，单击【确认】按钮。

③ 单击【审核】按钮，如图10-7所示。

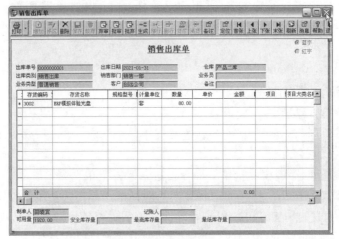

图10-7 审核销售出库单

(3) 在存货核算模块中对销售出库单记账并生成凭证。(视频：操作演示\sy11\11-213.mp4、11-214.mp4)

① 执行"核算"|"核算"|"正常单据记账"命令，打开"正常单据记账条件"对话框。

② 选中"产品二库"复选框，保留"销售出库单"单据类型，单击【确定】按钮，进入"正常单据记账"窗口。

③ 单击需要记账的单据前的"选择"栏，出现"√"标记，或者单击工具栏中的【全选】按钮，选择所有单据，然后单击工具栏中的【记账】按钮。

④ 系统开始进行单据记账，记账完成后，单据不在窗口中显示。

⑤ 执行"核算"|"凭证"|"购销单据制单"命令，进入"生成凭证"窗口。

⑥ 单击【选择】按钮，打开"查询条件"对话框。

⑦ 选择"销售出库单"，单击【确认】按钮，进入"选择单据"窗口。

⑧ 单击需要生成凭证的单据前的"选择"栏或单击工具栏中的【全选】按钮，然后单击工具栏中的【确定】按钮，进入"生成凭证"窗口。

⑨ 选择凭证类别为"转账凭证"，修改借方科目为"主营业务成本/ERP模拟体验光盘"，单击【生成】按钮，系统显示生成的转账凭证。

⑩ 修改确认无误后，单击工具栏中的【保存】按钮，凭证左上角显示"已生成"红字标记，表示已将凭证传递到总账系统，如图10-8所示。

第 10 章　销售与应收管理

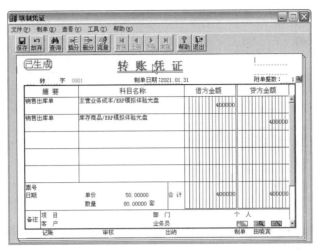

图 10-8　销售出库单生成凭证

 注意

- 为操作简便处理，所有生成凭证的日期统一设置为 2021-01-31。

2) 销售发票处理

(1) 在销售管理模块根据发货单填制并复核销售发票。(视频：操作演示\sy11\11-221.mp4)

① 执行"销售"|"销售发票"命令，进入"销售发票"窗口。

② 单击【增加】按钮，选择"专用发票"，单击【选单】按钮，选择"发货单"，打开"选择发货单"对话框，单击【显示】按钮，选择要参照的发货单，单击【确认】按钮，将发货单信息带入销售专用发票。

③ 输入开票日期"2021-01-04"，发票号 X001，单击【保存】按钮。

④ 单击【复核】按钮，如图 10-9 所示。

图 10-9　填制销售专用发票

(2) 在核算模块中，根据销售专用发票生成销售收入凭证。(视频：操作演示\sy11\11-222.mp4)

① 执行"核算"|"凭证"|"客户往来制单"命令，打开"制单查询"对话框。

② 选中"发票制单"复选框，单击【确认】按钮，进入"销售发票制单"窗口。

③ 选择凭证类别为"转账凭证"，单击工具栏中的【全选】按钮，选择窗口中的所有单据。单击【制单】按钮，屏幕上出现根据发票生成的转账凭证，修改贷方科目为"主营业务收入/ERP模拟体验光盘"。

④ 单击【保存】按钮，凭证左上角显示"已生成"红字标记，表示已将凭证传递到总账系统，如图10-10所示。

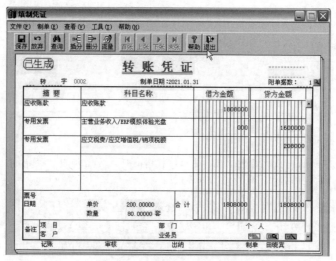

图10-10 销售发票生成凭证

3) 收款单处理

(1) 在销售管理模块填制收款单并与销售发票核销。(视频：操作演示\sy11\11-231.mp4)

① 执行"销售"|"客户往来"|"收款结算"命令，进入"收款单"窗口。

② 选择客户"创远"，单击【增加】按钮。

③ 输入结算日期"2021-01-05"，结算方式"转账支票"，金额"18 080"。

④ 单击【保存】按钮，再单击【核销】按钮。

⑤ 在本次结算栏中输入"18 080"，如图10-11所示，单击【保存】按钮。

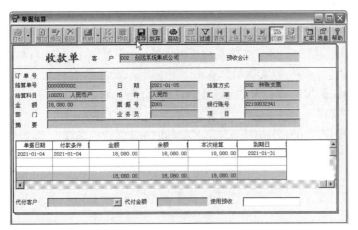

图 10-11 录入收款单并核销

(2) 在核算模块中，根据核销的收款单生成收款凭证。(视频：操作演示\sy11\11-232.mp4)

① 执行"核算"|"凭证"|"客户往来制单"命令，打开"制单查询"对话框。

② 选中"核销制单"复选框，单击【确认】按钮，进入"核销制单"窗口。

③ 选择凭证类别为"收款凭证"，单击工具栏中的【全选】按钮，选择窗口中的所有单据。单击【制单】按钮，屏幕上出现根据收款单生成的凭证。

④ 单击【保存】按钮，凭证左上角显示"已生成"红字标记，表示已将凭证传递到总账系统，如图 10-12 所示。

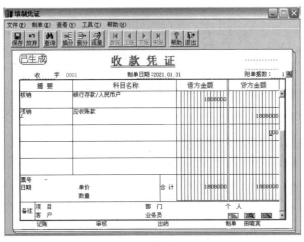

图 10-12 收款单生成凭证

> **注意**
> ● 此凭证现金流量为：经营活动/现金流入/01 销售商品、提供劳务收到的现金。

3. 销售业务3

(1) 在销售管理模块中填制并审核发货单。(视频：操作演示\sy11\11-31.mp4)

① 执行"销售"|"销售发货单"命令，进入"发货单"窗口。

② 单击【增加】按钮，打开"选择订单"对话框，单击【取消】按钮，进入"发货单"窗口。

③ 输入发货日期"2021-01-07"，客户名称"北方管理软件学院"，销售部门"销售一部"。

④ 选择仓库"产品二库"，存货名称"3001 百问 ERP 多媒体课件"，数量"40"，报价"150"，扣率"90"。

⑤ 单击【保存】按钮，再单击【审核】按钮，保存并审核发货单，如图 10-13 所示，退出。

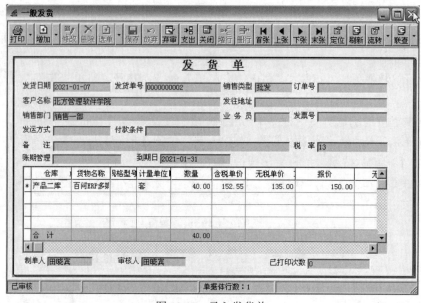

图 10-13 录入发货单

> **注意**
> - 发货单保存后，无税单价已经调整为 135(150×90%)元。

(2) 在销售管理模块中，根据发货单填制并复核销售发票。(视频：操作演示\sy11\11-32.mp4)

操作步骤参见销售业务 2，生成的销售专用发票如图 10-14 所示。

> **注意**
> - 发票上的无税单价也为 135 元。
> - 此业务暂不要求生成记账凭证。

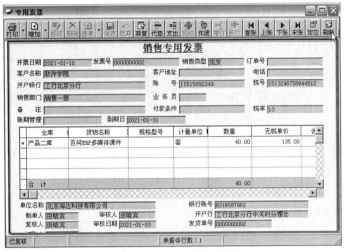

图 10-14　录入销售发票

4．销售业务 4

业务类型：现结销售

1) 发货单处理

(1) 在销售管理模块中填制并审核销售发货单。

(2) 在库存管理模块中生成并审核销售出库单。

(3) 在核算模块中填制并对销售出库单记账并生成凭证，如图 10-15 所示。

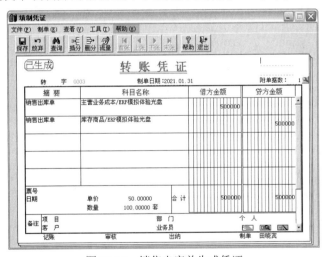

图 10-15　销售出库单生成凭证

2) 销售发票处理

(1) 在销售管理模块中根据发货单生成销售专用发票，并执行现结。(视频：操作演示\sy11\11-421.mp4)

① 在销售模块中，根据发货单生成销售专用发票，单击【保存】按钮。

② 在销售专用发票界面，单击【现结】按钮，打开"销售现结"对话框。选择结算方式为"转账支票"，输入结算金额"22 600"，票据号"Z188"，银行账号"10210499852"，如图10-16所示，单击【确定】按钮返回，销售专用发票左上角显示"现结"标志。

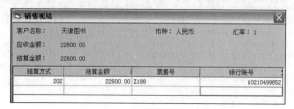

图10-16 "销售现结"对话框

③ 单击【复核】按钮，对现结发票进行复核。

注意
- 应在销售发票复核前进行现结处理。
- 销售发票复核后才能在核算模块中进行"现结"制单。

(2) 在存货核算模块中进行现结制单。(视频：操作演示\sy11\11-422.mp4)
① 执行"核算"|"凭证"|"客户往来制单"命令，打开"制单查询"对话框。

② 选中"现结制单"复选框，单击【确认】按钮，进入"应收制单"窗口。
③ 在需要制单的单据行的"选择标志"栏单击，输入任一标志，选择凭证类别为"收款凭证"，输入制单日期，单击【制单】按钮，生成收款凭证。
④ 修改贷方科目为"主营业务收入/ERP模拟体验光盘"，单击【保存】按钮，凭证左上角出现"已生成"红色标记，表示凭证已传递到总账，如图10-17所示。

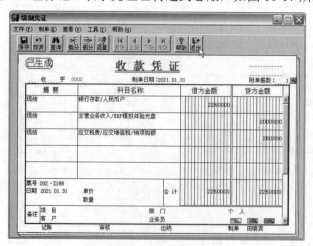

图10-17 销售现结生成凭证

注意

● 此凭证现金流量为：经营活动/现金流入/01 销售商品、提供劳务收到的现金。

5. 销售业务 5

业务类型：代垫费用处理

(1) 在基础设置中设置费用项目。(视频：操作演示\sy11\11-51.mp4)

① 执行"基础设置"|"购销存"|"费用项目"命令，进入"费用项目"窗口。

② 增加"01 运费"，如图 10-18 所示，退出。

图 10-18 "费用项目"窗口

(2) 在销售管理模块中填制并审核代垫费用单。(视频：操作演示\sy11\11-52.mp4)

① 执行"销售"|"销售发票"命令，单击【代垫】按钮。

② 单击【增加】按钮，输入代垫日期"2021-01-12"，客户"天津图书城"，销售部门"销售二部"，费用项目"运费"，代垫金额"500"，保存并审核，如图 10-19 所示。

图 10-19 填制并审核代垫费用单

(3) 在核算模块中对代垫费用单确认应收。(视频：操作演示\sy11\11-53.mp4)

① 执行"核算"|"凭证"|"客户往来制单"命令，打开"客户制单查询"对话框。选择"应收单制单"，单击【确认】按钮。

② 选择要制单的单据，选择凭证类型为"付款凭证"，单击【制单】按

钮,生成一张转账凭证,输入借方科目"1122",贷方科目"1001",单击【保存】按钮,如图10-20所示。

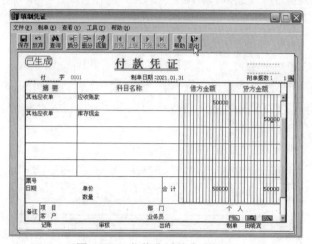

图10-20 代垫费用单生成凭证

6. 销售业务6

业务类型:开票直接发货业务

(1) 在销售管理模块中,填制并复核销售专用发票。

① 执行"销售"|"销售发票"命令,进入"销售发票"窗口。

② 单击"增加"按钮,选择专用发票。

③ 按实验要求输入销售专用发票内容并复核。

(2) 在销售管理模块中,查询销售发货单。

执行"销售"|"销售发货单"命令,进入"发货单"窗口,可以查看根据销售专用发票自动生成的发货单。

(3) 在库存管理模块中,查询销售出库单。

执行"库存"|"销售出库单生成/审核"命令,进入"销售出库单"窗口,根据销售发票生成销售出库单并审核。

7. 销售业务7

业务类型:开票前退货处理

(1) 在销售管理模块中,填制并审核发货单(数量:10)。

(2) 在销售管理模块中,填制并审核退货单(数量:-2)。(视频:操作演示\sy11\11-72.mp4)

注意

● 填制退货单时可参照订单、发货单。

(3) 在销售管理系统中,填制并复核销售发票。(视频:操作演示\sy11\11-73.mp4)

① 参照发货单生成销售专用发票时,同时选择发货单和退货单,如图 10-21 所示。

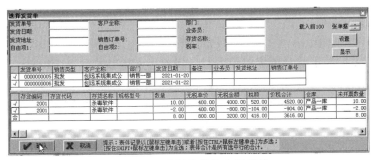

图 10-21　选择发货单和退货单

② 保存并复核销售发票,如图 10-22 所示。

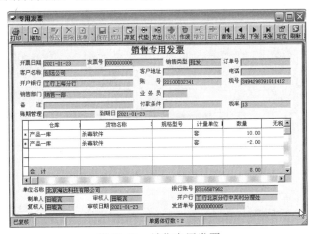

图 10-22　销售专用发票

8. 月末处理

1) 账簿查询(视频:操作演示\sy11\11-81.mp4)

在销售日常业务处理完毕后,进行销售账表查询。

2) 月末结账(视频:操作演示\sy11\11-82.mp4)

① 执行"销售"|"月末结账"命令,打开"销售月末结账"对话框,其中蓝条处是当前会计月。

② 单击【月末结账】按钮,系统开始结账。

③ 结账完成后,"是否结账"栏显示"是"。

巩固提高

一、单选题

1. 下列单据不生成记账凭证的是(　　)。
   A．销售订单　　　　　　　　B．销售发票
   C．销售出库单　　　　　　　D．收款单
2. 当库存系统与销售系统集成使用时,销售出库单参照(　　)生成,不可手工填制。
   A．发货单或销售订单　　　　B．销售订单或销售发票
   C．销售订单或收款单　　　　D．发货单或销售发票

二、多选题

1. 普通销售业务涉及的主要单据是(　　)。
   A．销售发票　　　　　　　　B．销售发货单
   C．收款单　　　　　　　　　D．出库单
2. 销售发票会在(　　)系统出现。
   A．销售　　　　　　　　　　B．库存
   C．核算　　　　　　　　　　D．总账

三、判断题

1. 销售发货单需要生成记账凭证。(　　)
2. 销售系统的代垫运费是通过代垫费用单来处理的。(　　)

四、简答题

1. 销售管理系统包括哪些主要功能?
2. 简述销售管理系统与其他系统的主要关系。
3. 销售管理系统日常业务处理包括哪些业务?
4. 普通销售业务分为哪两种处理模式?各自的处理流程是怎样的?
5. 销售退货业务的处理流程是怎样的?

第 11 章

库存与核算管理

本章学习目标

通过本章内容的学习,你将能够:
1. 了解库存管理模块包括的主要功能。
2. 掌握库存管理模块和其他模块的主要关系。
3. 掌握库存管理模块中产成品入库业务、材料领用、调拨业务、盘点业务、其他入库业务、其他出库业务、组装业务的处理方法。
4. 了解核算模块包括的主要功能。
5. 掌握核算模块和其他模块的主要关系。
6. 掌握核算模块中出入库单据调整、单据记账、生成凭证等业务的处理方法。

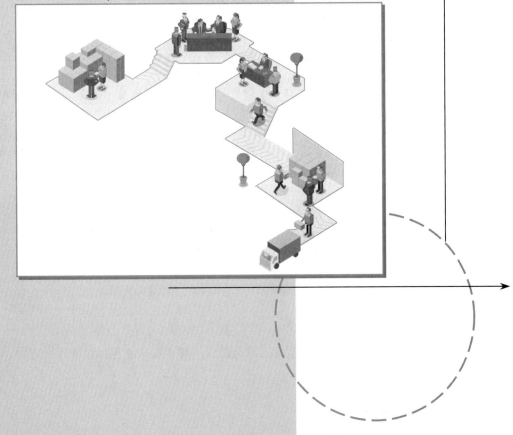

案例导入

北京海达科技有限公司(简称海达科技)准备进行 2021 年 1 月的库存与核算业务。

1. 业务分工

赵大海进行库存与核算相关业务。

2. 库存与核算业务

① 产成品入库业务。

3 日,产品二库收到生产部生产的 ERP 模拟体验光盘 50 套,做产成品完工入库。随后收到财务部门提供的 ERP 模拟体验光盘 50 套的完工成本共计 3000 元,立即做成本分配,记账生成凭证。

② 材料领用。

5 日,生产部向材料库领用包装纸 100 包,用于制作百问 ERP 多媒体课件。

③ 调拨业务。

8 日,将产品一库中的 50 套杀毒软件暂时调拨到产品二库。

④ 盘点业务。

10 日,对材料库的所有存货进行盘点,盘点后,发现光盘多 10 张。经确认,该光盘的成本为 10 元/张。

⑤ 其他入库业务。

14 日,销售一部收到赠品杀毒软件 20 套,单价 150 元,入产品一库。

⑥ 其他出库业务。

15 日,销售一部从产品二库领取百问 ERP 多媒体课件 50 套,捐给北方管理软件学院。

⑦ 23 日,向大众印刷厂订购包装纸 200 包,单价为 30 元,将收到的货物验收入材料库。填制采购入库单。

⑧ 27 日,销售一部向天津图书城销售 ERP 模拟体验光盘 100 套,单价为 200 元,货物从产品二库发出。填制销售发货单。

⑨ 31 日,将 23 日发生的采购包装纸的入库成本增加 300 元。

⑩ 31 日,调整 27 日出售给天津图书城的 ERP 模拟体验光盘的出库成本,增加 500 元。

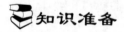**知识准备**

11.1 库存管理模块

11.1.1 功能概述

库存管理是 T3 软件购销存模块的组成部分,其主要功能包括以下几个方面。

1. 日常收发存业务处理

库存管理模块的主要功能是对采购管理模块、销售管理模块及库存管理模块填制的各种出入库单据进行审核，并对存货的出入库数量进行管理。

除管理采购业务、销售业务形成的入库和出库单据外，还可以处理仓库间的调拨业务、盘点业务、组装拆卸业务、形态转换业务等形成的相应单据。

2. 库存控制

库存管理模块支持批次跟踪、供应商跟踪、保质期管理、货位管理，对超储、短缺、呆滞积压、超额领料等情况进行报警。

3. 库存账簿及统计分析

库存管理模块可以提供出入库流水账、库存台账、受托代销商品备查簿、委托代销商品备查簿、呆滞积压存货备查簿供用户查询，同时提供各种统计汇总表。

11.1.2 库存管理模块与其他模块的主要关系

库存管理模块与其他模块的主要关系如图 11-1 所示。

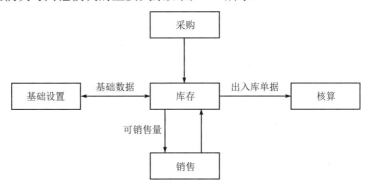

图 11-1 库存管理模块与其他模块的主要关系

库存管理模块与基础设置共享基础数据，也就是说，库存管理需要的基础数据可以在基础设置中统一设置，最终都是由各模块共享；采购中录入的采购入库单，可以在库存管理中审核确认，以证明入库单上的货物已经入库；对销售管理根据发货单或发票生成的销售出库单进行审核确认，以证明出库单上的货物已经出库。为销售管理提供存货的可销售量信息，可提供各仓库、各存货、各批次的结存情况；库存管理模块为核算模块提供各种出入库单据，在核算模块中记账并生成凭证。

11.1.3 库存日常业务处理

1. 入库业务处理

库存管理模块主要是对各种出入库业务进行单据的填制和审核。

1) 采购入库

采购入库单是采购人员在采购模块中录入的，库管员只需在库存模块中对采购入库单进行审核即可，不需再录入采购入库单。

2) 产成品入库

产成品入库单是管理工业企业的产成品入库、退回业务的单据。

对于工业企业，企业对原材料及半成品进行一系列的加工后，形成可销售的商品，然后验收入库。只有工业企业才有产成品入库单，商业企业没有此单据。

产成品一般在入库时是无法确定产品的总成本和单位成本的，因此，在填制产成品入库单时，一般只有数量，没有单价和金额。

3) 其他入库

其他入库指除了采购入库、产成品入库之外的其他入库业务，如调拨入库、盘盈入库、组装拆卸入库、形态转换入库等业务形成的入库单。

需要注意的是，调拨入库、盘盈入库、组装拆卸入库、形态转换入库等业务可以自动形成相应的其他入库单，除此之外的其他入库单由用户填制。

2. 出库业务处理

1) 销售出库

销售出库单是销售模块根据销售发货单或发票生成的，在库存模块中仅做审核；或者在库存模块根据已审核的发货单或发票生成。

2) 材料出库

材料出库单是工业企业领用材料时所填制的出库单据，材料出库单也是进行日常业务处理和记账的主要原始单据之一。只有工业企业才有材料出库单，商业企业没有此单据。

3) 其他出库

其他出库指除销售出库、材料出库之外的其他出库业务，如维修、办公耗用、调拨出库、盘亏出库、组装拆卸出库、形态转换出库等。

需要注意的是，调拨出库、盘盈出库、组装出库、拆卸出库、形态转换出库等业务可以自动形成相应的其他出库单，除此之外的其他出库单由用户填制。

3. 其他业务

1) 库存调拨

库存管理模块中提供了调拨单，用于处理仓库之间存货的转库业务或部门之间的存货调拨业务。如果调拨单上的转出部门和转入部门不同,就表示是部门之间的调拨业务;如果转出部门和转入部门相同,但转出仓库和转入仓库不同,就表示是仓库之间的转库业务。

2) 盘点

库存管理模块中提供了盘点单用来定期对仓库中的存货进行盘点。存货盘点报告表,是证明企业存货盘盈、盘亏和毁损,据以调整存货实存数的书面凭证,经企业领导批准后,即可作为原始凭证入账。

本功能提供了按仓库盘点和按批次盘点两种盘点方法,还可对各仓库或批次中的全部或部分存货进行盘点,盘盈、盘亏的结果可自动生成出入库单。

3) 组装与拆卸

组装指将多个散件组装成一个配套件的过程。组装单相当于两张单据,一个是散件出库单,一个是配套件入库单。配套件和散件之间是一对多的关系,该关系在产品结构中设置。用户在组装之前应先进行产品结构定义,否则无法进行组装。

拆卸指将一个配套件拆卸成多个散件的过程。拆卸单相当于两张单据,一个是配套件出库单,一个是散件入库单。配套件和散件之间是一对多的关系,该关系在产品结构中设置。用户在组装拆卸之前应先进行产品结构定义,否则无法进行拆卸。

4) 形态转换

由于自然条件或其他因素的影响,某些存货会由一种形态转换成另一种形态,如煤块由于风吹、雨淋,天长日久变成了煤渣;活鱼由于缺氧变成了死鱼;等等,从而引起存货规格和成本的变化,因此库管员需根据存货的实际状况填制形态转换单或叫规格调整单,报请主管部门批准后进行调账处理。

11.2 核算管理模块

11.2.1 功能概述

核算是 T3 软件购销存模块中的一个功能模块,该模块主要针对企业存货的收发存业务进行核算,掌握存货的耗用情况,及时准确地把各类存货成本归集到各成本项目和成本对象上,为企业的成本核算提供基础数据。

核算模块的主要功能包括单据处理、暂估入库成本处理、产成品成本分配、计划价/售价调整、单据记账、生成凭证等方面。

11.2.2 核算模块与其他模块的主要关系

核算模块与其他模块的主要关系如图 11-2 所示。

图 11-2 核算模块与其他模块的主要关系

基础设置为核算模块提供了各种相关基础数据。采购模块中录入的采购入库单,经审核传递到核算模块中进行记账,以确认存货的入库成本,并生成入库凭证,对采购暂估入库单进行暂估报销处理;销售模块中录入的销售发货单,在库存模块中生成出库单并审核,在存货核算模块中记账,并生成出库凭证。核算将计算出来的存货的销售成本传递给销售模块;库存模块中录入的出入库单据,传递到核算模块中进行记账,生成出入库凭证。核算模块中生成的凭证,最后都传递到总账进行审核、记账。

11.2.3　核算模块应用模式

核算模块和采购管理、销售管理、库存管理等模块可集成使用。

1．多模块集成应用模式

当核算模块与采购管理、销售管理、库存管理等模块集成使用时,在采购管理模块中录入采购入库单,在销售管理模块中录入发货单,审核后自动生成销售出库单传递到库存管理模块和核算模块,在库存管理中只录入除采购入库单和销售出库单之外的其他单据,并完成对各种出入库单据的审核。在核算中,对各种出入库单据进行记账,并生成出入库凭证。

2．只与库存管理联合使用

当核算与库存管理联合使用时,在库存管理中录入各种出入库单据并进行审核,在核算模块中对各种出入库单据记账,生成凭证。

11.2.4　核算模块日常业务处理

1．入库业务处理

入库业务包括采购入库、产成品入库和其他入库。

产成品入库单在填制时一般只填写数量，单价与金额既可以通过修改产成品入库单直接填入，也可以由核算模块的产成品成本分配功能自动计算填入。

2．出库业务处理

出库单据包括销售出库、材料出库和其他出库。

3．单据记账

单据记账是将所输入的各种出入库单据计入存货明细账、差异明细账等。单据记账应注意以下3点。

(1) 无单价的入库单据不能记账，因此记账前应对暂估入库的成本、产成品入库单的成本进行确认或修改。

(2) 各个仓库的单据应该按照实践顺序记账。

(3) 已记账单据不能修改和删除。如果发现已记账单据有错误，则在本月未结账状态下可以取消记账；如果已记账单据已生成凭证，则不能取消记账，除非先删除相关凭证。

4．调整业务

出入库单据记账后，有时会发现单据金额错误。如果是录入错误，则通常采用修改方式进行调整；但如果遇到由于暂估入库后发生零出库业务等原因所造成的出库成本不准确或库存数量为零而仍有库存金额的情况，就需要利用调整单据进行调整。

调整单据包括入库调整单和出库调整单，它们都只针对当月存货的出入库成本进行调整，并且只调整存货的金额，不调整存货的数量。出入库调整单保存即记账，因此已保存的单据不可修改、删除。

5．暂估处理

核算模块中对采购暂估入库业务提供了月初回冲、单到回冲、单到补差3种方式，一旦选择不可修改。无论采用哪种方式，都要遵循以下步骤：待采购发票到达后，在采购管理模块填制发票并进行采购结算，然后在核算模块中完成暂估入库业务成本处理。

6．生成凭证

在核算模块中，可以将各种出入库单据中涉及存货增减和价值变动的单据生成凭证传递到总账，也可将各种收款单据和付款单据进行制单。

对比较规范的业务，在核算模块的初始设置中可以事先设置好凭证上的存货科目和对方科目，模块将自动采用这些科目生成相应的出入库凭证，并传递到总账。

在执行生成凭证操作时，一般由在总账中有填制凭证权限的操作员来完成。

7．综合查询

核算模块中提供了存货明细账/总账、出入库流水账、入库汇总表、出库汇总表/差异(差价)分摊表、收发存汇总表、存货周转率分析表、入库成本分析、暂估材料余额分析等多种分析统计账表。

在查询过程中，应注意查询条件输入的准确性、灵活性。

8. 月末处理

核算模块的月末处理工作包括期末处理和结账两部分。

9. 期末处理

当核算模块日常业务全部完成后，进行期末处理，模块自动计算全月平均单价及本会计月出库成本，自动计算差异率(差价率)及本会计月的分摊差异/差价，并对已完成日常业务的仓库/部门做处理标志。

10. 月末结账

核算模块必须在采购管理、销售管理、库存管理全部结账后才能进行期末处理及结账。

 实训练习

实验十二　库存与核算管理

【实验目的】

1. 掌握 T3 软件中有关库存管理与核算管理的相关内容。
2. 掌握企业库存日常业务与核算日常业务的处理方法。
3. 理解库存管理与其他模块之间、核算模块与其他模块之间的数据传递关系。

【实验准备】

引入实验九账套数据。

【实验内容】

(一) 库存日常业务

1. 入库业务处理。
2. 出库业务处理。
3. 其他业务处理。

(二) 核算日常业务

1．单据处理。
2．暂估业务处理。
3．生成凭证。

(三) 库存与核算期末业务

1．库存账簿查询。
2．库存月末结账。
3．核算账簿查询。
4．核算月末处理及月末结账。

【实验要求】

1．将计算机当前日期调整为 2021 年 1 月 31 日。
2．以"赵大海"的身份进行库存核算管理操作。

【实验资料】

(一) 库存管理

1．产成品入库业务

3 日，产品二库收到生产部生产的 ERP 模拟体验光盘 50 套，做产成品完工入库。随后收到财务部门提供的 ERP 模拟体验光盘 50 套的完工成本共计 3000 元，立即做成本分配，记账生成凭证。

2．材料领用

5 日，生产部向材料库领用包装纸 100 包，用于制作百问 ERP 多媒体课件。

3．调拨业务

8 日，将产品一库中的 50 套杀毒软件暂时调拨到产品二库。

4．盘点业务

10 日，对材料库的所有存货进行盘点，盘点后，发现光盘多 10 张。经确认，该光盘的成本为 10 元/张。

5．其他入库业务

14 日，销售一部收到赠品杀毒软件 20 套，单价 150 元，入产品一库。

6．其他出库业务

15 日，销售一部从产品二库领取百问 ERP 多媒体课件 50 套，捐给北方管理软件学院。

(二) 核算管理

1．23 日，向大众印刷厂订购包装纸 200 包，单价为 30 元，将收到的货物验收入材料库。填制采购入库单。

2．27 日，销售一部向天津图书城销售 ERP 模拟体验光盘 100 套，单价为 200 元，货物从产品二库发出。填制销售发货单。

3．31 日，将 23 日发生的采购包装纸的入库成本增加 300 元。

4．31 日，调整 27 日出售给天津图书城的 ERP 模拟体验光盘的出库成本增加 500 元。

【操作指导】

以库管与核算员赵大海身份注册 T3 软件，进行库存与核算相关业务操作。

用户名：08；密码：(空)；账套：202；会计年度：2021；操作日期：2021-01-31。

(一) 库存管理

1．库存业务 1

业务类型：产成品入库

(1) 在库存模块中录入产成品入库单并审核。(视频：操作演示\sy12\12-111.mp4)

① 执行"库存"|"产成品入库单"命令，进入"产成品入库单"窗口。

② 单击【增加】按钮，输入入库日期"2021-01-03"，选择仓库"产品二库"，入库类别"产成品入库"，部门"生产部"。

③ 选择存货编码"3002 ERP 模拟体验光盘"，输入数量"50"，如图 11-3 所示。

图 11-3　录入产成品入库单

④ 单击【保存】按钮。单击【审核】按钮，完成对该单据的审核。

【注意】

● 产成品入库单上无须填写单价，待产成品成本分配后会自动写入。

(2) 在核算模块中录入生产总成本并进行产成品成本分配。(视频：操作演示\sy12\12-112.mp4)

① 执行"核算"|"核算"|"产成品成本分配"命令，进入"产成品成本分配表"窗口。

② 单击【查询】按钮，打开"产成品成本分配表查询"对话框。选择"产品二库"，单击【确认】按钮，模块将符合条件的记录带回"产成品成本分配表"。

③ 在"3002 ERP 模拟体验光盘"记录行"金额"栏中输入"3000"，如图 11-4 所示。

图 11-4 产成品成本分配表

④ 单击【分配】按钮，模块弹出提示"分配操作顺利完成！"，单击【确定】按钮返回。

⑤ 执行"核算"|"产成品入库单"命令，进入"产成品入库单"窗口，查看入库存货单价。

● 产成品入库单金额也可在记账前手工输入。

(3) 在核算模块中对产成品入库单进行记账并生成凭证。
(视频：操作演示\sy12\12-113.mp4、12-114.mp4)

① 执行"核算"|"核算"|"正常单据记账"命令，对产成本入库单进行记账处理。

② 执行"核算"|"凭证"|"购销单据制单"命令，选择"产成品入库单"生成凭证。

③ 选择凭证类别"转账凭证"，输入对方科目"500104"，单击【生成】按钮。

④ 在生成凭证窗口输入科目"500104"的项目核算名称"ERP 模拟体验光盘"，单击【保存】按钮，如图 11-5 所示。

● 为处理方便，生成的所有记账凭证日期统一设定为 2021-01-31。

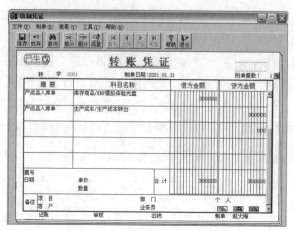

图 11-5 产成品入库单生成凭证

2. 库存业务 2

业务类型：材料领用出库

(1) 在库存管理模块中填制材料出库单。(视频：操作演示\sy12\12-121.mp4)

① 执行"库存"|"材料出库单"命令，进入"材料出库单"窗口。

② 单击【增加】按钮，填写出库日期"2021-01-05"，仓库"材料库"，出库类别"材料领用出库"，部门"生产部"。

③ 选择"1002 包装纸"，输入数量"100"、单价"30"，如图 11-6 所示。

④ 单击【保存】按钮，单击【审核】按钮。

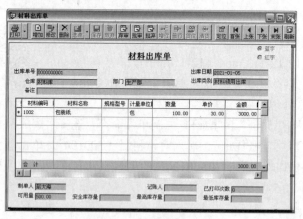

图 11-6 录入材料出库单

(2) 在核算模块中对材料出库单记账并生成凭证。(视频：操作演示\sy12\12-122.mp4、12-123.mp4)

① 执行"核算"|"核算"|"正常单据记账"命令，对产成本入库单进行记账处理。

② 执行"核算"|"凭证"|"购销单据制单"命令,选择"材料出库单"。
③ 选择凭证类别"转账凭证",输入存货科目"140302",单击【生成】按钮。
④ 在生成凭证窗口输入科目"500101"的项目核算名称"百问 ERP 多媒体课件",单击【保存】按钮,如图 11-7 所示。

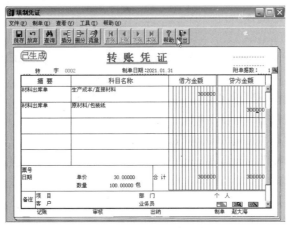

图 11-7　材料出库单生成凭证

3. 库存业务 3

业务类型:库存调拨——仓库调拨

(1) 在库存管理模块中填制调拨单。(视频:操作演示\sy12\12-131.mp4)

① 执行"库存"|"库存其他业务"|"调拨单"命令,进入"调拨单"窗口。

② 单击【增加】按钮,输入调拨日期"2021-01-08";选择转出仓库"产品一库",转入仓库"产品二库"。

③ 选择存货编码"2001 杀毒软件",数量"50",如图 11-8 所示,单击【保存】按钮。

图 11-8　填制调拨单

注意

- 调拨单保存后，模块自动生成其他入库单和其他出库单，且由调拨单生成的其他入库单和其他出库单不得修改和删除。
- 转出仓库的计价方式是移动平均、先进先出、后进先出时，调拨单的单价可以为空，模块根据计价方式自动计算填入。

(2) 在库存模块中对调拨单生成的其他出入库单进行审核。(视频：操作演示\sy12\12-132.mp4)

① 执行"库存"|"其他入库单"命令，进入"其他入库单"窗口。

② 单击【审核】按钮。

③ 同理，完成对其他出库单的审核。

(3) 在核算模块中对其他出入库单记账。(视频：操作演示\sy12\12-133.mp4)

① 执行"核算"|"核算"|"特殊单据记账"命令，打开"特殊单据记账条件"对话框。

② 选择单据类型"调拨单"，单击【确认】按钮，进入"特殊单据记账"窗口。

③ 选择要记账的调拨单，单击【记账】按钮。

4. 库存业务4

业务类型：盘点业务

(1) 在库存管理模块中增加盘点单。(视频：操作演示\sy12\12-141.mp4)

① 执行"库存"|"库存其他业务"|"盘点单"命令，进入"盘点单"窗口。

② 单击【增加】按钮，输入单据日期和盘点日期"2021-01-10"，选择盘点仓库"材料库"。

③ 单击【盘库】按钮，屏幕提示"是否对整个仓库进行盘点？"，始终单击【是】按钮。

④ 输入存货"1001 光盘"的盘点数量"2210"，如图11-9所示，单击【保存】按钮，单击【审核】按钮。

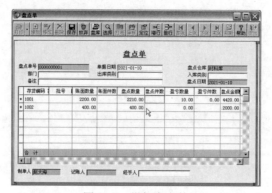

图11-9 增加盘点单

> **注意**
> - 盘点单审核后,模块自动生成相应的其他入库单和其他出库单。
> - 单击【盘库】按钮,表示选择盘点仓库中所有的存货进行盘点;单击【选择】按钮,表示按存货分类批量选择存货进行盘点。
> - 盘点单中输入的盘点数量是实际库存盘点的结果。
> - 盘点单记账后,不能再取消记账。

(2) 在库存管理模块中对由盘点单生成的其他入库单进行审核。(视频:操作演示\sy12\12-142.mp4)

(3) 在核算模块中对其他入库单进行记账并生成凭证(存货对方科目为1901),如图11-10所示。(视频:操作演示\sy12\12-143.mp4)

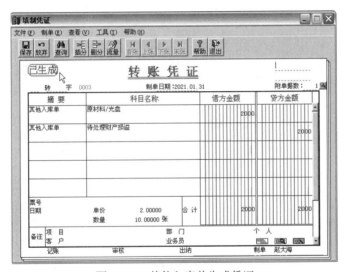

图11-10 其他入库单生成凭证

5. 库存业务5

业务类型:其他入库——赠品入库

(1) 在库存模块中录入其他入库单并审核。(视频:操作演示\sy12\12-151.mp4)

① 执行"库存"|"其他入库单"命令,进入"其他入库单"窗口。

② 单击【增加】按钮,输入入库日期"2021-01-14",选择仓库"产品一库"。

③ 选择存货编码"2001 杀毒软件",输入数量"20",单价"150",如图11-11所示。

④ 单击【保存】按钮。单击【审核】按钮,完成对该单据的审核。

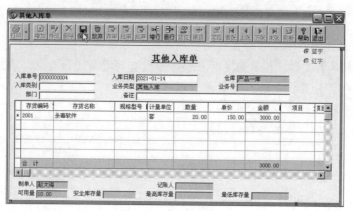

图 11-11　其他入库单

(2) 在存货核算模块中对其他入库单记账并生成凭证(存货科目:140501;对方科目:6301),如图 11-12 所示。(视频:操作演示\sy12\12-152.mp4)

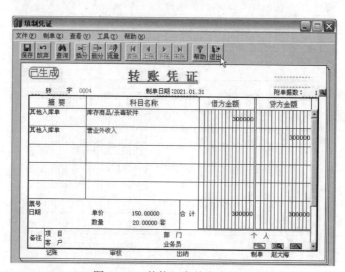

图 11-12　其他入库单生成凭证

6. 库存业务 6

业务类型:其他出库——赠品出库

(1) 在库存管理模块中录入其他出库单并审核。(视频:操作演示\sy12\12-161.mp4)

① 执行"库存"|"其他出库单"命令,进入"其他出库单"窗口。

② 单击【增加】按钮,输入出库日期"2021-01-15",选择仓库"产品二库",部门"销售一部"。

292

③ 选择存货编码"3001 百问 ERP 多媒体课件",输入数量"50",单价"40"。

④ 单击【保存】按钮。单击【审核】按钮,完成对该单据的审核,如图 11-13 所示。

图 11-13　录入其他出库单

(2) 在核算模块中对其他出库单记账并生成凭证(存货科目:140502;对方科目:6711),如图 11-14 所示。(视频:操作演示\sy12\12-162.mp4)

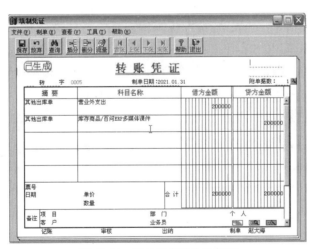

图 11-14　其他出库单生成凭证

(二) 核算管理

1. 存货业务 1

以魏大鹏身份注册 T3 软件,完成存货业务 1。

用户名:05;密码:(空);账套:202;会计年度:2021;操作日期:2021-01-31。

在采购模块中,填制采购入库单;在库存模块中,对采购入库单进行审核,在存货核算模块中记账并生成凭证,如图 11-15 所示。

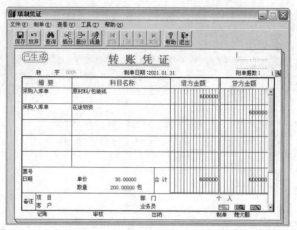

图11-15 采购入库单生成凭证

提示

- 记账时选择"采购入库单(暂估记账)",生成凭证的存货科目为"140302",对方科目为"1402"。

2. 存货业务2

以田晓宾身份注册T3软件,完成存货业务2。

用户名:06;密码:(空);账套:202;会计年度:2021;操作日期:2021-01-31。

在销售模块中输入销售发货单并审核,在库存模块中对根据发货单生成的销售出库单进行审核,在存货核算模块中记账并生成凭证,如图11-16所示。

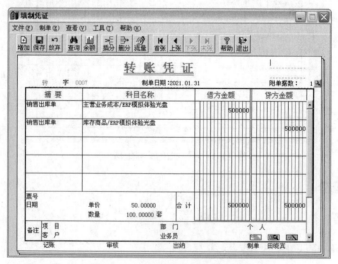

图11-16 销售出库单生成凭证

3. 存货业务 3

以赵大海身份注册 T3 软件，完成存货业务 3、4。

用户名：08；密码：(空)；账套：202；会计年度：2021；操作日期：2021-01-31。

(1) 在存货核算模块中录入调整单据。(视频：操作演示\sy12\12-231.mp4)

① 执行"核算"|"入库调整单"命令，进入"入库调整单"窗口。

② 单击【增加】按钮，选择"材料库"，输入日期"2021-01-31"，选择收发类别"采购入库"，部门"采购部"，供应商"大众印刷厂"。

③ 选择存货编码"1002 包装纸"，调整金额 300 元，如图 11-17 所示，单击【保存】按钮。

图 11-17　录入入库调整单

> **提示**
> ● 入库调整单是对存货的入库成本进行调整的单据，可针对单据进行调整，也可针对存货进行调整。

(2) 在存货核算模块中生成入库调整凭证。(视频：操作演示\sy12\12-232.mp4)

① 执行"核算"|"凭证"|"购销单据制单"命令，进入"生成凭证"列表窗口。单击【选择】按钮，打开"查询条件"对话框。

② 选中"入库调整单"选项，单击【确认】按钮，进入"生成凭证"窗口。

③ 单击单据行前的"选择"栏，出现选中标记"1"，单击【确定】按钮，出现凭证列表。

④ 选择凭证类别为"转账凭证"，单击【生成】按钮，表示该凭证已传递到总账，如图 11-18 所示。

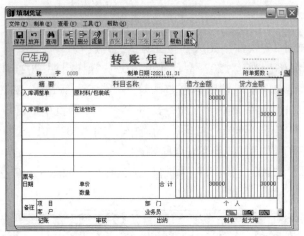

图 11-18 入库调整单生成凭证

4．存货业务 4

(1) 在存货核算模块中录入出库调整单。(视频：操作演示\sy12\12-241.mp4)

① 执行"核算"|"出库调整单"命令，进入"出库调整单"窗口。

② 单击【增加】按钮，选择"产品二库"，输入日期"2021-01-31"，选择收发类别"销售出库"，部门"销售一部"，客户"天津图书城"。

③ 选择存货编码"3002 ERP 模拟体验光盘"，调整金额 500 元，如图 11-19 所示。

图 11-19 录入出库调整单

④ 单击【保存】按钮。单击【退出】按钮，退出。

提示

● 出库调整单是对存货的出库成本进行调整的单据，只能针对存货进行调整。

(2) 在存货核算模块中生成出库调整凭证,如图 11-20 所示。(视频:操作演示\sy12\12-242.mp4)

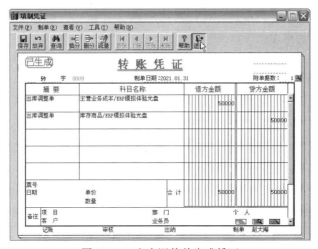

图 11-20 出库调整单生成凭证

(三) 期末业务

1. **账簿查询**(视频:操作演示\sy12\12-311.mp4、12-312.mp4)

在库存与核算日常业务处理完毕后,进行库存与存货核算账表查询。

2. **库存月末结账**(视频:操作演示\sy12\12-32.mp4)

① 执行"库存"|"月末结账"命令,打开"月末结账"对话框。

② 单击【确认】按钮,弹出模块提示"月末结账完成!",单击【确定】按钮返回。

 提示

- 采购与销售模块必须先结账,然后才能进行库存月末结账和核算月末处理与月末结账。

3. **核算月末结账**

(1) 期末处理。(视频:操作演示\sy12\12-331.mp4)

① 执行"核算"|"期末处理"命令,打开"期末处理"对话框。

② 选择需要进行期末处理的仓库,单击【确认】按钮,弹出模块提示"您将对所选

仓库进行期末处理，确认进行吗？"，单击【确定】按钮，模块自动计算存货成本，完成后，弹出"期末处理完成"信息提示框，单击【确定】按钮返回。

> 提示
> - 如果存货成本按全月平均法或计划价/售价方式核算，则当月业务全部完成后，用户要进行期末处理。
> - 存货核算期末处理需要在采购管理、销售管理、库存管理模块结账后进行。
> - 期末处理之前应检查需要记账的单据是否已全部记账。

(2) 月末结账。(视频：操作演示\sy12\12-332.mp4)
① 执行"核算"|"月末结账"命令，打开"月末结账"对话框。
② 单击【确定】按钮，弹出模块提示"月末结账完成"，单击【确定】按钮返回。

巩固提高

一、单选题

1. 当模块集成使用时，采购入库单在库存模块中执行(　　)操作。
   A．填制　　　　　　　　B．记账
   C．审核　　　　　　　　D．制单
2. 模块集成应用时，属于核算模块的功能有(　　)。
   A．填制采购入库单　　　B．产品成本分配
   C．审核销售出库单　　　D．采购结算

二、多选题

1. 其他入库单是指除(　　)之外的其他入库业务形成的入库单。
   A．采购入库　　　　　　B．产成品入库
   C．调拨入库　　　　　　D．盘盈入库
2. 核算模块的正常单据记账可对下列(　　)单据进行记账。
   A．采购发票　　　　　　B．产成品入库单
   C．销售发票　　　　　　D．销售出库单
3. 核算模块制单处理包括(　　)。
   A．购销存制单　　　　　B．供应商往来制单
   C．客户往来制单　　　　D．自动转账制单

三、判断题

1．产成品入库单上的单价可以通过"产成品成本分配"的功能获得。（　）
2．库存管理模块的结账工作应在采购与销售管理模块结账之前进行。（　）
3．存货核算是从资金角度管理存货的出入库业务，核算企业的入库成本、出库成本、结余成本；反映和监督存货的收发、领退和保管情况；反映和监督存货资金的占用情况。（　）
4．存货成本不能采用手工录入的方法录入。（　）

四、简答题

1. 库存管理模块包括哪些主要功能？
2. 简述库存管理模块与其他模块的主要关系。
3. 库存管理模块日常业务处理中入库业务和出库业务包括哪些内容？
4. 库存管理模块日常业务处理中其他业务包括哪些内容？
5. 核算模块包括哪些主要功能？
6. 简述核算模块与其他模块的主要关系。
7. 核算模块的应用模式是什么？
8. 核算模块日常业务处理中包括哪些内容？

附录

综合案例

案例背景

北京恒达科技有限公司(简称恒达科技)成立于2016年,注册资本为200万元人民币。

该企业属于高新科技企业,是一家以生产并销售电脑为主营业务的公司,采用2007年新会计准则核算体系,记账本位币为人民币。该企业有外币业务,由于存货、客户、供应商比较多,所以需要对其进行分类管理。会计科目最多核算到四级。

2021年1月以前,企业一直采用手工会计核算,该企业领导层商议决定于2021年1月开始使用会计信息化软件,全面提升会计核算工作的效率,加强企业的会计管理能力。2020年12月底,该企业经过多方比较,购买了用友畅捷通T3软件的总账、财务报表、工资、固定资产、购销存和核算模块,并于2021年1月1日通过软件进行会计核算。

该企业的领导层对会计信息化工作非常重视,成立了专门的会计信息化实施小组。信息化小组岗位分工如下。

(1) 赵淼——账套主管,负责会计信息化全面工作。
(2) 王毅——出纳,负责出纳管理相关工作。
(3) 刘丽——会计,负责填制和生成各类凭证,以及工资和固定资产核算。
(4) 周阳——业务员,负责采购与应付、销售与应收、库存业务核算。

信息化小组工作任务如下。

(1) 搭建硬件环境,进行T3软件的安装(已完成)。
(2) 进行系统初始化工作,完成2021年1月的账务处理,月末结账后生成当月的资产负债表、利润表和现金流量表。

请你帮助信息化小组完成第2项工作任务。

会计信息化实施

一、系统初始化

▶ 工作内容

1. 建立企业账套,设置操作员并分配权限。
2. 整理并输入企业的基础档案数据。
3. 整理并输入总账、工资、固定资产、购销存及核算等系统的初始数据。

▶ 整理相关数据

(一) 系统管理数据

1. 账套资料

1) 账套信息

账套号:777;账套名称:北京恒达有限责任公司;账套路径:默认;启用会计期:2021年01月;会计期间设置:1月1日至12月31日。

2) 单位信息

单位名称:北京恒达有限责任公司;单位简称:恒达科技;单位地址:北京市朝阳区胜利路666号;法人代表:张力。

3) 核算类型

记账本位币:人民币(RMB);企业类型:工业;行业性质:2007年新会计准则科目;账套主管:赵淼;要求按行业性质预置会计科目。

4) 基础信息

该企业有外币核算,进行经济业务处理时,需要对存货、客户、供应商进行分类。

5) 分类编码方案

科目编码级次:4222

其他编码级次设置采用默认值。

6) 数据精度

采用系统默认值。

7) 系统启用

"总账、工资、固定资产、购销存、核算"系统启用时间为"2021年1月1日"。

2. 操作员资料(见附表1)

附表1 操作员资料

编号	姓名	口令	所属部门
C01	赵淼	1	财务部
C02	王毅	2	财务部

(续表)

编号	姓名	口令	所属部门
C03	刘丽	3	财务部
C04	周阳	4	采购中心

3. 权限分配

1) 赵淼—账套主管

具有系统所有模块的全部权限。

2) 王毅—出纳

具有"总账-出纳签字"权限，具有"现金管理"的全部操作权限。

3) 刘丽—会计

具有"公共目录设置、总账、财务报表、往来、项目管理、工资管理、固定资产、应收管理、应付管理、核算"的全部操作权限。

4) 周阳—业务员

具有"公共目录设置、采购管理、销售管理、库存管理、应收管理、应付管理"的全部操作权限。

(二) 基础档案数据

1. 部门档案(见附表2)

附表2　部门档案

部门编码	部门名称	部门属性	部门编码	部门名称	部门属性
1	管理中心	管理部门	2	销售中心	市场营销
101	综合部	综合管理	3	采购中心	采购供应
102	财务部	财务管理	4	生产中心	研发生产
103	人事部	人事管理			

2. 职员档案(见附表3)

附表3　职员档案

职员编号	职员名称	所属部门	职员属性
101	张力	综合部	总经理
102	赵淼	财务部	会计主管
103	王毅	财务部	出纳
104	刘丽	财务部	会计
201	赵飞	销售中心	部门经理
202	孙科	销售中心	业务员

(续表)

职员编号	职员名称	所属部门	职员属性
301	曹孟	采购中心	部门经理
302	周阳	采购中心	业务员
401	马南	生产中心	部门经理
402	王萍	生产中心	工人

3. 客户分类(见附表4)

附表4　客户分类

分类编码	分类名称
01	长期客户
01001	事业单位
01002	企业单位
02	短期客户
03	其他

4. 供应商分类(见附表5)

附表5　供应商分类

分类编码	分类名称
01	硬件供应商
02	软件供应商
03	材料供应商
04	其他

5. 客户档案(见附表6)

附表6　客户档案

客户编码	客户名称	客户简称	所属分类码	税号	开户银行	银行账号	地址
001	北京前进中学	前进中学	01001	11111	工行	11111	北京市朝阳区开拓路1号
002	大连志明公司	大连志明	01002	22222	工行	22222	大连市和平区胜利路2号
004	长春鸿翔公司	长春鸿翔	02	33333	中行	33333	长春市平安区红旗路3号

6．供应商档案(见附表7)

附表7 供应商档案

供应商编码	供应商名称	供应商简称	所属分类码	税号	开户银行	银行账号	地址
001	北京科瑞有限公司	北京科瑞	02	44444	建行	44444	北京市昌平区东关路4号
002	上海力源有限公司	上海力源	01	55555	建行	55555	上海市浦东区光明路5号
003	深圳兴盛有限公司	深圳兴盛	02	66666	建行	66666	深圳市新华区华茂路6号

7．外币及汇率

币符：EUR；币名：欧元；固定汇率：1∶8.0。

8．会计科目(部分需修改或需增加的会计科目)(见附表8)

附表8 会计科目

科目名称	辅助核算	方向	币别/计量
库存现金(1001)	日记	借	
银行存款(1002)		借	
工行存款(100201)	银行日记	借	
中行存款(100202)	银行日记	借	美元
应收账款(1122)	客户往来	借	
其他应收款(1221)	个人往来	借	
原材料(1403)		借	
CPU(140301)	数量核算	借	块
内存条(140302)	数量核算	借	条
库存商品(1405)		借	
商务510系列(140501)	数量核算	借	台
商务610系列(140502)	数量核算	借	台
应付账款(2202)	供应商往来	贷	
应交税费(2221)		贷	
应交增值税(222101)		贷	
进项税额(22210101)		贷	
销项税额(22210102)		贷	
应交所得税(222102)		贷	
生产成本(5001)		借	
直接材料(500101)	项目核算	借	
直接人工(500102)	项目核算	借	
制造费用(500103)	项目核算	借	

(续表)

科目名称	辅助核算	方向	币别/计量
管理费用(6602)		支出	
工资(660201)	部门核算	支出	
办公费(660202)	部门核算	支出	
差旅费(660203)	部门核算	支出	
招待费(660204)	部门核算	支出	
折旧费(660205)	部门核算	支出	
其他(660206)	部门核算	支出	

说明：
① 由于一级会计科目在建账时由系统预置，所以表中只列出了需要增加、修改或有余额的会计科目。
② 科目建立完后，指定"现金科目""银行科目"和"现金流量"科目。

9．凭证类别
只设置"记账凭证"一种类别。

10．项目目录
1) 设置产品项目大类(见附表9)

附表9　设置产品项目大类

项目设置步骤	设置内容
项目大类	产品
核算科目	直接材料(500101) 直接人工(500102) 制造费用(500103)
项目分类	1. 商用电脑 2. 家用电脑
项目名称	101 商务510系列(所属分类：1) 102 商务610系列(所属分类：1)

2) 预置现金流量项目

11．结算方式(见附表10)

附表10　结算方式

结算方式编码	结算方式名称	票据管理
1	现金结算	否
2	票据结算	否
201	支票	是
202	银行汇票	是

(续表)

结算方式编码	结算方式名称	票据管理
3	非票据结算	是
301	委托收款	否
302	汇兑	否
4	其他	否

12. 开户银行

编码：01；名称：北京银行朝阳分理处；账号：12345678。

13. 存货分类(见附表11)

附表11　存货分类

类别编码	类别名称
01	材料类
02	成品类
03	应税劳务

14. 存货档案(见附表12)

附表12　存货档案

编号	存货名称	计量单位	存货分类	存货属性	税率
1001	CPU	块	材料类	外购、生产耗用	13%
1002	内存条	条	材料类	外购、生产耗用	13%
2001	商务510系列	台	成品类	销售、自制	13%
2002	商务610系列	台	成品类	销售、自制	13%
3001	运费	次	应税劳务	应税劳务	9%

15. 仓库档案(见附表13)

附表13　仓库档案

仓库编码	仓库名称	所属部门	计价方式	仓库属性
01	材料库	采购中心	先进先出法	普通仓
02	成品库	销售中心	先进先出法	普通仓
03	其他库	生产中心	先进先出法	普通仓

16. 收发类别(见附表 14)

附表14　收发类别

编码	类别名称	收发标志
1	入库	
11	采购入库	收
12	产成品入库	
13	盘盈入库	
14	其他入库	
2	出库	
21	销售出库	发
22	材料领用出库	
23	盘亏出库	
24	其他出库	

17. 采购类型(见附表 15)

附表15　采购类型

编码	采购类型名称	入库类别	是否默认值
1	普通采购	11	是
2	其他采购	11	否

18. 销售类型(见附表 16)

附表16　销售类型

编码	名称	出库类别	是否默认值
1	普通销售	22	是
2	其他销售	22	否

(三) 总账初始数据

1. 总账控制参数
出纳凭证必须经由出纳签字、现金流量项目必录。

2. 期初余额
1) 总账期初余额表(见附表 17)

附表17　总账期初余额表

科目名称	期初余额	科目名称	期初余额
库存现金(1001)	5000	短期借款(2001)	200 000
银行存款(1002)	1 200 000	应付账款(2202)	33 900
工行存款(100201)	800 000		
中行存款(100202)	400 000	实收资本(4001)	2 000 000
应收账款(1122)	67 800	利润分配(4104)	441 900
其他应收款(1221)	5000		
原材料(1403)	38 000		
CPU(140301)	20 000		
内存条(140302)	18 000		
库存商品(1405)	750 000		
商务510系列(140501)	350 000		
商务610系列(140502)	400 000		
固定资产(1601)	500 000		
累计折旧(1602)	150 000(贷)		
生产成本(5001)	260 000		
直接材料(500101)	150 000		
直接人工(500102)	70 000		
制造费用(500103)	40 000		
合计	2 675 800	合计	2 675 800

2) 辅助账期初余额表

会计科目：1221 其他应收款　　　　　余额：借 5000 元

日期	部门	个人	摘要	方向	期初余额
2020-12-25	综合部	张力	出差借款	借	3000
2020-12-28	销售中心	赵飞	出差借款	借	2000

会计科目：1122 应收账款　　　　　余额：借 67 800 元

日期	客户	摘要	方向	金额	业务员	票号
2020-12-31	前进中学	销售商品	借	67 800	赵飞	1234

会计科目：2202 应付账款　　　　　余额：贷 33 900 元

日期	供应商	摘要	方向	金额	业务员
2020-12-31	北京科瑞	购买商品	贷	33 900	曹孟

会计科目：5001 生产成本　　　余额：借 260 000 元

科目名称	商务 510 系列	商务 610 系列	合计
直接材料(500101)	70 000	80 000	150 000
直接人工(500102)	30 000	40 000	70 000
制造费用(500103)	20 000	20 000	40 000
合计	120 000	140 000	260 000

(四) 工资系统初始数据

1. 建立工资账套

工资类别个数：多个；核算币种：人民币 RMB；要求代扣个人所得税；不进行扣零处理；人员编码长度：3 位。

2. 人员类别设置

人员类别的设置包括管理人员、销售人员、生产人员。

3. 工资项目设置(见附表 18)

附表 18　工资项目设置

项目名称	类型	长度	小数位数	增减项
基本工资	数字	8	2	增项
岗位工资	数字	8	2	增项
交通补助	数字	8	2	增项
应发合计	数字	10	2	增项
请假扣款	数字	8	2	减项
养老保险	数字	8	2	减项
代扣税	数字	10	2	减项
扣款合计	数字	10	2	减项
实发合计	数字	10	2	增项
请假天数	数字	8	2	其他

4. 银行名称

北京银行朝阳分理处；账号定长为 11。

5. 工资类别

工资类别设置包括：正式人员(包括全部部门)；临时人员(包括生产中心)。

6. "正式人员"工资类别初始化

1) 人员档案(见附表 19)

附表19　人员档案

人员编号	人员姓名	部门名称	人员类别	账号	中方人员	是否计税
101	张力	综合部	管理人员	20210090001	是	是
102	赵淼	财务部	管理人员	20210090002	是	是
103	王毅	财务部	管理人员	20210090003	是	是
104	刘丽	财务部	管理人员	20210090004	是	是
201	赵飞	销售中心	销售人员	20210090005	是	是
202	孙科	销售中心	销售人员	20210090006	是	是
301	曹孟	采购中心	管理人员	20210090007	是	是
302	周阳	采购中心	管理人员	20210090008	是	是
401	马南	生产中心	生产人员	20210090009	是	是
402	王萍	生产中心	生产人员	20210090010	是	是

注：以上所有人员的代发银行均为北京银行朝阳分理处。

2) 工资项目

工资项目包括前面定义的全部工资项目。

3) 计算公式(见附表20)

附表20　计算公式

工资项目	定义公式
请假扣款	请假天数*100
养老保险	(基本工资+岗位工资)*0.03
交通补助	iff(人员类别="销售人员",500,300)

4) 工资数据(见附表21)

附表21　工资数据

姓名	基本工资	岗位工资
张力	5000	4000
赵淼	3000	3000
王毅	2000	2000
刘丽	2500	2000
赵飞	3000	3000
孙科	3600	3600
曹孟	4500	4500
周阳	3800	3800
马南	4500	4500
王萍	3500	3500

7. 1月份工资变动情况

考勤情况：王毅请假3天；赵飞请假2天。

8. 代扣个人所得税

计税基数为5000元。

9. 工资费用分配

应付工资计提基数以工资表中的"应付工资"为准。

工资费用分配的转账分录设置，如附表22所示。

附表22 设置工资费用分配的转账分录

部门	工资分摊	工资总额(100%)	
		借方	贷方
综合部、财务部、人事部、采购中心	管理人员	660201	2211
销售中心	销售人员	6601	2211
生产中心	生产人员	500102	2211

(五) 固定资产系统初始数据

1. 建立固定资产账套(见附表23)

附表23 建立固定资产账套

控制参数	参数设置
约定及说明	
启用月份	2021.01
折旧信息	本账套计提折旧； 折旧方法：平均年限法(一)； 折旧汇总分配周期：1个月； 当(月初已计提月份=可使用月份-1)时将剩余折旧全部提足(工作量法除外)
编码方式	资产类别编码方式：2 1 1 2； 固定资产编码方式： 　按"类别编号+部门编号+序号"自动编码； 　卡片序号长度为3
财务接口	与账务系统进行对账； 对账科目： 　固定资产对账科目：1601，固定资产； 　累计折旧对账科目：1602，累计折旧
补充参数	月末结账前一定要完成制单登账业务； 固定资产缺省入账科目：1601，累计折旧缺省入账科目：1602

2. 资产类别(见附表24)

附表24 资产类别

编码	类别名称	净残值率	计提属性
01	交通运输设备	5%	正常计提
02	电子设备	5%	正常计提
03	其他设备	5%	正常计提

3. 部门及对应折旧科目(见附表25)

附表25 部门及对应折旧科目

部门	对应折旧科目
管理中心、采购中心	管理费用/折旧费(660206)
销售中心	销售费用(6601)
生产中心	制造费用(5101)

4. 增减方式的对应入账科目(见附表26)

附表26 增减方式的对应入账科目

增减方式目录	对应入账科目
增加方式	
直接购入	100201,工行存款
减少方式	
毁损	1606,固定资产清理

5. 原始卡片(见附表27)

附表27 原始卡片

固定资产名称	类别编号	所在部门	增加方式	可使用年限	开始使用日期	原值	累计折旧	对应折旧科目名称
奥迪轿车	01	综合部	直接购入	10	2018.01.01	350 000	100 000	管理费用/折旧费
复印机	02	销售中心	直接购入	5	2020.01.01	10 000	2000	销售费用
运输车	01	生产中心	直接购入	10	2018.05.01	140 000	48 000	制造费用
合计						500 000	150 000	

注:净残值率均为5%,使用状况均为"在用",折旧方法均采用平均年限法(一)。

(六) 购销存系统初始数据

1. 采购期初

期初采购专用发票,如附表28所示。

附表28 期初采购专用发票

单据类型	发票号	日期	供应商	存货	数量	单价	税率	金额
采购专用发票	11111	2020-12-31	北京科瑞	内存条	300	100	13%	33 900

2. 销售期初

期初销售专用发票,如附表29所示。

附表29 期初销售专用发票

单据类型	发票号	日期	客户	存货	数量	单价	税率	金额
销售专用发票	22222	2020-12-31	前进中学	商务510	12	5000	13%	67 800

3. 库存期初数据

2020年12月31日,对各个仓库进行了盘点,结果如附表30所示。

附表30 盘点仓库

仓库名称	存货编码	存货名称	数量	单价	金额	小计
材料库	1001	CPU	50	400	20 000	38 000
材料库	1002	内存条	180	100	18 000	
成品库	2001	商务510	100	3500	350 000	750 000
成品库	2002	商务610	100	4000	400 000	
合计						788 000

4. 购销存科目

1) 存货科目(见附表31)

附表31 存货科目

仓库	存货科目
原料库	原材料/CPU(140301)
成品库	库存商品/商务510(140501)

2) 存货对方科目(见附表32)

附表32 存货对方科目

收发类别	对方科目
采购入库	在途物资(1402)
产成品入库	生产成本/直接材料(500101)

(续表)

收发类别	对方科目
材料领用出库	生产成本/直接材料(500101)
销售出库	主营业务成本(6401)

3) 客户往来科目

基本科目设置：应收科目为1122，销售收入科目为6001，应交增值税科目为22210102。

结算方式科目设置：支票对应100201，银行汇票对应100201。

4) 供应商往来科目

基本科目设置：应付科目为2202，采购科目为140301，采购税金科目为22210101。

结算方式科目设置：支票对应100201，银行汇票对应100201。

二、日常业务处理

工作内容

1. 填制(或生成)凭证。
2. 出纳签字。
3. 审核签字。
4. 凭证记账。
5. 查询账簿。

整理相关数据

1月份发生的经济业务如下。

1. 2日，销售中心赵飞购买了800元的礼品，以现金支付(附单据一张)。

2. 4日，财务部从工行提取现金5000元，作为备用金(支票号ZP001)。

3. 5日，收到泛美集团投资资金50 000欧元，汇率1:8.0(支票号ZP002)。

4. 7日，采购中心曹孟采购100块CPU，每块400元，直接入库，货款尚未支付。

5. 8日，财务部购买扫描仪一台，价值3000元，净残值率为5%，预计使用年限为5年(要求：固定资产系统做资产增加，并自动生成凭证)。

6. 10日，销售中心赵飞收到北京前进中学转来一张转账支票，金额70 200元，用以偿还前欠货款(支票号ZP003)(要求：销售系统填制收款单，并生成相应凭证)。

7. 11日，采购中心曹孟收到从北京科瑞公司订购的CPU，数量60块，单价400元，商品已验收入材料库(要求：采购系统填制入库单，并生成相应凭证)。

8. 12日，企业收到专用发票一张，数量60块，单价400元，增值税税率为13%，价税合计27 120元，发票号为1234(要求：采购系统填制采购发票，并生成相应凭证)。

9. 13日，企业开出转账支票一张(支票号ZP101)支付上述款项(要求：采购系统填制付款单，并生成相应凭证)。

10. 14 日，综合部请客户吃饭，支付业务招待费 4000 元(支票号 ZP004)。
11. 15 日，综合部张力出差归来，报销差旅费 2700 元，交回余款 300 元。
12. 17 日，生产中心领用 50 块 CPU，单价 400 元，用于生产商务 510 系列电脑(要求：库存系统填制材料出库单，并生成相应凭证)。
13. 20 日，销售中心赵飞从成品库发出商务 510 系列电脑给前进中学，数量 50 台，单价 8000 元(要求：销售系统填制发货单，后续处理并生成相应凭证)。
14. 21 日，企业开出销售专用发票一张，数量 50 台，单价 8000 元，增值税税率为 13%，价税合计 452 000 元，发票号为 F111(要求：销售系统填制销售发票，并生成相应凭证)。
15. 25 日，本月完工入库 10 台商务 510 系列电脑，总成本为 35 000 元，进行产品成本分配(直接材料 60%，直接人工 30%，制造费用 10%)(要求：库存系统填制产成品入库单，并生成相应凭证)。
16. 28 日，计提本月折旧费用(要求：固定资产系统生成相应凭证)。
17. 29 日，销售中心复印机毁损，提前报废，进行固定资产清理(要求：固定资产清理凭证由固定资产核算模块自动生成)。
18. 29 日，以现金支付清理费 800 元。
19. 29 日，结转固定资产清理净损益。
20. 31 日，计算本月分配工资费用(要求：工资系统生成相应凭证)。
21. 31 日，期间损益结转(要求：期间损益结转凭证由自动转账生成)。
22. 31 日，计算本月应交所得税(说明：所得税税率为 25%，本月无纳税调整事项)。
23. 31 日，结转本月应交所得税。

三、期末处理

> **工作内容**

1. 采购系统、销售系统期末结账。
2. 库存系统、核算系统期末结账。
3. 工资系统、固定资产系统期末结账。
4. 总账系统期末结账。

四、编制财务报表

> **工作内容**

1. 自定义报表。
2. 利用模板编制报表。

整理相关数据

(一) 自定义报表

要求：

(1) 通过自定义公式取得各项数据。

(2) "年、月、日"要定义为关键字。

(3) 生成 2021 年 1 月 31 日报表数据。

自定义的固定资产资产状况表如附图 1 所示。

	A	B	C
1	固定资产资产状况表		
2	编制单位：恒达科技		xxxx 年 xx 月 xx 日
3	项目	期初数	期末数
4	固定资产		
5	累计折旧		
6	净值		

附图 1　自定义的固定资产资产状况表

(二) 利用模板编制报表

(1) 利用模板编制 2021 年 1 月 31 日资产负债表。

(2) 利用模板编制 2021 年 1 月利润表。

(3) 利用模板编制 2021 年 1 月现金流量表。